国际市场营销

主　编　朱锦萍　李居英　史艳平
副主编　欧晓媛　朱雨晴

合肥工業大學出版社

图书在版编目(CIP)数据

国际市场营销/朱锦萍,李居英,史艳平主编．—合肥:合肥工业大学出版社,2024.
ISBN 978-7-5650-6844-7

Ⅰ.F740.2

中国国家版本馆 CIP 数据核字第 2024JX3291 号

国际市场营销

朱锦萍　李居英　史艳平　主编　　　　责任编辑　王　丹

出　版	合肥工业大学出版社	版　次	2024 年 12 月第 1 版
地　址	合肥市屯溪路 193 号	印　次	2024 年 12 月第 1 次印刷
邮　编	230009	开　本	787 毫米×1092 毫米　1/16
电　话	基础与职业教育出版中心:0551-62903120	印　张	15.75
	营销与储运管理中心:0551-62903198	字　数	326 千字
网　址	press.hfut.edu.cn	印　刷	安徽联众印刷有限公司
E-mail	hfutpress@163.com	发　行	全国新华书店

ISBN 978-7-5650-6844-7　　　　定价:45.00 元

前　言

在全球化的浪潮中，国际市场营销已经成为企业拓展业务、实现增长的关键战略之一。随着技术的进步和交通的便利，世界变得越来越小，企业面临的市场环境也日益复杂多变。在这样的背景下，企业必须掌握国际市场营销的精髓，才能在激烈的国际竞争中脱颖而出。

国际市场营销不仅仅是将产品和服务推向国外市场，还涉及对不同文化、消费习惯、法律法规和经济环境的深刻理解。企业需要通过市场细分、目标市场选择和市场定位来制定有效的营销策略，同时还要考虑国际定价策略、渠道选择和促销活动的跨文化适应性。

鉴于此，江西应用科技学院和普特（杭州）跨境电子商务有限公司共同编写了《国际市场营销》一书。本书主要内容包括国际市场营销的基本理论知识、国际市场营销环境分析、国际市场调研、国际市场营销的STP战略、国际市场营销的4P组合战略、国际市场营销计划等。本书结构体系完整，不仅涵盖国际市场营销理论与战略等基础知识，还包含大量实际案例分析。此外，本书每章设有项目引例和项目实训，旨在激发学生学习兴趣，加深其对国际市场营销理论与实践的理解。本书具有以下特色：

第一，全球视角。本书采用全球视角，涵盖不同国家和地区的市场营销策略，从而帮助学生理解国际市场营销的多样性和复杂性。

第二，实际案例分析。书中包含大量实际案例分析，涉及不同行业和市场，使学生能够将理论知识应用于实际情境中。

第三，互动性学习。每章内容后设有模拟项目实训，旨在通过模拟实际国际市场营销项目，提高学生的实践操作能力和团队协作精神。

第四，专业性与普及性相结合。本书在保持专业深度的同时，注重内容的普及性，使不同背景的学生都能理解和应用所学知识。

本书的编写工作由江西应用科技学院教师朱锦萍、李居英、史艳平、欧晓媛、朱雨晴承担，具体编写分工如下：第一章、第二章由朱雨晴编写，第三章、第四章由欧晓媛编写，第五章、第六章由朱锦萍编写，第七章由李居英写，第八章由史艳平编写。本书由朱锦萍、李居英、史艳平统稿，最后由李居英定稿。书中案例和相关资源由普特（杭州）跨境电子商务有限公司提供，同时该公司在编写过程中也提出了相关指导意见。

本书既可以作为高等院校国际经济与贸易、电子商务、市场营销及相关专业的教材，也可以作为从事国际市场营销实务工作的企业经营管理人员的参考用书。本书在编写过程中，得到了合肥工业大学出版社的支持和指导。另外，在本书的编写过程中，我们参考和借鉴了国际市场营销领域众多同行与专家的研究成果，由于数量众多，无法逐一列出姓名和来源，在此向所有贡献者表示衷心的感谢。我们也热切期望行业内专家、学者、教师及学习者在使用本书时，能够提供宝贵的意见和建议。我们将认真考虑并采纳合理的反馈，以期在未来的修订中不断完善。

编写组

2024年11月

《国际市场营销》课程思政设计一览表

章节	专业传授	思政素材	实施方法与路径	思政元素
第一章	认识国际市场营销的重要性	国际化职业素养	通过讲述国内外从事国际营销的成功人士的经典故事，概括国际化职业素养的含义和维度，引导学生思考和表述自己怎样培育优异的国际化职业素养，从而驰骋国际市场和国际职场。	四个自信之文化自信
第二章	国际市场营销的理论基础	全球化营销观念	通过播放我国党和国家领导人在重大场合关于人类命运共同体的讲话视频，以及介绍几个航空业国际战略联盟、张裕建立的国际酒庄联盟，阐述在全球化背景下，人类面临诸多共同的世界难题，引导学生意识到构建人类命运共同体的迫切性，让学生明确必须推动建设新型的不同国家之间相互尊重、既竞争又合作的共存共赢关系，建设美丽清洁、共同繁荣的和谐世界。	构建人类命运共同体
第三章	目标市场营销政治环境分析	中共党史	组织小组讨论：探讨我国重视政治稳定性的表现及其标志事件。 设计目的：引导学生思考目标市场国内部的政治环境对国际市场营销的影响。	爱国主义，坚持中国共产党的领导
第四章	实地调研	辩证唯物主义	拓展资料阅读：辩证唯物主义认为物质决定意识，相应地，其方法论是坚持一切从实际出发，使主观符合客观，坚持主观和客观具体的历史的统一，反对教条主义和经验主义等主观主义。 设计目的：加深学生对实地调研及其优势的理解。	实事求是，一切从实际出发
第五章	国际市场营销的STP战略	企业价值与社会责任	选取成功实施STP战略并兼顾社会效益与经济效益的企业案例，如华为、阿里巴巴等，展现其在全球市场中如何通过细分市场、定位目标群体、创新产品和服务，实现了企业价值与社会责任的双重提升。	公平竞争与合作发展

（续表）

章节	专业传授	思政素材	实施方法与路径	思政元素
第六章	国际市场营销的 4P 组合策略	法规文件与典型事例	引用国际公约、贸易规则及国内外企业因违背市场伦理、法律法规而导致的负面案例，强调 4P 策略的合规性与合理性。	法治观念与合规经营
第七章	国际市场营销计划、执行与控制	“一带一路”倡议	引入中国的国际化战略，如“一带一路”倡议，探讨这些战略如何影响国际市场营销策略；分析中国品牌在全球市场的推广过程中，如何传播中国文化和价值观。	国家认同感和社会责任感
第八章	成功企业国际化经营案例分析	华为的国际化之路	网络视频：在项目引入环节加入华为国际化之路的短视频——科技版“抗美援朝”正在进行。设计目的：通过对美国制裁华为，而华为用技术反击，最终赢得科技版“上甘岭战役”胜利的叙述，深化学生的爱国主义精神。	爱国主义精神

目　录

第一单元　认识国际市场营销的重要性

第二单元　分析国际市场营销机会

第五单元　国际市场营销案例分析

第一单元

认识国际市场营销的重要性

第一章　国际市场营销导论

学习目标

1. 了解国际市场营销的相关概念
2. 了解国际市场营销的基本类型
3. 了解国际市场营销的形成与发展
4. 了解经济全球化与各区域经济组织

项目引例

传音手机成功之道，特色才是制胜法宝

随着智能手机的不断普及和发展，全球手机品牌之间的竞争变得更加的激烈，而传音却能在激烈的市场竞争中脱颖而出。传音品牌从创立之初到2023年仅有17年的发展时间，而其年销量已经超过1.9亿部，在全球的市场占有率达到14%。做到这样的成绩，其制胜的法宝就是立足非洲，大力开拓新市场。根据非洲特殊的情况，传音开发出许多特色功能，用来迎合当地人的品位。比如，四卡四待、大音量喇叭等功能在其他地方根本没有需求，但在非洲却成了香饽饽。

传音手机最突出的特色是拍照功能。针对黑人肤色，传音特别为他们量身打造了特别的拍照技术，让他们拍出惊艳的照片和视频，使其成为社交领域的自拍高手。传音摒弃了非洲人不需要的那些高端功能，只保留了适合他们使用的实用功能，所以产品的价格非常实惠，受到了当地人的喜爱。除称霸非洲市场外，传音还顺势扩张，进军了南亚、东南亚、中东和南美等人口基数超过30亿的新兴市场，推出功能机+智能机的产品组合，从而大获成功。

（资料来源：搜狐网）

启示：

任何一个企业都不能忽视顾客、市场和市场竞争。现在，越来越多的企业开始研究如何以市场需求为导向，指导企业的生产和经营活动，组织系统的市场营销。许多公司先后对经营战略和策略进行了调整，各自创造出一整套独特的营销策略和技术。可以这样说，市场营销在这些企业取得竞争优势的过程中起着关键性的作用。

任务一　国际市场营销概述

一、国际市场营销的定义

国际市场营销（International Marketing）是指商品和劳务流入一个以上国家的消费者或用户手中的过程。换言之，国际市场营销是一种跨国界的社会和管理过程，是企业通过计划定价、促销和引导，创造产品和价值并在国际市场上进行交换，以满足多国消费者的需要和获取利润的活动。

关于国际市场营销的定义，各学者有着不同的看法。菲利普·卡特纳（Philip R. Catereora）与约翰·海斯（John M. Hess）合著的《国际市场营销学》一书将国际市场营销定义为"一个以上的国家进行的，把企业的商品或劳务引导到消费者或用户中去的商业活动"。国际市场营销涉及一系列跨国的社会和管理活动，其核心在于企业通过策划、定价、推广等手段，创造并交流产品与价值，旨在满足全球消费者的需求并获得盈利。这一过程不仅包括国内营销的扩展，还涉及更广泛的国际市场。

国际市场营销的进程通常包括三个主要阶段。第一个是产品出口阶段，企业以成本优势为基础，将产品销售到国际市场。这一阶段主要是基于比较利益，利用较低的生产成本来在国际市场中获得竞争力。第二个是海外生产阶段，随着产品成本的增加和国际贸易壁垒的出现，企业的商品出口会遇到障碍。此时，企业可能会考虑通过合作或合资的方式，在海外进行产品的加工和制造。第三个是国际化公司阶段，企业进一步发展成为国际性公司，通过直接对外投资来扩大其国际业务。这通常涉及更复杂的市场策略和更高的风险。

由于国际市场环境的复杂性和激烈的竞争，企业在国际市场营销中必须进行深入的市场调研，制定有效的营销策略，才能在国际市场上稳定发展和壮大。经济全球化推动了商业活动的国际化，企业的商业战略越来越多地与全球市场紧密相连。曾经只关注国内市场状况的企业，现在转向在全球范围内寻求新市场和新机会。这也意味着企业的跨国运营将不再仅仅局限于将国内生产的商品出口到海外市场，而是包括在国际范围内投资建厂并进行产品销售的全面战略布局。例如，像美国的通用汽车、可口可乐和麦当劳这样的公司，已经成为在全球多个国家开展业务并实施跨国经营策略的跨国公司典范。

二、国际市场营销的产生与发展

（一）国际市场营销的产生

在市场经济发展的早期，社会生产力水平较低，企业生产的产品只能满足国内市场甚至国内较小区域市场的需要，跨越一国边界的交换只是偶然行为。随着以蒸汽机的发明与广泛使用为标志的第一次工业革命的出现，社会生产力实现了突飞猛进的发展，一国企业的产品开始超越本国的边界，实现了经常性、大规模的国际交换，真正意义上的国际市场营销就产生了。随着社会经济的继续发展，世界发生了以电力的广泛使用和内燃机的发明为标志的第二次工业革命，国际市场营销继续向深度和广度发展。20 世纪中期，以原子能、电子计算机、微电子技术、航天技术、分子生物学和遗传工程等领域取得的重大突破为标志的第三次科技革命的发生，形成了经济全球化的趋势，大量国际企业的出现及其迅猛发展，加速了商品、服务、资本全方位的国际流动，进一步扩大了国际市场营销规模。在市场竞争日益激烈的背景下，现代市场营销理论被不断地运用到国际市场营销活动之中。20 世纪 60 年代，国际市场营销理论体系逐渐形成。

（二）国际市场营销的发展

国际市场营销的发展理论框架构成了这门学科的核心，其理论进展标志着整个国际市场营销学术体系逐步成型。这一理论体系的演变可以概括为三个主要阶段，每个阶段都对应着特定的时期和研究焦点。

1. 起步阶段（20 世纪 60—80 年代）

在此阶段，国际市场营销研究主要集中在关于国际市场环境的特定问题上。在这一时期，像可口可乐和柯达这样的跨国公司开始探索全球性的经营策略，引入了全球统一的品牌和定位概念。随着国内外市场间差异的减少，公司开始形成全球化视角，并在全球范围内考虑其广告和营销策略。

尽管全球统一策略被采纳，但这并不意味着国家和地区之间的差异被忽视。相反，适当的本地化调整被认为是必要的。许多大型跨国公司采取了统一的营销手段，通过相同的分销渠道在多个国家以相同的价格销售标准化产品。这些公司在推行全球标准化和适应地方特色、中央控制和地方自治之间寻求平衡。基于这种平衡，它们在全球范围或特定区域内实施统一的市场战略。珀尔马特（Perlmutter）在 1969 年提出了一个理论，他认为跨国公司经历了三个阶段的国际化管理导向，即本国导向、多国导向和全球导向。这些阶段反映了公司如何根据不同的市场环境和自身发展水平来调整其国际营销策略。

2. 发展阶段（20 世纪 80—90 年代）

此阶段的研究重点逐步集中于几个主要问题，例如，国际市场营销的标准化与定制化之间的互动、国际市场策略的有效部署，以及企业国际化的发展进程等。莱维特在 1983 年正式引入了“全球营销”这一术语，从而揭开了全球营销理论研究的序幕。他认为现代技术的进步导致了全球市场的整合和同质化，因而产生了一个全新的全球市场领域。因此，企业需要适应这一趋势，把世界视为一个统一的大市场，并同时淡化国家和地区之间表面上的差异。在此阶段，学术研究集中于探讨标准化与适应性的平衡问题，这一议题在国际市场营销领域占据了核心的研究地位。早期的研究主要强调两者的矛盾，而后期的研究更强调两者的统一，“标准化—适应性连续统一体”的观点得到了普遍认可。事实上，两者各有理论基础来支撑：标准化满足各国同质消费群体的需求，企业可获得规模经济、范围经济、降低成本、便于统一控制和协调、提供品牌全球影响力等优势；适应性是针对国家细分市场定位满足消费者的差异性需求，企业可规避和消除政策限制和障碍、文化差异、组织内部阻力，获取差异性产生的利益。“标准化—适应性连续统一体”辩证地对待标准化与适应性，指出从事国际市场营销活动的企业需要在标准化和适应性之间找到一个均衡点，以便最大化两者的相应策略的潜在优势。在国际市场营销的实践中，企业需要在标准化和适应性之间找到平衡点。这意味着它们既不完全采用统一的全球策略，也不完全根据每个市场的特定情况制定策略，而是在不同战略层面和要素组合中权衡倾向，在保持核心要素标准化的同时，对外围要素进行适应性调整。这种方法允许企业在全球范围内保持一致的品牌身份和价值主张，同时适应各个市场的特定需求和文化差异。

3. 提高阶段（20 世纪 90 年代至今）

此阶段在战略层面对国际市场营销的核心议题进行提炼与深入探讨，包括战略性框架、系统化理念等。资源基础视角强调，跨国公司内部的资源是其战略定向和业绩成果的关键决定因素。企业战略资源的不同决定了最终绩效的差异。有学者将国际市场营销的战略思路概括为三个主要观点：标准化、配置与协调以及整合。标准化的观点认为，需要在不同国家采用统一的营销策略和营销组合元素。而配置与协调的观点认为，应当利用不同国家的比较优势和成本差异来调整营销战略。通过在全球范围内优化价值链布局，并同时重视各市场活动的协同作用，可以实现规模经济、范围经济和协作优势。整合视角则强调需要在全球关键市场中取得据点，通过在这些市场的密集布局，追求更广泛的全球覆盖，以增强在这些市场的竞争力和实现整体效益。

（三）国际市场营销的特点

1. 营销环境的国际性

国际市场营销是企业从事的一项全球性活动，它需要立足于国内和国际两个市场。企业对国内市场的把握一般较容易，而每个国家的政治、经济、文化和社会环境具有较大的差异，企业很难把握国外的目标国市场行情，这就要求企业深入了解目标国的市场环境因素。在政治与法律环境方面，企业应考虑国家政治体制、政治稳定性、政府对外来经营者的态度、法律环境等因素；在经济技术方面，企业需考虑经济体系和政策、经济发展水平与潜能、市场大小及其开放度、技术进步和社会基础设施发展状况等因素；在文化维度方面，企业则应考虑权力差距、对不确定性的容忍度、个人主义倾向等文化特质。只有深入了解这些环境，企业才能做出精准的判断。同时，企业应积极适应经济全球化下国际市场营销环境的变化。在营销理念层面，企业应当采纳全球营销思维和适应网络时代的营销观念；在产品战略方面，企业需要在产品规范、设计、包装及服务上不断创新；对于渠道管理，企业应加快电子分销渠道的发展，推进分销体系的简化；在市场营销策略上，企业要增强创新和品牌建设，整合内外部营销资源。通过这些创新措施，企业才能在国际市场的竞争中取得优势，并持续发展。

2. 营销系统的复杂性

营销系统的复杂性源于其作为一个多层次、多维度的架构，受市场变化和消费者行为的不确定性影响。制定营销策略时，企业需考量经济、文化、技术和法律等要素，这些要素互相影响并决定市场的平衡。产品创新在竞争中又至关重要，它推动对个性化需求的满足并赋予企业独特优势，但创新不仅需要对市场的深入理解，还要准确捕捉技术发展的脉搏。而在渠道管理方面，数字化转型促进了更高效的销售渠道发展。企业必须适应这一趋势，通过建立电商平台、利用社交媒体等开拓新渠道，同时提升供应链效率以降低成本并提高效益。此外，国际市场营销策略的成功落实要求企业内部跨部门的合作，确保信息畅通无阻，决策迅速有力。品牌强化和创新思维的培植也是持续性挑战，需要企业的长期投入和不懈努力。通过这样的综合管理，企业才能在竞争激烈的市场中保持领先，实现持续成长。

3. 营销过程的不确定性

由于国际营销环境的复杂性和多变性，企业掌握信息的能力始终有限，很难把握多变的局势，因此，整个营销的过程也具有高度的不确定性。企业面对国际多变的环境，必须切实掌握最新、最全的信息，从而制定应对之策。

4. 营销管理的困难性

在国际营销活动中，企业关键是要对全球分散的营销行动进行集中规划、监督和同步，确保母公司及其海外分支形成一个协调一致的运作体系，以实现集团整体利益的最大化。但是由于国外市场的不确定性，企业往往难以精确掌握并迅速适应这些多变条件，这就加大了对海外分支机构的管理难度。

【案例 1－1】

可口可乐公司的国际营销策略

可口可乐公司是全球最大的饮料生产商之一，自 1886 年成立以来，已经在全球范围内建立了庞大的销售网络和品牌影响力。可口可乐以其独特的口感、广泛的产品线和强大的品牌认知度，在全球范围内取得了巨大的成功。

可口可乐始终坚持将自身定位为一种快乐的、享受生活的饮品，通过独特的口感和包装设计，使消费者能够轻松地识别出可口可乐。此外，可口可乐还根据不同地区和文化背景，推出符合当地消费者口味的产品，如在中国市场推出的“美汁源”果汁饮料，以满足消费者对健康、美味的追求。可口可乐在全球范围内建立了广泛的销售渠道和分销网络，包括直销、经销商和零售商等。通过与当地合作伙伴建立紧密的合作关系，可口可乐成功地将其产品推向全球各个角落。此外，可口可乐还通过数字化营销手段，如社交媒体、电商平台等，拓展线上销售渠道，进一步提高品牌曝光度和市场份额。可口可乐深入了解目标市场的文化背景和消费习惯，制定相应的营销策略。例如，在中国市场，可口可乐将产品与中国传统节日相结合，推出限量版包装和营销活动，如春节期间的“福瓶”设计，增强品牌与当地消费者的情感联系。可口可乐还注重在全球范围内进行本土化创新，根据当地消费者的需求和口味，推出符合当地市场的新产品。例如，在印度市场，可口可乐推出了低糖、低卡的“THUMS UP”饮料，以满足当地消费者对健康饮品的需求。通过实施以上国际市场营销策略，可口可乐在全球范围内取得了巨大的成功。然而，随着市场环境的变化和消费者需求的不断升级，可口可乐也面临着诸多挑战。例如，竞争对手的崛起、健康饮食趋势的兴起及数字化转型的压力等。为了应对这些挑战，可口可乐需要不断创新和调整市场策略，以保持其在全球市场的领先地位。

（资料来源：百度文库）

三、国际市场营销的研究对象及方法

（一）国际市场营销的研究对象

国际市场营销学就是研究企业开展国际市场营销全过程的学说，国际市场营销学探究的核心是企业如何统筹各职能部门，跨越国界实施一连串营销活动，以达成其商业目标的过程。国际市场营销活动中突出的问题基本源于营销者不熟悉实施市场营销方案的环境，营销成功与否则取决于营销者是否具有适当评估和适应陌生环境冲击的能力。因此，分析国外市场营销环境和文化背景，以及它们对整个营销流程的影响，是国际市场营销学的核心议题，同时也是介绍这一学科最实用的途径。

（二）国际市场营销的研究方法

国际市场营销学是一门实用价值很高的应用课程，属于经营管理学范畴，是对企业国际市场营销活动实践经验的总结，根据这一突出特点，国际市场营销的研究方法主要有以下几种。

1. 使用马克思主义的唯物辩证法作为基本方法

这种方法将国际市场营销视为国际生产关系的一个环节，研究企业如何从国内经营转变为涉及国际的生产、分配、交换和消费，目的是分析国际市场营销对各国或地区及企业自身的影响，从而加深对国际市场营销理论意义的理解。

2. 结合理论推演与实证分析的方法

这种方法基于国际直接投资理论、市场营销理论、经济全球化理论等，分析国际市场营销的必然性、必要性和规律性。通过案例研究、问卷调查、专家访谈或数据库调研等多种手段，分析国际市场营销措施的科学性和对环境的适应性。这样可以归纳和演绎国际市场营销的内在逻辑和规律，丰富理论并指导实践，实现理论与实践相互促进的良性循环。

3. 结合定量分析与定性分析的方法

这种方法遵循理论假设和实证检验的分析范式，使用因子分析、多元回归分析、相关分析、路径分析等多种统计方法来研究国际市场营销的影响因素、绩效和环境变量之间的关系。通过建立数学模型，比较分析不同国家的市场营销与市场环境变量、绩效等的关系，预测和确定企业的营销目标。这些方法不仅有助于企业经营决策，也有助于支持相关理论的发展。

4. 文本精简系统理论分析方法

这种方法以事物的关联性为基础，寻求最优化方案和组合。国际市场营销管理过程是一个系统性工程。从国际市场营销进行的时间维度看，由国际环境分析、目标市场选择、制定营销策略组合、计划实施与控制等构成国际市场营销系统；从国际市场营销进行的空间维度看，由不同国家或地区、不同种族或肤色、不同收入或消费、不同宗教或文化等构成国际市场营销系统；从企业内部框架看，由不同职能部门、不同产品事业部、不同地区事业部构成国际市场营销系统，系统中的各个元素相互作用、相互影响，共同决定整个系统的运行及效率。研究国际市场营销系统必须对各个视角的子系统进行分析，从而寻求最优的方案。应用系统理论分析方法研究国际市场营销可以更好地从整体上把握其本质。

四、国际市场的概念与形成条件

（一）国际市场的概念

国际市场体现了商品交易在地理广度上的扩散，这种交易活动已超越单一国家的边界。它也是多元文明和文化随着时间发展在不同地域中交融形成的一个复杂的多维实体。从历史角度看，国际市场是一个逐渐演变的概念，经历了从初始阶段到成熟阶段的发展过程。而从地理视角来看，国际市场具有明确的区域性特征，涉及的是在一定地理区间内的商品、服务交换及资源分配的特性。

随着历史发展及国际交易活动范围的扩大，国际市场可被划分为三个主要层次：国别市场、区域市场和全球市场。国别市场涉及单个国家间的交易，如美国或日本市场；区域市场覆盖由多个国家或地区组成的更大市场，如欧盟和北美自由贸易协定区；全球市场则代表世界范围内的统一市场，涵盖所有国家与地区的商品和服务交换，以及基于国际分工的资源分配。此外，根据地理区域划分，国际市场可以进一步分为欧洲、北美、亚洲、非洲、拉丁美洲和大洋洲市场等。

（二）国际市场的形成条件

国际市场的形成依赖于几个关键因素，首先是剩余劳动力的供应，这通常出现在专业化生产较为集中的情况下。例如，在原始社会、狩猎经济时代及封建社会早期，由于自给自足的经济模式，很难有大量剩余劳动力，因此无法形成国际市场。其次是剩余产品的丰富。以中国明朝中后期为例，尽管手工业繁荣并出现了资本主义萌芽，如瓷器生产的专业化程度很高，但国内市场的局限性限制了生产的进一步发展。只有当剩余产品足够丰富，超过国内市场需求时，才会考虑出口到国际市场。再次，交通运输技术的发展也是国际市场形成的关键因素之一。高效的运输手段能够将商品从生产地运往不同地区，满足更广泛市场的需求。同时，通信技术的进步也促进了市场信息的快速传播，使得生产者和消费者能够更有效地连接。最后，国际贸易政策和法律框架的建立也是国际市场形成的重要条件。国家间的贸易协定、关税政策及国际商业法规为国际贸易提供了规范，降低了交易成本，增强了市场的可预测性。

此外，国际市场的规模受到多种因素的影响，其中包括经济增长、贸易政策、全球性疫情影响、投资环境及技术创新等。这些因素的变化会影响国际市场的规模和动态，因此规模数据可能会随时间和环境的变化而有所变动。

五、国际市场营销与国内市场营销的联系与区别

（一）国际市场营销与国内市场营销的联系

国际市场营销与国内市场营销的联系主要表现在以下三个方面。

1. 理论基础相通

国际市场营销学与国内市场营销学都建立在经济学原理之上，并融合了现代管理学、统计学、数学、会计学、社会学、心理学等多学科的知识。这些理论既适用于国内市场营销，也适用于国际市场营销。

2. 以消费者需求为核心

无论是国际市场营销还是国内市场营销，都经历了从生产导向到市场导向的转变，即从以生产者为中心转变为以满足消费者和用户需求为中心。企业不仅要满足消费者对商品或服务的使用价值需求，还要满足他们的心理需求。因此，无论是在国内市场还是国际市场，企业都需要为产品和服务确定合适的市场定位，积极开拓目标市场，建立特定的用户群。同时，企业提供的产品和服务应满足目标市场的物质和价值观念需求，并具备挖掘潜在市场需求的能力。此外，销售的时间、地点、方式和价格等都必须符合顾客的购买习惯和支付能力。企业还应提供相应的信息和满意的售后服务，以满足顾客对商品和服务的多样化需求，从而找到产品创新的方向，增强产品的竞争力。

3. 国际市场营销是国内市场营销的发展

企业通常会首先专注于国内营销，随后逐步扩展到国际市场营销。这一发展过程往往是渐进的。在早期阶段，企业的经营范围、发展战略和营销策略主要集中在满足国内市场的需求，可能仅因偶然机会将部分产品出口到国际市场。随着国内市场可能

出现的需求饱和或销售下降，企业开始寻求海外市场的新机遇，并逐步进入国际舞台。虽然此时企业仍然以国内市场为主要阵地，但已经开始关注国际市场的潜力。随着在国际市场上的活动增多，企业对国际市场信息的敏感度提高，对市场需求的变化能够做出更快的反应。企业开始根据国际市场的需求来调整生产计划和销售策略，将更多的产品推向国际市场。随着生产能力的提升、先进技术的应用、企业规模的扩大、经济实力的增强及国际营销经验的积累，企业逐渐有能力将主要精力转向国际市场，进行全球跨国营销，并实施国际化的营销活动。这一过程表明，企业通常从国内经营起步，随着实力的增强和市场范围的扩大，逐步转向国际市场，不断扩大其在全球范围内的影响力。

（二）国际市场营销与国内市场营销的区别

国际市场营销相较于国内市场营销的显著差异，主要体现在以下几个方面。

1. 环境复杂性

国内市场营销通常在一个国家内进行，面对的市场环境相对单一，由营销人员熟悉的政治、经济、法律和文化等因素构成。相比之下，国际市场营销面临的是一个多层次的复杂环境。企业不仅要应对全球市场环境的影响，包括政治、军事、经济、科技等方面的变化，还要考虑每个目标国家特有的市场环境，如政治体制、经济结构、法律法规、文化传统和消费习惯等。随着企业进入更多国家和地区，所面对的市场环境结构将变得更加复杂。

2. 不确定性因素较多

由于国际市场环境的复杂性和多变性，国际市场营销比国内市场营销面临更多不确定性因素，如难以预测产品在全球市场的总需求量，难以确定主要购买者，且通常需要通过中间商间接了解市场需求和消费者行为。除此之外，国际竞争者数量更多，竞争策略难以准确判断，当产品初次进入新市场时，合理定价需经过广泛市场调研，但是选择合适的促销媒介困难，且效果难以准确评估，并存在国别政策和消费者文化差异。这些因素增加了国际市场营销的不确定性，对企业的国际营销策略和活动带来了挑战。

3. 国际市场营销方案更具多样性

企业在国内市场的营销策略通常具有一致性，尽管针对不同地区和目标市场会有些许调整。然而，在国际市场上，企业的营销策略需要展现出更大的灵活性和多样性。国际市场由不同国家和地区组成，每个国家和地区市场之间的差异远超国内市场的区域差异，因此企业在不同国家和地区的销售策略无法一概而论。例如，对于规模较小或风险较高的市场，企业可能选择间接出口方式；而在政治稳定、市场庞大且前景看好的国家和地区，企业可能采取当地生产的策略。即便都是当地生产，根据劳动力素质、原材料供应等因素，企业还可选择组装、合同制造或独资生产等不同方案。

此外，国际市场的复杂性超过国内市场，且这种复杂性是动态变化的，如国际政治局势的变动、各国经济政策的调整等，这些变化往往难以预测。因此，企业必须制定多个营销计划备选方案，以应对可能出现的各种情况。

4. 面临的营销难度更大

国际市场营销相较于国内营销具有更高的难度。在政治风险方面，国际市场营销面临的政治风险较大，这些风险可能源自东道国的政治不稳定、政策变动、社会动乱或外部冲突等因素；在经济风险方面，企业在国际市场中的经营管理不善或市场环境的剧烈变动（如汇率波动、通货膨胀等）可能导致其面临经济风险；在市场竞争方面，国际市场的竞争通常比国内市场更为激烈，企业不仅要面对价格竞争，还要在非价格方面进行竞争，如产品质量、信誉、服务、便利性和客户满意度等；在人才方面，国际市场营销需要专业的、高素质的人才，这些人才需要理解国际市场趋势、具有市场调查和分析的能力、熟悉国际市场营销的惯例和法规、了解目标市场的文化习俗，以及具备良好的外语沟通能力。然而，这样的高素质人才在任何国家都是稀缺资源，尤其是在发展中国家。

因此，企业在国际市场上的成功不仅取决于产品和策略的优化，还需要有能力应对政治和经济风险及激烈的市场竞争。同时，拥有专业的国际市场营销人才是实现这些目标的关键。

六、国际市场营销与国际贸易的联系与区别

（一）国际市场营销与国际贸易的联系

国际贸易是指世界各国之间货物和服务的交换活动。凡是进行跨越国界的商品或服务的交换，就可视为从事国际市场营销。由此可见，它们之间必然存在着密切的关系，主要表现在以下几个方面。

1. 国际贸易是国际市场营销的先导

随着科学技术的进步和劳动生产率的提高，物质资料的生产变得异常高效，导致国内市场无法消化过剩的产品。这促使了自由贸易主义的兴起和国际贸易的迅速发展，激励企业向国外市场扩张，销售产品。因此，国内市场逐渐向境外延伸。最初，国际市场营销活动可能只是企业偶然的对外出口。然而，在第二次世界大战后，各国致力于经济复苏，国际市场需求激增。美国等发达国家开始对外直接投资，建立跨国公司，并制定国际市场营销战略，走国际化路线。这些跨国公司通常实行全球战略，将全球范围的经营活动视为一个整体，追求整体利益最大化，而不考虑局部利益的得失。当代国际市场营销与国际贸易紧密相关，都受到世界政治、经济等因素的影响。企业参与国际市场营销时，不仅需要依靠国际市场营销的理论指导，还需了解和运用国际贸易的相关理论、政策、法规，以及贸易现状和发展趋势。

国际贸易理论为解释国家间产生商品交换的根源和贸易模式的形成提供了不同视角。例如，国与国分工的世界市场理论、贸易国家区域理论、比较成本论、生产要素禀赋论、

人力资本论、技术差距论和偏好相似论等都从不同层次阐明国际商品交换产生和贸易格局形成的原因，并对企业国际市场营销工作有直接和间接的指导意义。国际贸易政策和措施对企业的国际市场营销起着重要的激励作用和阻碍作用。进行国际市场营销的企业需要根据世界贸易的发展现状与趋势，调研国际市场营销环境。掌握世界贸易形势有助于企业进一步对国际市场营销环境进行调研，为制定国际市场营销策略打下基础。

2. 国际市场营销是国际贸易的重要组成部分

第二次世界大战后，跨国公司数量猛增，而且规模巨大、实力雄厚、分布广泛，成为国际市场营销的主要经营实体。跨国公司通过其母公司在全球范围内协调生产和市场活动，包括在生产国的生产和销售及各子公司在东道国的销售与出口。这些企业的出口活动是相关国家出口贸易的一部分，对国际贸易有重要贡献。子公司在其所在国的市场销售属于跨国公司整体的市场营销策略，而对于母公司而言，仅是国际市场营销的一部分。跨国公司在全球范围内的业务运作涉及广泛的市场和复杂的管理结构，促进了国际贸易总额的增长，影响了国际贸易商品结构。跨国公司的国际营销战略势必影响国际贸易的发展，是国际贸易的重要组成部分。

（二）国际市场营销与国际贸易的区别

国际贸易是从国家整体出发，研究一个国家的进口与出口问题；而国际市场营销则是从微观出发，研究一个企业如何进行国外营销活动。国际贸易与国际市场营销是两个相关但不同的概念，它们的主要区别有以下几个方面。

1. 经营主体不同

国际市场营销的主体通常是企业，它们独立进行市场开发和产品销售。国际贸易则通常涉及国家层面的参与者，如政府机构、外贸部门或贸易公司。

2. 经营动力或行为动机不同

国际市场营销的企业以盈利为最终目的，通过各种市场活动追求利润最大化。国际贸易的动机则更多地基于比较优势，即各国根据自身资源和成本优势生产某些商品，并通过贸易交换以获得比较利益，从而增加国家的总财富和社会福利。

3. 市场信息来源不同

市场信息是商品经济的产物，对于企业来说，掌握市场信息并据此制定经营策略至关重要。在现代经营活动中，市场信息的掌握成为开展经营活动的基础。国际市场营销信息主要来源是公司的账户记录和相关收集数据；而国际贸易信息的主要来源则是国家的国际收支平衡表。

4. 商品流通的形态不同

国际贸易与国际市场营销在商品流通形态上存在差异。国际贸易的商品流通是跨越国界的，即产品或服务需要从一个国家转移到另一个国家；而国际市场营销的商品流通形态更为多样，产品可以跨越国界，也可以不跨越国界，可能涉及本国生产外国销售、外国生产另一国销售，以及外国生产当地销售等多种情况。这种差异导致国际市场营销额往往大于国际贸易额。

5. 业务范围不同

国际贸易通常涉及不同国家独立企业之间的交易，其业务范围相对有限，并且通常不会涉及全面的营销策略，如市场调研、产品开发、分销渠道管理和促销活动的共同规划和执行。相比之下，国际市场营销的业务范围更广泛，不仅包括国际市场上的独立企业之间的交易，还包括跨国公司内部的产品流通，如母公司与子公司之间或子公司相互之间的交易。这种内部贸易虽然跨越国界，但仍然在公司内部进行，并受到统一营销策略的指导。国际市场营销强调根据消费者需求开发新产品，并在国际市场上销售产品或服务，这要求企业具备更广阔的业务视野和更优秀的市场操作能力。

【案例 1－2】

如何评价非洲的鞋市场

在一次企业扩张的探索中，一家制鞋公司的管理层派遣了一位资深财务官员前往非洲某国，以评估在当地推广公司鞋类产品的可能性。该财务官员一周后汇报称，由于当地居民赤足行走，推广鞋子的前景堪忧。为了进一步核实情况，公司总经理决定派出顶尖的销售专家前往同一地区。销售专家一周后的报告与财务官员的汇报截然不同，他看到了一个未被开发的市场，因为当地居民尚未有穿鞋的习惯。为了获得更深入的理解，总经理又指派了他的营销副总前往该非洲国家。经过两周的深入研究，营销副总发现了一个复杂的市场环境：虽然当地居民不穿鞋，但他们有的患有脚部疾病，穿鞋可能对他们有益。他还指出，为了适应市场需求，公司需要重新设计鞋子以适应当地人较小的脚型。此外，为了让当地居民接受穿鞋的观念，需要先进行教育和宣传，并且得到当地部落领袖的支持是进入市场的关键。营销副总还发现，尽管当地居民购买力有限，但他们生产了极为美味的菠萝。他提出了一个新颖的商业计划：通过将菠萝出口到欧洲的连锁超市来创造收入，同时计算了三年内的销售预测和成本。他的分析显示，这样的市场进入策略能够带来高达30%的投资回报率。因此，他建议公司应该开拓这一新市场。

（资料来源：百度文库）

任务二　国际市场营销的类型与基本步骤

一、国际市场营销的类型

国际市场营销是随着世界经济发展的必然趋势，指的是企业跨越国界进行的市场活动。根据企业的营销目标、实力和经验，国际市场营销可以分为下面四种类型。

（一）被动的国际市场营销

这类企业的主战场在国内，没有建立专门的出口部门，通常只在外国企业或国内外贸公司有采购需求时，才将产品销往国际市场。这种模式是一种非主动的国际市场营销方式，属于最基本的层次。

（二）偶然的国际市场营销

这类企业主要关注国内市场，并不常设出口机构，但在特定情况下，如国内市场供应过剩或竞争过于激烈时，会临时向国际市场销售产品。当国内市场状况改善时，企业会再次专注于国内市场。

（三）固定的国际市场营销

这类企业同时关注国内外市场，通常会设立专门的出口部门，甚至在海外建立分销机构。它们在维护国内市场的同时，制定国际市场营销战略，开发符合国外消费者需求的产品，并针对国际市场环境制定营销策略，以在国际市场中建立持久的地位。

（四）完全的国际市场营销

这类企业将国际市场作为主要目标市场，把本国市场视为国际市场的一部分。它们通常在本国设立总部，在全球范围内建立子公司，并在这些国家进行生产和经营活动，产品和资源在全球范围内流通，依赖国际市场来实现盈利。

这四种类型反映了国际市场营销的发展历程，前两种是初级形态，后两种是高级形态。企业根据自身在国际市场营销发展的不同阶段，确定相应的营销策略，以实现既定目标。

二、国际市场营销的基本步骤

一般来说，企业开展国际市场营销的基本步骤由四个阶段组成。

（一）分析阶段

在分析阶段，团队的任务是搜集市场相关信息，并运用定量及定性分析方法进行深入的市场研究。市场信息来源广泛，包括二手和原始数据、内部与外部资源，以及非正式和官方资料。这些数据帮助企业探索市场中的潜在机会，并评估是否存在适合开展国际市场营销的机遇。企业需要根据自身的资源和能力来评估和识别国际市场中的潜在机会，关键在于评估企业是否具备国际化的竞争优势。

首先，企业应对全球经济形势有一个宏观的理解，了解当前国际市场上的商品和服务分布，以此来划定潜在的目标市场区域。在此基础上，企业需对目标区域内的国家进行国际政治、法律、金融、技术和资源环境方面的详尽分析，以便找到对企业运营有利的条件。随后，企业需要确定市场研究的具体内容，包括但不限于了解目标市场中消费者的偏好、购买力和消费行为，调查目标市场的竞争格局，分析企业产品是否适合目标市场的需求，以及确定企业的销售优势和选择最佳的市场进入策略，以便更容易被当地市场接受。良好的信息基础是市场营销成功的关键条件，因为只有掌握了最准确、最全面的市场信息，才能制定最正确、最迅速的市场营销策略，才能保证整套营销计划是符合市场发展规律的。因此，企业在准备进入国际市场时，需要通过分析和调研积累资料和信息。一般情况下，企业可参考的资料有两种，一种是针对特定的目的而收集的资料，另一种是使用已有的资料。市场分析是一项有计划、有组织的活动，商业目标不但要明确，还要具有很强的客观性，减少偏见、感情和主观判断的影响。在分析阶段，企业应该反复思考进入当地市场所需要解决的问题，如该国政局交替是否频繁，该国对企业所从事的行业是不是实行保护政策，消费者购买什么、为何购买、谁决定买、怎样购买、什么时候买、在哪儿买，市场上的竞争者经营得怎么样，以及如何同竞争者打交道等。市场分析是联系营销人员与市场的纽带，没有市场分析，市场营销就容易迷失方向，难以实现其功能。因此，市场分析是开展国际市场营销的前提。

（二）计划阶段

在此阶段，企业的工作是制订计划以把握和利用市场机遇。这些计划应涵盖长期战略和短期战术。针对特定市场的营销规划包括对市场状况的分析、目标设定、战略与战术的制定、成本与利润的预估，以及实施计划所需的活动安排，这可能涉及构建新的或调整现有的组织结构。企业需要根据已有的信息，识别并划分合理的市场区域，并对这些区域进行细分，创建子市场。然后，企业需要对这些子市场进行详细描述，评估它们的吸引力，包括市场规模、增长潜力、盈利性、规模经济和风险等级。通过比较分析，企业可以选择最合适的目标细分市场，并为每个选定的细分市场确定最合适的市场定位。随后，企业应制订一个全面的营销计划，考虑如何进入目标市场——通过产品出口、签订合同或直接投资等方式。此外，企业还需规划如何在目标市场应对竞争、制定产品策略、设定合适的销售价格，并规划分销和促销活动。

（三）实施阶段

实施阶段涉及执行计划中的行动。如果计划能够准确地映射市场状况，并且能够对企业适应这些状况的能力进行公正的评价，那么实施过程就可能会顺利。计划还需要考虑在企业内外可能发生的不可预测的变化，并确保在执行过程中能够灵活调整以应对这些变化。一旦营销计划确定，企业必须确保按照计划的指导方针，准时、高效、精准地完成各项活动。为了迅速占领目标市场，促销手段需及时实施，且广告宣传应与产品销售保持同步。若在预定时间内未能实现既定目标或遇到突发问题，企业需展现出敏锐的洞察力，快速定位问题并有效应对。

实施阶段是企业将计划从理念转化为实际操作的关键时期。营销计划能否取得预期成果，取决于企业在执行过程中的严谨性和应对突发事件的能力。此前的市场分析和规划的成功与否，取决于执行阶段是否能确保产品在目标市场完成既定目标。

（四）控制阶段

在实施阶段，同步进行的控制也是必不可少的。市场的不断变化要求企业持续监测环境因素、竞争对手、渠道合作伙伴及终端消费者的变化。管理控制可分为短期和长期两个层面。短期控制涉及对年度计划的跟踪、盈利性评估及效率监控。而长期控制则是一种全面审查，确保营销部门不仅在执行过程中保持正确性，而且其所从事的活动本身也是正确的。控制过程所提供的反馈为未来计划的制订提供了宝贵的输入。国际市场营销要求高度的连贯性和精确性，任何环节的失误都可能拖垮整个营销战略。因此，企业在执行国际营销策略时，必须对每个环节进行周密的规划和监督。

在国际市场营销学的学习过程中，首先需要了解国际市场营销的各种环境，然后需要对国际市场进行调研，并且根据竞争对手的情况、目标市场环境、市场的进入方式等做出不同的战略部署。同时，针对不同的产品、定价、分销渠道、如何促销等采取相应策略，制订计划，从而组织和控制国际市场营销。

三、开展国际市场营销的重要意义

（一）加速经济发展

全球经济和技术的不均衡增长意味着没有一个国家能够自给自足，尤其是在科技飞速发展的当下，各国都缺乏某些对经济发展至关重要的资源，并且无法掌握所有必要的先进技术。为了促进国家经济的快速增长，开展国际市场营销变得至关重要。通过将国内产品推向国际市场，不仅可以实现产品的价值并增加利润，还可以通过出口赚取外汇，进而引进先进的技术和设备，从而加速国家经济的发展。

（二）扩大产品销售

通过积极地从事国际市场营销，企业能够开拓更广阔的市场领域，从而实现产品销量的增加。企业不仅可以获取更高的利润回报，还可以因销量的提升而扩大生产规模，进而降低单位产品成本，实现规模经济效应。

（三）规避经营风险

积极发展国际市场营销有助于企业在本国经济低迷时转向国际市场，寻找新的市场机会，从而规避国内市场饱和和激烈竞争可能带来的损失。对于跨国企业而言，在全球范围内进行市场营销可以挑选有利的市场机遇，确保企业的持续健康发展。

（四）加速企业成长

积极参与国际市场营销可让企业在国际市场的竞争中锻炼和提升其生产和技术能力，加速技术进步，提高管理水平，从而促进企业快速成长。我国鼓励国内企业积极参与国际市场竞争，不仅能够使企业在竞争中强化实力，还能够在融入全球经济的过程中，从根本上转变企业的发展思维，培养出适应国际竞争环境的新型现代企业。

【案例 1－3】

华为的国际化策略

华为的国际扩张采取了一种脚踏实地的“由浅入深”策略，其战略可以看作是“农村包围城市”模式的海外演绎。在国内市场，华为通过先深耕小城镇再逐步进入大城市的方式，逐渐构筑起了自己的市场版图。华为的“由浅入深”发展策略包含两个层面的意义：在国内，华为遵循从小城镇开始逐步向大城市扩展的发展路径，这种从基层做起的策略帮助公司在国内市场打下了坚实的基础。在国际上，华为没有直接挑战欧美成熟市场上的大型跨国竞争对手，而是采取间接策略，选择非洲和亚洲的一些发展中国家作为国际业务的起点，这样既避免了与强大对手正面冲突，也为其全球布局奠定了基石。通过这样的方式，华为能够积累经验、资本及品牌影响力，逐步扩大其在全球范围内的业务版图。

1996 年，华为开启了其向国际市场进发的长期征程，最初选择了以非洲、拉丁美洲、中东、亚太地区的发展中国家，以及独联体国家作为跳板。在经历了十年深耕发展中国家市场的挑战与历练之后，华为的产品线、技术创新、团队协作和服务能力都逐步完善，形成了能够在发达国家市场竞争的强大实力。随后，华为开始逐步进入欧洲、日本和美国等市场，其“由浅入深”的“农村包围城市”战略取得了显著成效。在国际市场扩张过程中，华为根据不同地区的地理和经济特点，将潜在市场划分为俄罗斯、拉美、非洲和欧美等板块。综合考虑企业资源和产品市场特性后，华为首先选择了俄罗斯和拉美作为主攻方向，并制定了一系列营销策略，集中资源在这些关键市场上占据领先地位。同时，华为定位自身为“行业内最佳的设备供应商”，并在市场细分的基础上实施产品差异化策略，以满足全球各地客户的个性化需求。

华为在国际舞台上取得的成绩，为中国企业的海外发展提供了宝贵的经验。其国际化发展战略不仅为其他中国企业提供了示范和借鉴，也为我们带来了丰富的启示，展示了中国企业如何通过战略规划和市场智慧在全球市场中取得成功。

（资料来源：现代商业）

任务三　经济全球化与区域市场环境

一、经济全球化

经济全球化又叫世界经济国际化，是指世界各国经济在生产、分配、交换和消费环节的全球趋同化趋势，主要表现形式为生产国际化、产品国际化、投资金融国际化、区域经济集团化等。

（一）经济全球化的含义及发展阶段

经济全球化是一个过程，是指世界经济活动跨越国界，通过国际贸易、资本流动、技术交流、服务提供，以及相互依存和联系，形成了一个全球性的经济体系。在这个过程中，生产要素如商品、技术、信息、服务、货币和人员在全球范围内自由流动。

作为现代世界经济的显著特点和发展趋势，经济全球化经历了几个重要阶段。初始阶段从 16 世纪初延续到第二次世界大战前，这一时期国际经济联系逐渐加强，国际贸易兴盛，国际资本和劳动力流动规模扩大。铁路和航运业的快速发展降低了运输成本，贸易壁垒减少，这些因素共同促进了经济全球化的进程。第二阶段从第二次世界大战后持续到冷战结束。二战后，世界政治经济格局发生了重大变化，美国成为资本主义世界的主导力量，以欧洲为中心的国际经济格局不复存在。1945 年成立的国际货币基金组织（IMF）和世界银行（WB），以及 1947 年签订的关税及贸易总协定(GATT)，对国际贸易谈判产生了深远影响，标志着经济全球化进入了一个新阶段。然而，社会主义和资本主义阵营的对立限制了世界市场的统一。自冷战结束至今，经济全球化进入了第三阶段。随着冷战的结束，经济发展成为各国的主要目标，许多发展中国家开始转向市场化策略，世界经济出现了空前的增长。特别是自 20 世纪 80 年代以来，全球经济一体化加速，几乎所有国家都融入了世界经济运行体系之中。

（二）经济全球化的特点

经济全球化的不断加速是当今世界经济发展的主要趋势，几乎所有的国家都存在这一趋势。20 世纪 90 年代以来，随着以信息技术为中心的高新技术的迅猛发展，生产要素已经在全球范围内自由流动，各国、各地区的经济相互交织融合，形成全球统一市场。经济全球化的主要特点表现为以下几个方面。

1. 国际贸易规模扩大，自由化程度加深

第二次世界大战后，国际贸易增长十分迅速，国际贸易规模不断扩大。服务贸易超过一般货物贸易的增长速度，目前服务贸易已经成为国际贸易中一个至关重要的组成部分。国际贸易自由化程度也在不断加深，世界贸易组织（WTO）为贸易自由化提供了巨大的动力；多边谈判及协议的签订使关税水平大大降低，贸易自由化的范围不断扩大，不仅包括货物，也包括服务、技术等一些新的领域。

2. 技术开发与利用国际化

从国际技术贸易的发展来看，由于技术对生产和经济的重要作用，生产的国际化自然促进了国际技术贸易的持续扩张。此外，我们可以发现两个关键趋势：一方面，世界各国在科技发展水平上的不均衡促使企业寻求尖端科技成果，这导致企业跨国建立研发基地成为趋势。这种趋势使得许多企业建立了遍布全球的研究与开发网络，进一步推动了研究与开发组织结构的国际化。另一方面，现代科技发展的重点是高科技的研发，而高科技研发需要巨大的投资和承担高风险，这让许多企业感到压力巨大。因此，企业之间形成了更多的国际合作伙伴关系，共同进行技术开发，这也是现代技术开发活动国际化的一个显著特点。

3. 生产国际化

生产国际化涉及国际生产领域中的合作分工和专业化生产的发展。现代的生产分工已经超越了国家级别的综合分工，而是深入到了部门和企业层面的专业分工。这一进程跨越国界，形成了一个国际性的生产网络体系。一个突出的例子就是企业在生产零部件和工艺流程上的专业化分工。例如，波音 747 飞机由分布在 65 个国家的 1500 家大型企业和超过 15000 家中小企业参与合作生产，这些企业共同贡献了飞机的 400 万个零部件。德国拜耳公司则与超过 35000 家国内外企业建立了合作关系，这些合作伙伴将拜耳提供的中间产品加工成各种最终产品。这种企业层面的国际化趋势意味着，原本在单一企业内部完成的设计、研发、零部件加工或采购、组装及总装等一系列活动，现在可以分散到全球不同地区进行。企业的各部门、工厂、车间，甚至是特定的工段和工序，都可以在全球范围内进行组织，从而促进了生产组织结构的国际化。

4. 产品国际化

产品国际化体现在出口生产在总产值中所占的比例显著上升，这直接推动了现代国际贸易的快速增长。全球几乎所有国家和地区的企业都以各种形式参与到国际商品交换中。目前，国际贸易额已超过全球生产总值的三分之一，并且仍在持续增长。此外，国际贸易的商品范围也在不断扩大，涵盖了从传统商品到高科技产品，以及从有形商品到无形服务的各个方面。例如，在中国，人们可以享用麦当劳快餐、喝可口可乐、驾驶奔驰汽车等。

5. 投资金融国际化

随着生产和产品的国际化，国际间资金的流动性增强，这一趋势显著地推动了投资和金融活动的国际化。各国政府为了适应这种全球趋势，放宽了对金融投资的监管，并采取了一系列措施来鼓励国内资本对外进行投资。这样的政策环境促使国际资本流动更加畅通，金融资本市场与实体经济之间的界限变得模糊，金融资本快速扩张，有时甚至与生产领域的实际需求脱节。目前，全球金融市场的交易规模已经大幅超越了国际贸易的规模。世界各大银行正积极在世界各地设立分支机构、代表处和子公司，通过建立海外附属银行和金融机构，以及与其他国际银行合作成立合资银行或银行集团，扩大其国际业务范围。金融投资的国际化不仅反映了全球经济一体化的趋势，同时也为生产和产品国际化提供了更多的融资和投资机会，进一步推动了全球经济的融合与发展。

6. 世界经济区域集团化

随着生产、投资和贸易的国际化，国家间的经济联系日益紧密，尤其表现在区域经济关系上。为了适应这种新的发展趋势，各国基于地域关系形成了经济联盟，如欧洲共同体（EC）与北美自由贸易区（NAFTA）等。欧洲共同体成立后，一直致力于推动欧洲经济和政治一体化。1985 年，欧洲共同体提出了建立统一大市场的目标，旨在将 12 个成员国的市场整合为一个拥有 3.2 亿消费者的单一市场，实现商品、服务和资本的自由流动。1993 年，欧盟（EU）成立，欧洲共同体职责由其承接。到了 2015 年，欧盟成员国已经扩展到 28 个，人口超过 5 亿，并拥有统一的货币——欧元，基本实现了经济一体化。这种区域集团化的趋势不仅提高了集团内部经济的开放性，也对世界经济的全球化和国际化产生了影响。

经济全球化的发展受到多种因素的推动，包括国际贸易的增长、国际投资的增加及信息产业的发展。互联网的兴起进一步加强了各国经济之间的相互依赖性。在当今这个互联互通的世界里，没有一个国家或地区能够独立于全球经济体系之外。一个国家的经济繁荣与其他国家紧密联系，任何一个国家的经济衰退都会限制其自身的进一步发展，并对其对外贸易和国际投资产生负面影响。

二、全球市场发展阶段

全球各国市场根据发展阶段被世界银行划分为不同的类别。基于人均国民收入的统计数据，这些国家通常被分为四类：低收入、中低收入、中高收入和高收入国家。在 2012 年对 193 个国家和地区进行的统计中，世界银行将人均国民收入超过 12616 美元的归类为高收入国家；人均国民收入为 4086 至 12615 美元的为中高收入国家；人均国民收入为 1036 至 4085 美元的为中低收入国家；而人均国民收入不超过 1036 美元的国家则被视为低收入国家。在这些国家和地区中，有 61 个被归入高收入水平，99 个属于中等收入水平（包括中高和中低收入），而 33 个属于低收入水平国家。这样的分类有助于了解全球经济格局，并为国际经济合作与发展提供参考。

低收入国家通常被归类为第三世界或前工业化国家，这些国家的工业化水平较低，经济结构以农业为主，居民大多从事农业劳动。这些国家的特点还包括较高的出生率和文盲率，以及一些国家政治不稳定、市场发展潜力有限。中低收入国家属于发展中国家，处于工业化的初级阶段，主要生产如服装、轮胎、建材和包装食品等基本工业品。这些国家的消费者市场正在逐步扩大，且由于拥有相对低廉的劳动力成本，在成熟的劳动密集型行业如玩具和服装制造业中具有较强的竞争力。中高收入国家也被称为新兴工业化国家，这些国家的农业人口迅速减少，大量转向工业部门，城市化进程加快，人口的教育水平和整体素质较高，这使得它们在生产和出口方面成为强有力的竞争者。高收入国家主要是发达国家，如美国、瑞典、日本等，这些国家经历了长期的经济发展过程。在这些后工业化国家中，产品和市场机会更多地依赖于创新。大多数家庭对基本产品的拥有率已经非常高，因此，企业在这些市场上扩大份额面临巨大挑战，必须寻求新的市场或创造新的产品来推动发展。

三、国家经济发展阶段

国家的经济发展阶段会直接影响其居民的收入水平和消费产品需求，这些因素又会直接或间接地影响国际市场营销的策略。例如，经济发展程度较高的国家倾向于发展大型自动化零售业务，如超市和购物中心；而经济发展程度较低的国家则更多依赖于家庭式或小规模的零售业态。因此，根据国家所处的不同经济发展阶段，企业应制定相应的国际市场营销策略。美国学者罗斯顿将世界各国的经济发展归纳为以下五种类型。

（一）传统社会

此阶段的主要特征是生产力水平低，缺乏现代科技应用，文盲率高，部分地区自给自足，此时的国际营销市场有限。

（二）起飞前夕

此阶段，现代科技开始应用于生产，基础设施逐步建立，教育保健受重视但覆盖不广，贫富差距大，进口产品也开始多样化。

（三）起飞阶段

此阶段，经济成长明显，社会设施和人力资源能支持稳定发展，农业和工业逐渐现代化，国民生产总值增长较快，对先进设备需求增加，对工业制品进口限制减少。

（四）趋向成熟阶段

在起飞阶段之后，国家经济发展通常进入成熟阶段。此阶段不仅出现经济的持续增长，而且现代化的科技也在经济活动中得到广泛应用。此外，处于这一阶段的国家能够广泛参与国际市场营销活动。在这些成熟的市场里，消费者购买行为趋向重视产品的特性和质量，偏好不需要维修、高品质和高端设计的商品。这些国家的贸易特征是进出口业务均较为庞大，进口商品范围广泛，涵盖原材料、半成品、劳动密集型产品及奢侈品等，形成了国际营销的重要市场。

（五）高度消费阶段

在高度消费的经济阶段，国家经济发展重点转向持久性产品和服务业的成长，经济特征是大规模生产和消费。此阶段的社会结构以中产阶级为主，贫富差距小，消费者购买产品时会更注重性价比和可靠性。

发展中国家可能处于经济发展的前三个阶段，而发达国家通常位于后两个阶段。国家的发展并非总是遵循这五个阶段的固定顺序，有些国家可能会跳过某些阶段，而且每个阶段的持续时间也会有所不同。国际市场营销策略会根据国家的发展阶段进行调整。例如，分销渠道随着经济发展水平的提高而变得更加复杂和广泛。随着经济的发展，分销渠道的控制逐渐从传统的权力人物转移到中间商，再到制造商，最终可能由大型零售商掌控。在这个过程中，进口代理商的重要性逐渐减弱，制造商、批发商和零售商的角色趋于简化，小型商店数量减少，商店规模扩大，零售商的利润率提高。

四、国际外汇市场

国际外汇市场是全球货币体系的微观体现，它涉及使用外币进行跨国结算的活动。这个市场有狭义和广义之分：狭义的外汇市场指的是具体的外汇交易地点；而广义的外汇市场则包括了由公司、银行、外汇经纪人等构成的复杂货币交换网络，涵盖了外汇的供需双方及交易中介。货币价值的波动对国际市场营销有着显著的影响。如果一个国家的货币升值，那么该国货币在国际市场上的购买力增加，这可能鼓励当地企业在海外投资。与此同时，外国企业可能会因为自己国家货币相对购买力的减弱而减少在货币升值地区的投资意愿。相反，如果一个国家的货币贬值，外国货币的购买力在该国市场上相对增强，这通常会吸引更多的外国投资。而本国企业由于本国货币购买力下降，可能会减少海外投资的意愿。此外，汇率变动对国际市场营销的影响是复杂的，企业需要综合考虑财务收益、市场份额和销售策略等多个方面，以便调整自己的商业策略，适应汇率变化带来的影响，在保持国际市场适当的份额和销售量的同时，降低汇率变化可能带来的财务风险。

五、区域市场经济环境

区域经济环境涉及特定地理区域内的经济联盟，包括其成员国或地区的经济状况。这种环境对跨国企业的国际营销活动有着直接影响，是国际营销者在全球经营中必须面对的关键经济条件。

（一）区域一体化形式

第二次世界大战之后，世界各国对于经济合作表现出了极大的兴趣。经济合作存在不同程度，从两个或多个国家达成贸易协定到取消贸易壁垒，再到两个或多个国家实行全面的经济一体化。20 世纪最著名的优惠协议当属帝国特惠制，该制度确立了英国、加拿大、澳大利亚、新西兰、印度和非洲、亚洲、中东等一些前英属殖民地国家和地区之间的贸易基础。该制度在英国决定加入欧洲经济共同体后宣告终结。这一过程也证明了国际经济合作不断演化的特性。

1. 关税及贸易总协定和世界贸易组织

关税及贸易总协定是 125 个国家和地区为了（至少在原则上）促进成员方之间的贸易而签订的协议。关税及贸易总协定旨在成为一个多边的、全球性的协议，而且关税及贸易总协定也确实在世界商品贸易自由化方面获得了成功。同时，关税及贸易总协定存在的近 50 年中调解了 300 多起贸易争端（许多涉及食品）。关税及贸易总协定本身没有强制执行权（争端中失败的一方可以不理会其判决），而且调解过程有时会拖延数年。关税及贸易总协定的后继组织，即世界贸易组织，成立于 1995 年 1 月 1 日，以日内瓦为基地。世界贸易组织是多边贸易体制的法律基础和组织基础，是众多贸易协定的管理者，是各成员贸易立法的监督者，是就贸易进行谈判和解决争端的场所。世界贸易组织是当代最重要的国际经济组织之一，其成员间的贸易额占世界贸易额的绝大部分，与国际货币基金组织、世界银行一起被称为世界经济发展的三大支柱。

2. 自由贸易区

自由贸易区（FTA）是由签订自由贸易协定的国家或地区形成的贸易集团，在这些集团内部，成员之间取消关税和其他贸易障碍，实现商品的自由流通。尽管如此，各成员国对外部非成员国仍保持原有的贸易壁垒。为了防止利益倾销，即低关税国家将商品进口后转售至高关税国家以获取利润，自由贸易区通常实行原产地证明制度，海关人员会在边界进行核查。例如，欧洲经济区（EEA）是一个包括欧盟成员国以及挪威、列支敦士登和冰岛的自由贸易区域；而北美自由贸易区则由美国、加拿大和墨西哥在1994年成立。

3. 关税同盟

关税同盟（Customs Union）是一种经济集团，其中成员国不仅消除了彼此之间的关税和其他贸易障碍，还统一了对外的贸易政策，并设立了共同的外部关税。这种安排在自由贸易区的基础上提升了合作层次，呈现出一种超越国家的特性。著名的关税同盟包括早期的欧洲经济共同体（现欧盟的前身）、2010年成立的俄罗斯—白俄罗斯—哈萨克斯坦海关联盟，以及2015年成立的西非国家经济共同体关税同盟等。

4. 共同市场

共同市场（Common Market）的形成朝经济一体化又迈进了一步。除了在成员内完全废除关税与数量限制，建立统一的对非成员的关税外，它还允许劳动力、资本和信息各生产要素的自由流动，比如中美洲共同市场（CACM）、南方共同市场（South American Common Market）和安第斯共同体（Andean Community）。

5. 经济同盟

经济联盟的成立是基于共同市场的进一步深化，成员国之间不但实现了商品和生产要素的自由流动，还建立了一致对外的关税体系。经济联盟的成员还采纳和实施了共通的经济与社会政策，逐步减少了政策上的分歧，从而形成了一个宏大的经济体。这样的联盟不单是商品交易的市场，也包括服务和资本的共享市场。

例如，在欧盟内，如果专业人士希望在任何成员国工作，那么这些国家必须在工作许可方面达成一致，以确保一个国家认证的医生或律师能够在其他成员国执业。随着经济联盟的发展，可能出现统一的中央银行和单一货币（如欧元），并在农业、社会福利、地区发展、交通、税收等领域实行统一政策。高度发展的经济联盟还需要政治上的一致性，使其在许多方面类似于一个国家。这可能涉及成员国之间的政治整合，建立中央政府，将多个独立国家纳入一个统一的政治结构中。欧盟正朝着成为一个完全经济联盟的方向迈进，逐步实现这些目标。

（二）区域经济一体化的组织

除了关税及贸易总协定的多边协议之外，全球各个地区的国家也在寻求降低区域内部的贸易壁垒。全球的区域经济合作组织或协定主要有下面几个。

1. 亚太经济合作组织

亚太经济合作组织（APEC）全称是亚洲太平洋经济合作组织。1989 年 11 月，美国、日本、加拿大、澳大利亚、新西兰、韩国及当时的东盟六国 12 个国家的 27 位外交部长和经济部长在堪培拉举行了“亚太经济合作部长级会议”的首次会议，标志着亚太经济合作组织正式成立。亚太经济合作组织现有 21 个成员国，国内生产总值之和超过 60 万亿美元，约占世界总量的 60%。该组织对支持亚太区域经济可持续增长和繁荣，加速区域经济一体化进程发挥了重要作用。

2. 北美自由贸易协定

1988 年，美国与加拿大签订了美-加自由贸易协定（U. S. -Canada Free Trade Agreement），1992 年该协定吸收墨西哥后扩展为北美自由贸易协定。三国政府都希望通过扩展贸易和投资来促进经济增长，由自由贸易带来的利益会使他们更好地面对未来几十年的经济挑战。货物、服务、投资自由流动方面的障碍在逐步消除的同时，知识产权（专利、商标和版权）的保护也正在加强。所有这些都将使本地区企业、工人、农民和消费者受益。

3. 中美洲共同市场

中美洲共同市场是中美洲发展中国家地区性经济合作组织，1962 年 8 月正式成立，成员有哥斯达黎加、危地马拉、洪都拉斯、尼加拉瓜、萨尔瓦多。自 1995 年，为了促进中美洲的经济一体化，该集团协调各成员国的经济政策，逐步取消各成员国之间的关税，统一对外关税，所有中美洲共同市场国家开始实施统一的对外关税，大部分商品的关税税率为 5%～20%（在此之前许多商品的关税超过 100%），实现地区贸易自由化，建立自由贸易区和关税同盟。

4. 安第斯共同体

安第斯共同体是一个由南美洲国家组成的地区性经济组织，成立于 1969 年，旨在通过经济和社会一体化促进其成员国的发展。该组织最初包括玻利维亚、哥伦比亚、厄瓜多尔、秘鲁、智利和委内瑞拉等国家。然而，在 1976 年，智利宣布退出，而委内瑞拉则在 2006 年因为秘鲁和哥伦比亚与美国签订自由贸易协定而退出。因此，现只有哥伦比亚、秘鲁、玻利维亚和厄瓜多尔四个国家是该组织的正式成员。巴拿马和墨西哥是长期观察员；智利被接受为伙伴成员国，但尚未成为正式成员；智利、阿根廷、巴西、巴拉圭和乌拉圭为联系国。该组织的成员同意降低内部贸易的关税，并共同决定各国的生产品种，同时尽可能阻止来自集团外部的产品和公司进入该地区市场。

5. 南方共同市场

南方共同市场是南美地区最大的经济一体化组织，也是世界上第一个完全由发展中国家组成的共同市场。它于1991年3月由阿根廷、巴西、乌拉圭和巴拉圭四国宣布建立，玻利维亚于2023年12月成立为正式成员国。创始四国同意从1995年1月1日开始逐步实行关税改革，内部关税被取消，外部关税统一为20%左右，货物、服务和生产要素可以在四国之间自由流动。该组织的宗旨是通过有效利用资源、保护环境、协调宏观经济政策、加强经济互补，促进成员国科技进步，最终实现经济政治一体化。

6. 加勒比共同体

加勒比共同体（CARICOM）于1973年成立，旨在加强加勒比海沿岸国家之间的合作。它取代了先前于1965年成立的加勒比自由贸易联盟。该组织由15个使用英语的加勒比海沿岸国家组成，分别是安提瓜和巴布达、巴哈马、巴巴多斯、伯利兹、多米尼克、格林纳达、圭亚那、牙买加、海地、蒙特塞拉特（尚未独立）、圣基茨和尼维斯、圣卢西亚、圣文森特和格林纳丁斯、苏里南、特立尼达和多巴哥。

7. 东南亚国家联盟

东南亚国家联盟（Association of Southeast Asian Nations，ASEAN，东盟）是一个涵盖经济、政治、社会和文化合作的组织，成立于1967年，创始成员包括文莱、印度尼西亚、马来西亚、菲律宾、新加坡和泰国，现有10个成员国。该组织的成立目标是在平等与合作的基础上，促进区域经济增长、社会进步和文化发展，为建立繁荣和平的东南亚国家共同体打下基础，并推动区域和平与稳定。

8. 欧洲联盟

欧洲联盟（European Union）根据1992年的《马斯特里赫特条约》正式成立，现拥有27个成员国。欧盟是世界上最有力的国际组织和世界上第一大经济实体，在贸易、农业、金融等方面趋近于一个统一的联邦国家，而在内政、国防、外交等其他方面则类似一个个独立国家所组成的同盟。

9. 欧洲经济区

欧洲经济区（EEA）成立于1991年10月，由当时的欧共体与欧洲自由贸易联盟共同决定创建。它于1993年1月正式启动，旨在实现两个集团会员国之间的商品、服务、资本和劳动力自由流动。作为一个自由贸易区，欧洲经济区并非一个实行统一外部关税的关税同盟。

10. 洛美协定

洛美协定是欧盟与非洲、加勒比海沿岸和太平洋地区的70多个国家之间的一项协议。该协定的目的是促进双方的贸易，并透过欧洲发展基金向贫困国家提供资金援助。然而，近年来，由于一些欧盟国家自身的财政压力，洛美协定约定的援助有所减少。

11. 海湾阿拉伯国家合作委员会

海湾阿拉伯国家合作委员会（GCC）成立于1981年，由六个阿拉伯国家组成，包括巴林、科威特、阿曼、卡塔尔、沙特和阿联酋。该组织致力于在区域经济、社会和文化事务中实现协调、一体化与合作。GCC制定了一个涵盖投资、石油、关税减免、银行规则协调、财政货币政策协调等方面的经济合作协议，还负责协调该地区的贸易发展、产业战略和农业政策，并统一石油政策和价格。

关键术语

国际市场营销学、国际贸易、全球化、区域经济一体化

项目实训

【实训情境】

随着全球化进程的不断加快，越来越多的企业开始将目光投向国际市场。然而，不同国家和地区的消费者在购买行为上存在显著差异，这些差异受到文化、经济、社会等多方面因素的影响。请以小组为单位，任选一家企业作为案例，分析目标市场的消费者行为特征，研究影响消费者购买决策的关键因素。

【实训任务】

要求小组进行分析讨论，探讨所选企业如何通过深入了解并适应当地市场需求，研究市场的消费者行为特征，实现品牌快速发展和市场份额扩大的。

章节练习题

1. 国际市场营销与国内市场营销和国际贸易有何联系与区别？
2. 从企业参与国际市场营销的程度分析企业从事国际市场营销的途径。
3. 国际市场营销人员的任务与要求是什么？
4. 试对身边较熟悉的某企业提出开拓国际市场的建议。
5. 企业对外投资应该满足哪些基本条件？

第二章　国际市场营销的指导理论

学习目标

1. 了解国际市场营销的各类指导理论
2. 学习市场营销理论的内容及发展历程
3. 学习各类营销观念的演变过程

项目引例

华为公司的创新改革

在面对市场变化和竞争压力时，企业需要不断优化、改革其市场营销策略以保持竞争力。华为公司就是一个典型的案例。通过技术创新，华为在5G技术领域的研发投入远超其他厂商，持续的技术领先不仅满足了市场对高性能手机的需求，也帮助华为在全球市场中保持了竞争优势。同时，华为密切关注市场需求的变化，针对不同地区市场的个性化需求制定相应的产品策略和营销策略，如在欧洲市场推出的旗舰机型Mate30 Pro，利用新科技打造了全球第一款支持空中姿态控制的手机，引领了市场潮流。此外，华为注重产品品质和服务体验的提升，从产品设计、材料选型、工艺流程等各方面进行全面优化，并建立了优秀的售后服务体系，保证产品质量和用户体验，为用户提供优质的消费体验。

华为还具备灵活的战略调整能力，能够根据市场反馈及时调整战略方向，建立快速决策和执行机制，使企业在面对市场变化时迅速采取行动，从而保持活力和市场地位。最后，华为鼓励员工的创新思维，建立完善的创新激励机制，推动技术和业务模式的不断创新，通过持续的创新满足不断变化的消费者需求，开拓新的市场领域，增强自身的竞争力。

（资料来源：MBA 智库文档）

启示：

华为通过技术创新、市场需求洞察、品质优化、灵活的战略调整能力和持续的创新意识，成功地应对了市场变化和竞争压力，保持了在全球智能手机市场的领先地位。

这一案例表明，企业在面对市场挑战时，需要具备敏锐的市场洞察力、灵活的战略调整能力、持续的创新意识和有效的资源配置机制等关键能力，以实现持续的增长和成功。

任务一　国际市场营销的理论基础

国际市场营销已经成为企业走出去的一种常见活动，并且已经发展成为一门独立的学科——国际市场营销学。国际市场营销的理论基础有国际贸易理论、国际直接投资理论等。

一、国际贸易理论

国际贸易理论的演进可以分为四个主要阶段：古典国际贸易理论、新古典国际贸易理论、新贸易理论及新兴古典国际贸易理论。早期的古典和新古典国际贸易理论基于完全竞争市场的假设，并侧重于贸易的互惠特性，主要阐释了产业之间的贸易模式。随着第二次世界大战后全球贸易格局的变化，新贸易理论应时而生，它从不完全竞争、规模经济和技术进步等方面解释了新兴的贸易模式。而新兴古典国际贸易理论则侧重于从专业化分工的角度来分析贸易，并尝试将传统和新贸易理论融合在一个框架中，其中包括比较优势理论和 H-O 理论。

（一）比较优势理论

在比较优势理论提出之前，亚当·斯密（Adam Smith）提出绝对优势理论，他认为国际贸易是社会分工的必然结果，分工的最大好处就是降低成本，提高生产率。他在《国富论》中这样写道："如果一件东西在购买时所费的代价比在家内生产时小，那就永远不要在家生产，这是每一个精明的家长都知道的。"在个体家庭层面，精打细算或许是明智之举，但在国家层面上，这种做法往往并不荒谬。如果其他国家能提供比本土生产成本更低的商品，那么我们利用自身产业优势，用部分自产产品与之交换，通常比完全自行生产更为有利。亚当·斯密的绝对优势理论能够解释很大一部分国际贸易，但却有一个缺点，即如果一国在一切产业上均无优势，国际贸易便无从产生。亚当·斯密的绝对优势理论确实存在一定的局限性。因此，大卫·李嘉图（David Ricardo）在其著作《政治经济学及赋税原理》中对斯密的理论进行了继承和发展。李嘉图提出了比较优势理论，认为国际贸易分工的基础不仅限于绝对成本差异。即使一个国家在所有产品生产中的劳动生产率都处于全面优势或全面劣势，只要这些优势或劣势的程度不同，该国仍然可以通过生产劳动生产率差异较小的产品参与国际贸易，从而实现比较利益。比较优势理论遵循"两优取其重，两劣取其轻"的原则，认为国家间技术水平的相对差异产生了比较成本的差异，这是国际贸易产生的原因，并决定了国际贸易的模式。相较于绝对优势理论，比较优势理论具有更大的进步性。李嘉图的理论明确了以下几点：第一，即使一个国家所有产业的劳动生产率都比其贸易伙伴低，它仍然可以从中获利。第二，即使外来竞争者的优势建立在低工资的基础上，一个国家也能从中获利。第三，即使一个国家的出口产品所包含的劳动投入大于其进口产品的劳动投入，贸易对它仍然是有益的。然而，李嘉图的理论并非完美无缺，存在着以下问题：第一，李嘉图模型描述了极端的专业化分工，这在现实中并不普遍存在。第二，李嘉图模型忽视了国际贸易对国内收入分配的影响，并认为国家作为一个整体始终能够从国际贸易中获利。第三，李嘉图模型忽略了各国资源差异这个国际贸易产生的重要原因，而将劳动作为唯一的生产要素。第四，李嘉图模型忽视了规模经济可能是国际贸易的起因，这使他的理论无法解释相似国家之间存在大量的国际贸易往来。

（二）H－O理论

H－O理论，即赫克歇尔-俄林理论，也称为生产要素禀赋理论、要素比例理论、H－O定理、H－O模型或赫克歇尔-俄林模型，是由瑞典经济学家赫克歇尔（Hecksher Eli Filip）和俄林（Ohlin Bertil Gotthard）提出的。该理论从资源禀赋的角度解释了国际贸易中生产成本和价格出现差异的原因。

1919年，赫克歇尔提出，两国产品成本的差异源于资源禀赋的不同。1933年，俄林进一步发展了这一理论，并因此获得了1977年诺贝尔经济学奖。H－O理论的核心观点是，国际贸易的产生是由于商品价格在不同国家之间存在差异，这种价格差异是生产成本的差异造成的，而生产成本的差异又是各国生产要素价格的差异造成的。生产要素价格的差异与各国生产要素的丰裕程度密切相关。因此，生产要素丰裕程度的差异是国际贸易产生的根本原因。根据H－O理论，不同国家拥有不同丰裕程度的生产要素，因此国家在生产那些能较密集地使用其较丰裕的生产要素的商品时，会有比较利益产生，建议各国生产并出口那些能够充分利用其丰裕的生产要素的商品，同时进口那些需要较密集地使用其稀缺的生产要素的商品。

由于该理论强调了不同生产要素在各国资源中所占比例和它们在不同产品的投入中所占比例之间的相互作用，因此也被称为“要素比例理论”。从该理论出发，可以得到以下几个重要推论：在自由贸易条件下，生产的专业化不可能充分实现。如果一国密集地使用其丰裕的生产要素，将逐渐导致其商品成本提高，使商品价格超过国际市场价格，从而不能继续扩大这类商品的生产，限制了生产专业化的程度。自由贸易将导致各国的生产要素价格趋于均等。通过国际贸易，各国的生产要素价格将逐渐趋同，这意味着一国稀缺资源的报酬将下降，丰裕资源的报酬将上升。国际贸易可以改善国内的收入分配状况。由于生产要素价格的均等化，国内收入分配不均的状况会逐步得到改变。赫克歇尔-俄林理论是对古典贸易理论的新发展，是现代国际贸易理论的新开端。

（三）新贸易理论

二战后，国际贸易的产品结构和地理结构经历了显著变化。同类产品间及发达工业国家间的贸易量显著增长，产业领导地位频繁更迭，跨国公司的内部化和对外直接投资趋势明显上升。这些现象与传统比较优势理论中贸易仅发生在劳动生产率或资源禀赋不同国家之间的观念相矛盾。古典和新古典国际贸易理论基于产品市场完全竞争的假设，这与当代国际贸易的实际情况不符。因此，新贸易理论随之产生。新生产要素理论扩展了生产要素的概念，除了传统的土地、劳动和资本外，还包括自然资源、技术、人力资本、研究与开发（R&D）、信息管理等新型生产要素，从新要素角度解释了国际贸易的基础和贸易格局的变化。新生产要素理论的有以下几种主要观点。

1. 自然资源理论

1959年，美国学者凡涅克（J. Vanek）提出，美国大量进口自然资源来开发或提炼产品，这些产品是资本密集型的，导致进口替代产品的资本密集度上升。如果剔除资源的影响，美国在资本密集型产品的进口将少于出口。

2. 人力资本理论

基辛（D. B. Keesing）、凯南（P. B. Kenen）、舒尔茨（T. W. Schultz）等人对H-O理论进行了扩展，引入了人力资本作为新的生产要素。通过对劳动力的投资，提升其素质和技能，从而提高劳动生产率。人力资本丰富的国家倾向于出口人力或技能密集型产品。

3. 研究与开发学说

格鲁伯（W. Gruber）和维农（R. Vernon）认为研究与开发也是一种生产要素，一个国家的出口产品的国际竞争力与其产品中的研究与开发密集度高度正相关。各国的研究与开发能力可以改变其在国际分工中的比较优势，进而改变国际贸易格局。

4. 信息要素

虽然信息是一种无形资源，但它能够创造价值。现代信息技术对生产的影响日益增强，信息利用状况会影响一个国家的比较优势，从而改变其国际分工和国际贸易地位。

（四）新兴古典贸易理论

新兴古典经济学是20世纪80年代后兴起的一个经济学分支，它基于新的框架提出了新的贸易理论。新兴古典贸易理论认为，贸易的起因是分工带来的专业化经济与交易成本之间的相互作用，它提供了对贸易起因的新解释。这一理论重点关注由分工引起的规模报酬递增，构建了一个内生动态优势模型，统一了不同的贸易理论，代表了贸易理论的新发展方向。以杨小凯等为代表的经济学家运用超边际分析法，将古典经济学中关于分工和专业化的思想数学化，创建了新兴古典贸易理论。这一理论将消费者和生产者的身份融合，研究技术与经济组织的互动及其演化过程，尝试将传统的外生比较利益因素融入基于规模报酬递增的新兴古典经济学的贸易模型中，实现了传统贸易理论和新贸易理论的统一。新兴古典贸易模型表明，随着交易效率的提升，国际和国内分工水平也会相应提高，从两国完全自给自足转变为完全分工，并可能在转型阶段出现不同类型的二元结构。经济发展、贸易和市场结构的变化都是劳动分工演进的不同方面，贸易随着交易效率的提高而产生，并从国内扩展到国际层面，两者核心是一致的。

（五）国家竞争优势理论

迈克尔·波特（Michael E. Porter）提出了国家竞争优势理论，该理论通常被称为“钻石模型”，为理解国家在全球竞争中的优势提供了一个新的视角。波特的观点强调了比较优势理论所忽略的企业内部和行业层面的因素。波特的国家竞争优势理论认为，国家的竞争力不仅仅取决于传统的生产要素（如土地、劳动力和资本），也取决于多个相互作用的因素。这些因素构成了一个互相影响的系统，即钻石模型。该模型包括以下几个方面：（1）生产要素条件，包括基础资源和高级资源，如人力资源、基础设施、知识等。（2）需求条件，国内市场需求的特点，包括需求的规模和性质，可以推动企业创新和提高产品质量。（3）相关和支持产业，强大的供应商和相关产业可以提供支持和服务，促进主导产业的发展。（4）企业战略、结构和竞争对手，企业的组织方式、管理策略及国内竞争环境对企业的国际竞争力有重要影响。（5）政府，政府可以通过制定规则、提供基础设施、教育等来影响国家的竞争优势。（6）机遇，偶然事件，如技术突破或全球政治经济变化，也可以对国家的竞争力产生影响。

波特认为，国家的竞争优势发展会经历四个阶段：（1）生产要素导向阶段，依赖基本生产要素（如自然资源或廉价劳动力）。（2）投资导向阶段，通过投资基础设施和高等教育，提升生产能力。（3）创新导向阶段，企业和行业通过创新提高竞争力，形成独特的产品和服务。（4）财富导向阶段，经济体的发展主要依靠其积累的财富和资产，但可能在创新和竞争力方面开始衰退。波特的理论强调了创新和持续改进的重要性，以及政府在塑造有利于竞争的环境中的作用。这一理论对于理解国家如何在全球市场中取得成功，以及如何制定政策以促进长期经济增长和发展具有重要价值。

【案例 2-1】

“百事”与“可口”一进一退说明了什么？

20 世纪 80 年代，由于印度国内软饮料市场对跨国公司的抵触情绪强烈，加之当地议员的反对，可口可乐不得不退出印度市场。百事可乐看准了这个机会，开始策划如何进入并在其中取得成功。百事可乐深知，要成功打入印度市场，必须首先解决潜在的政治对立问题。公司制定了一项策略，提出通过帮助印度政府出口农产品来平衡印度进口浓缩软饮料的费用，这一提议正好解决了印度政府的一个大问题。除此之外，百事可乐还承诺将协助印度发展农村经济，并转让食品加工、包装及水处理等相关技术，这些举措不仅有助于提升印度的农业和农村经济，也为百事可乐赢得了印度政府的心。通过这一系列精心设计的策略，百事可乐迅速获得了印度政府的支持，并成功地打开了印度的软饮料市场，取得了显著的市场成就。

（资料来源：网易）

二、国际直接投资

（一）国际直接投资的定义与特点

国际直接投资，亦称对外直接投资，是指投资者在海外控制企业的部分产权，并参与经营管理，以实现盈利的投资活动。这种投资主要分为建立新的海外企业和收购外国企业的股权两大类。建立新企业即投资者在海外新建工厂、子公司或分支机构，或是购买现成的海外企业，进而从事生产和商业活动。控制股权是指通过购入足够数量的外国公司股票来获得对该公司的控制权。国际直接投资与其他类型投资相比具有实体性、控制性、渗透性和跨国性的特点。当前国际直接投资的趋势包括：规模不断扩大；从单向流动转变为双向对流；发展中国家在国际直接投资领域变得更加活跃；区域内相互投资增加；国际直接投资的部门结构发生显著变化；跨国并购成为重要的投资方式等。

（二）国际直接投资的方式

1. 独资企业

投资者在国外独立开办企业，设立分支机构或附属机构，完全掌握企业的股份（拥有100％所有权）。这可以通过建立一个全新的企业或者全资收购一个已经存在的外国企业来实现。

2. 股票购买

投资者购买外国企业的股票，并且持股比例达到一定的控制水平。根据国际货币基金组织的定义，股东拥有25％或以上的投票权通常被视为对该企业有直接控制权。

3. 合资/合营企业

投资者与外国企业共同出资，成立合资企业或合营企业。这些企业由双方按照一定的比例共同投资，共同管理，并且共同承担盈亏。这类企业一般采取有限责任制或契约式经营。

4. 利润再投资

投资者将在国外企业获得的利润重新投资于该企业，这同样属于国际直接投资的一种形式。

（三）国际直接投资的类型

1. 资源寻求型

这种类型的国际直接投资通常针对那些拥有丰富能源、矿产和森林资源的国家和地区。投资者在这些地区建立原材料生产基地，以补充本国自然资源的不足。

2. 成本降低型

这类投资主要发生在土地和劳动力资源丰富的国家和地区，目的是通过直接投资来利用当地廉价的生产要素，从而降低生产成本并提高产品的国际竞争力。

3. 市场接近型

这种对外投资旨在扩大市场销售，通过在目标市场附近生产与销售，可以更好地适应市场需求，减少生产成本，并在存在贸易壁垒时绕过这些壁垒以增加出口。

4. 市场内部化型

为了克服市场不完善带来的问题，投资者通过内部化来降低交易成本，确保资源供应。这涉及将外部市场交易转化为企业内部管理，使用长期合同取代短期市场契约。

5. 技术获取型

某些国家通过对技术领先国家进行直接投资，将其作为研发和设计新产品的前哨基地，目的是打破竞争对手的技术垄断。这种投资有助于获取先进技术和知识。

（四）国际直接投资的理论

有关国际直接投资的理论主要有垄断优势理论、产品生命周期理论、内部化理论、国际生产折衷理论及投资发展周期理论。

1. 垄断优势理论

该理论由美国学者斯蒂芬·海默（Stephen Hymer）于1960年提出，并由查尔斯·P·金德尔伯格（Charles P. Kindleberger）等人进一步发展。该理论的核心观点是企业之所以进行对外直接投资，是因为它们拥有某些垄断优势，使得其海外子公司能够利用这些优势在竞争中胜过当地企业。这些优势主要分为以下两类：（1）知识资产优势，包括技术、组织管理技能、营销技能等无形资产。由于这些知识资产可以在不同的国家重复使用，且复制成本极低，因此具有这些优势的企业倾向于在海外建立子公司来利用这些优势生产差异化产品。相比之下，当地企业要么支付高昂的成本购买这些知识资产，要么花费较长时间自行研发，从而处于竞争劣势。（2）规模经济优势，企业通过横向一体化利用国际专业化生产来避免受到本国和东道国规模经济的限制，选择性地利用各国的优势生产要素生产产品，控制价格，实现内部规模经济；企业通过纵向一体化则使自身获得外部规模经济优势，将外部利润转化为内部利润。垄断优势理论突破了传统的国际资本流动理论框架，为国际直接投资成为独立研究领域奠定了基础。

2. 产品生命周期理论

产品生命周期理论由美国哈佛大学教授雷蒙德·弗农（Raymond Vernon）于1966

年提出。该理论认为，产品的生命周期分为三个阶段，每个阶段的产品的竞争力特点不同，企业应根据这些变化适时进行对外直接投资以保持竞争力。三个阶段包括：（1）新产品阶段，在这一阶段，产品的竞争优势主要来自技术垄断。企业可以在本国生产，占据国内市场并通过出口获得高额利润。（2）产品成熟阶段，随着产品出口量的增加和国外市场的扩大，外国厂商开始模仿生产，市场竞争加剧。此时，创新企业除了继续出口外，还应考虑在进口国投资建厂，以维持市场份额。（3）产品标准化阶段，在这一阶段，产品和生产技术都已经标准化，国内外许多企业都能生产。此时，规模经济带来的成本优势成为竞争的关键。因此，企业应加快对外投资的步伐，选择生产成本较低的国家建厂，同时将产品销往国外市场甚至返销国内。

3. 内部化理论

内部化理论由英国学者巴克利（Peter J. Buckley）和卡森（Mark Casson）提出，由加拿大学者拉格曼（A. M. Rugman）进一步发展。内部化理论形成于 20 世纪 70 年代中期，该理论强调中间产品市场的不完全性导致企业为追求利润最大化而采取内部化战略。中间产品包括知识、信息、技术等，其特性和市场失效导致交易的不确定性和成本上升。企业通过建立内部市场，用管理手段协调资源流动，以减少外部市场不完全对效率产生的影响。跨国企业内部化即对外直接投资，由以下因素驱动：（1）行业特定因素，包括中间产品特性、市场结构等。（2）国别特定因素，包括东道国的政治、法律和经济状况。（3）地区特定因素，包括地理位置、文化差异等。（4）企业特定因素，包括组织结构、管理经验等。中间产品市场不完全有两种形式，即技术等知识产品市场不完全，导致出现水平一体化跨国公司；零部件、原材料市场不完全，导致出现垂直一体化跨国公司。

内部化的实现取决于外部市场交易成本与企业内部交易成本的平衡。虽然内部化可提高效率，但也会增加一些成本，如规模收益下降、通信成本增加等。因此，企业是否进行内部化及跨国界内部化，取决于这两种成本的均衡考量。

4. 国际生产折衷理论

国际生产折衷理论是由英国学者邓宁（John H. Dunning）在 1976 年发表的《贸易、经济活动的区位与多国企业：折衷理论探索》一文中提出，并在 1981 年出版的《国际生产与跨国企业》一书中进行了系统阐述。他认为以往的理论只能对国际直接投资做出部分解释，并且它们无法将投资理论与贸易理论结合起来，客观上需要一种折衷理论。邓宁提出的所谓折衷理论是对西方经济理论中的厂商理论、区位理论、工业组织理论等进行兼容并包，并吸收了国际经济学中的各派思潮，包括海默以来诸人的思想，创立了一个集国际贸易、对外直接投资和非股权转让三者于一体的通论。通论认为，企业欲对外直接投资需满足三个条件，即所有权优势、内部化优势和区位优势。（1）所有权优势：涵盖企业因掌控有形和无形资产、生产管理效率以及跨国运营所获得的各种竞争优势。（2）内部化优势：企业采取内部化策略主要是为了规避外部市场的不完善对经营的负面影响，并维护其在技术创新上的垄断地位。市场不完善分为结构性（如市场竞争壁垒）和知识性（如获取生产和销售信息的困难或高成本）。尤其在技术和其他无形产品的生产销售领域，以及对某些自然资源的加工生产销售领域，内部化可以避免外部市场机制的限制，实现最大利润。因此，内部化能力成为企业竞争力的关键。(3) 区位优势：取决于多个因素，包括生产要素和市场的地理分布、各国生产要素的成本与品质、运输和通信成本、基础设施状况、政府干预程度、金融体系、国内外市场的差异，以及文化、习俗、商业惯例等心理距离因素。这些因素影响企业在国际生产中的区位选择。

5. 投资发展周期理论

邓宁在20世纪80年代初提出的投资发展周期理论，主张一个国家的对外直接投资（FDI）倾向受其经济发展阶段，以及所有权优势、内部化优势和区位优势的影响。他根据人均国民生产总值划分了四个经济发展阶段：第一阶段，人均国民生产总值低于400美元。这些国家接收的外来直接投资有限，没有对外直接投资，净FDI为负。第二阶段，人均国民生产总值为400～1500美元。这些国家的外来直接投资增加，但本国对外直接投资仍为零，因此净FDI呈负增长。第三阶段，人均国民生产总值为2500～4750美元。这些国家的外来直接投资大于对外直接投资，但差距开始缩小。第四阶段，人均国民生产总值更高。在这一阶段，这些国家的净对外直接投资为正。邓宁的理论还考虑了一国的政治经济制度、法律体系、市场机制、教育水平、科研能力及政府政策等因素对国际投资地位的影响。他认为应在国家、产业和企业三个层面都分析所有权优势、内部化优势和区位优势，企业才能成功进行对外直接投资。若企业仅拥有所有权和内部化优势而缺乏区位优势，则适合在国内利用这些优势并通过出口参与国际市场。若企业只有所有权和区位优势而缺乏内部化优势，则可能需将优势转让给外国企业。若企业具备内部化和区位优势而缺乏所有权优势，则无法成功进行海外扩张。

【案例2-2】

爱尔琴失去竞争优势的原因何在?

美国爱尔琴钟表公司自创立以来一直以生产高级产品和优质形象著称，在市场营销中通过高端销售渠道推广其产品。然而，到了20世纪50年代中期后，公司的销售额和市场占有率开始下降，优势地位动摇。那么，爱尔琴公司优势地位受到损害的原因是什么呢?

第一，消费者对手表的要求不再局限于走时准确、名牌、终身保用等传统观念，而是转向追求方便性（如全自动手表）、耐用性（如防水防震手表）和经济性（廉价手表）。这意味着市场需求正在向中低档、性价比高的产品转变。

第二，在竞争者方面，许多同行业的制造商迎合消费者需要，纷纷增加产品生产线或延长产品生产线，大量生产中低档手表。

第三，传统的通过珠宝店和百货公司销售的模式，因高额加成而受到部分消费者的回避。同时，越来越多的消费者对于低价手表产生冲动性购买行为。因此，许多制表商开始利用大众销售渠道销售产品，如超级市场、廉价商店、折扣商店等，这些渠道更能满足消费者对便捷性和经济性的需求。

（资料来源：文泰商学）

任务二　市场营销理论

市场营销理论是企业把市场营销活动作为研究对象的一门应用科学。它研究的是把适当的产品，以适当的价格，在适当的时间和地点，用适当的方法销售给尽可能多的顾客，以最大限度满足市场需要。

一、市场营销理论的发展历程

（一）初创时期

在19世纪末至20世纪30年代，市场营销学作为一门学科开始萌芽。在这一时期，随着第二次工业革命的发展，资本主义国家经历了劳动生产率的显著提升和生产的快速增长，经济体系迅速扩张。市场特征由供应短缺转变为商品供应增长超过需求增长，这导致了市场环境发生了根本变化。为了应对这种变化，一些有远见的企业开始进行市场分析，并运用市场研究和分销方法来更好地服务顾客。1912年，市场营销学的里程碑事件——哈佛大学赫杰特齐（J. E. Hagerty）教授出版了该领域的第一本教科书，宣告了市场营销学科的正式形成。早期的市场营销理论主要关注销售和广告技巧，且深植于传统经济学原理之中，它们尚未在商界获得广泛应用或产生深远的社会效应。

（二）形成阶段

1931年至第二次世界大战爆发是市场营销学的形成阶段。在这一时段内，市场营销的研究范围逐步扩大，其对社会的影响也日益深入。1937年，美国市场营销协会（AMA）的成立，其是市场营销学发展历程中的重要节点，表明这一学科已经超越了学术领域，吸引了社会各界的广泛关注，并且成为一门具有实际应用价值的经济科学。此外，在这一阶段，市场营销学的理念和研究也开始对中国产生影响，为中国市场经济的发展注入新的思想和方法。

（三）发展阶段

第二次世界大战后一直到20世纪60年代末期是市场营销学的发展阶段。在这个新阶段，关于市场营销理论的研究蓬勃发展，提出了以消费者为中心的新型市场营销观念。二战后，随着生产的快速增长和市场需求的激增，以及科技进步的推动，资本主义生产显著增长，市场呈现繁荣景象，企业间的竞争也变得更加激烈。这些趋势推动了市场营销学的研究进程。在这一阶段，市场营销学研究的一个显著特点是将营销理论与企业管理实践紧密结合。

（四）完善阶段

自20世纪70年代以来，市场营销学进入了成熟阶段。在这一时期，伴随着现代科技的迅猛发展，学科间交叉融合的趋势变得尤为突出。市场营销学与社会学、经济学、统计学、心理学等众多领域紧密结合，演变成一个实用性极强的应用科学分支。在这一阶段，市场营销学的研究范围不断拓宽，深度也显著增加。随着研究的深化，市场营销理论得到了进一步的充实和完善，诞生了众多新理念和新思想。举例来说，"战略营销"的理念强调了长期规划与竞争对策的重要性；"全球营销"则着眼于国际市场的整合和标准化策略；"大市场营销"概念的提出，以及"网络营销""关系营销"和"服务营销"等新兴理念的出现，不仅极大地丰富了市场营销的理论架构，也为企业营销实践提供了创新的思路和有效的工具。这些进展标志着市场营销学的持续进化和对企业及消费者行为的深刻影响。

二、4P理论

4P营销理论起源于20世纪60年代的美国，随着营销组合理论的提出而诞生。1953年，尼尔·博登（Neil Borden）在美国市场营销学会的就职演讲中首次提出了"市场营销组合"（Marketing Mix）这一概念，它指的是市场需求在很大程度上受到所谓的"营销变量"或"营销要素"的影响。4P理论涵盖了企业在营销活动中可以控制的四个关键因素，即产品、价格、渠道、促销。

（一）产品（Product）

产品指企业向目标市场提供的商品或服务。其包括质量、款式、规格、包装、服务等。

（二）价格（Price）

价格指顾客购买产品时支付的价格。其包括折扣、支付条件等。

（三）渠道（Place）

渠道指产品进入或到达目标市场的途径。其包括分销渠道、区域、销售场所、运输等。

（四）促销（Promotion）

促销指企业为宣传、介绍其产品及说服顾客购买所进行的各种活动。其包括广告、推广、公共关系、人员销售、促销活动等。

由于这些4P组合因素是企业可以直接控制的，因此企业可以根据目标市场的特点来选择产品、定价、销售渠道和促销策略，即进行“营销组合战略决策”。这一理论为企业提供了一个实用的框架，以便在竞争激烈的市场中制定和实施有效的营销策略。营销组合战略决策涉及企业通过各种传播手段与目标市场进行沟通，包括广告、人员销售、销售促进和公共关系等。4P因素（产品、价格、渠道、促销）是企业在市场营销过程中可以主动控制的要素，它们构成了执行市场营销活动的核心工具。这些4P因素的具体应用共同塑造了企业的市场营销策略。然而，4P组合的制定并非随意的，它不仅受到企业内部资源状况和目标市场需求的影响，还受到外部市场营销环境的制约。因此，企业必须密切关注外部环境的变化，灵活调整4P组合，以确保企业内部可控因素与外部不可控因素相协调。这种能力是企业能否成功经营、持续生存和发展的关键。

4P组合的特征分析揭示了其具有的多维性质。(1) 可控性：企业可以根据自身战略和目标市场的需求，自主调整产品、价格、渠道和促销策略。这种调节能力使企业能够有效地控制市场营销活动的方向和强度。(2) 动态性：市场营销组合并非一成不变，而是一个不断演变的动态系统。企业需要根据内外部环境的变化，灵活调整营销策略，以适应市场的新趋势和消费者的需求变化。(3) 整体性：4P组合中的各个因素不应被孤立看待，而应被视为一个协同作用的整体。在统一的市场目标指导下，各因素相互配合、互补，共同创造出超越单个因素效果的综合价值。这些特征强调了企业在制定和实施市场营销策略时，需要综合考虑各因素的关系和协同效应，以及如何灵活应对市场环境的变化。

三、4C理论

4C理论由美国营销专家劳特朋（R. F. Lauterborn）于1990年提出。4C理论强化了以消费者需求为中心的营销理念，其包括以下四个要素。

（一）消费者（Consumer）

关注消费者的需求和欲望，强调满足这些需求比产品功能更重要，企业应提供顾客真正想购买的产品。

（二）成本（Cost）

考虑消费者为满足需求所愿意支付的成本，包括企业的生产成本和消费者的购物成本（如时间、精力消耗等）。在新的定价模式中，由消费者支持的价格决定成本上限，要求企业在消费者接受的价格范围内通过降低成本来增加利润。

（三）便利（Convenience）

重视销售过程中的服务环节，为顾客提供购买便利。企业需了解消费者的购买方式和偏好，并在售前售后提供全面服务，包括提供产品信息、处理顾客反馈、商品退换等。

（四）沟通（Communication）

与用户建立双向沟通，增进理解，确保产品和服务真正满足市场需求，培养顾客忠诚度。整合营销的实施要求企业深入了解消费者需求，制定相应的营销策略，并通过有效的沟通和服务提供超出顾客期望的价值。

四、4S 理论

4S 是指满意（Satisfaction）、服务（Service）、速度（Speed）、诚意（Sincerity）。4S 理论的意义在于，它要求企业改变传统的以市场占有率为导向的推销模式，转向以顾客占有为核心的营销导向。企业需要定期定量地评估和改进产品、服务和品牌，以优化服务质量，使顾客满意度最大化，从而建立顾客忠诚度。这种策略不仅能够增强企业的市场竞争力，还能够提升企业的风险管理能力、创新能力和持续稳定增效的能力。

在 4S 理论中，满意指以顾客满意为核心，企业需站在顾客的角度考虑问题，优先考虑顾客的需求和满意度，通过真诚的服务赢得顾客的心；服务指提供专业的业务服务，主动与顾客沟通，提供商品信息，满足顾客的特殊需求，如紧急送货等，以方便顾客；速度指快速响应顾客的需求，不让顾客等待，迅速完成服务的接待和办理，提高效率；诚意指通过实际行动，如微笑服务、亲切的态度和体贴的服务，展现对顾客的关心和诚意。

五、4R 理论

4R 营销理论以关系营销为核心，注重企业和客户关系的长期互动，重在建立顾客忠诚。它既从厂商的利益出发，又兼顾消费者的需求，是一个更为实际、有效的营销制胜术。4R 理论的营销要素包括以下四个方面。

（一）关联（Relevancy）

企业与顾客是命运共同体，建立两者的长期关系是 4R 理论的核心，应通过有效方式与顾客建立业务和需求上的联系，形成互助关系，提高顾客忠诚度，确保市场稳定。

（二）反应（Reaction）

在互动市场中，企业的挑战在于及时倾听顾客需求，从推测性商业模式转向回应需求的模式。倾听顾客的期望并迅速做出反应，对企业的市场发展至关重要。

（三）关系（Relationship）

企业抢占市场的关键是建立长期稳固的客户关系。这包括从一次性交易到长期合作、从短期利益到长期利益、顾客参与生产、利益和谐以及管理互动关系的转变。

（四）报酬（Reward）

营销目标应注重产出和回报。在满足客户需求同时，企业需获得价值。报酬是市场关系维持的条件，也是营销发展的动力。合理的回报是处理营销活动中矛盾的起点和落脚点。

六、4V 理论

4V 营销理论是在高科技产业迅速发展的背景下提出的，包括四个核心要素：（1）差异化（Variation），企业通过实施差异化营销策略，区分自己与竞争对手，建立独特的品牌形象，并满足消费者的个性化需求。（2）功能化（Versatility），产品或服务应具有高度的适应性和灵活性，能够根据消费者的具体要求进行定制化组合，以适应市场的变化和消费者多样化的需求。（3）附加价值（Value），除了产品或服务的基本功能外，企业还应重视增加无形价值，如品牌、文化等，以此来满足消费者的情感需求，并提升产品的整体价值。（4）共鸣（Vibration），通过与消费者的有效沟通和情感共鸣，建立强烈的品牌忠诚度和顾客关系，使消费者对品牌产生共鸣。

在全球化和信息化的今天，企业和消费者之间的信息不对称问题得到了极大改善。多元化的沟通渠道和全球资源整合的趋势要求企业必须创新营销策略，以适应这一变化。4V 营销理论正是在这样的背景下提出，旨在帮助企业在全球竞争中保持优势，通过差异化、功能化、附加价值和共鸣来提升企业的市场竞争力。

七、市场营销组合理论

市场营销组合理论的主导思想是企业为实现目标，将各种市场营销因素进行最佳组合，使它们配合起来，发挥综合作用。市场营销组合中所包含的营销因素很多，如 4P，即产品（Product）、价格（Price）、渠道（Place）、促销（Promotion）。虽然 4P 是企业可以控制的变量，但它们不仅受到企业内部资源和目标的限制，还受到外部市场营销环境的影响，特别是宏观环境的影响。宏观环境包括人口、经济、自然、技术、政治法律及社会文化环境等因素，这些因素是企业无法控制的变量，它们可能为企业带来威胁或机会。因此，企业的营销管理任务是密切关注宏观环境的动态，并灵活调整 4P 策略，以适应不可控的宏观环境。这种能力关系到企业的经营和持续发展。

1984 年，美国西北大学营销学教授菲利普·科特勒（Philip Kotler）提出 6P 组合论，在原来四大营销变量的基础上又加上了两大变量，即政治力量（Political Power）和公共关系（Public Relations）。这是现代市场营销理论在 20 世纪 80 年代的新发展。为区别起见，也有人称其为“大市场营销”。在新形势下，菲利普·科特勒又提出了扩展的 10P 营销策略模型。他将这一模型分为三大部分：战术层面的 4P、战略层面的 4P 及大市场营销层面的 2P。战术层面的 4P，也被称为营销组合，包括产品（Product）、价格（Price）、渠道（Place）和促销（Promotion）。科特勒认为，如果一家公司能够提供合适的产品，制定合适的价格，通过合适的分销渠道，并执行合适的促销活动，那么这家公司就能够取得成功。战略层面的 4P 涉及市场调研和定位，包括探查（Probing）、细分（Partitioning）、优选（Prioritizing）和定位（Positioning）。这要求企业进行深入的市场研究，对市场进行细分，选择最有潜力的细分市场，并为产品确定清晰的市场定位。最后，大市场营销层面的 2P 包括政治力量和公共关系。政治力量强调营销策略需要考虑不同国家的政治环境，而公共关系则侧重于建立和维护公司的社会形象，两者是企业在全球化市场中开展业务不可忽视的重要方面。

任务三　营销观念的演变

营销观念是企业在开展市场营销管理的过程中，处理企业、顾客和社会三者利益方面所持的态度、思想和观念，是企业从事市场营销活动的基本指导思想。任何企业的市场营销活动都是在特定营销理念指导下进行的。企业市场营销指导理念从市场营销学产生至今，大致经历了从生产观念、产品观念、营销战略观念、绿色营销观念到全球营销观念的演变历程。

一、生产观念

（一）生产观念的定义

生产观念是一种历史悠久的商业哲学，它的核心思想是企业应专注于生产，而不是消费者需求。这种观念起源于 20 世纪 20 年代，当时的企业经营哲学是“我生产什么，就卖什么”。

（二）生产观念的背景

生产观念在卖方市场条件下兴起，特别是在资本主义工业化初期和第二次世界大战末期及战后一段时间内，由于物资短缺，市场产品供不应求，生产观念在当时的企业经营管理中非常流行。

（三）生产观念的特点

企业主要关注产品的生产，追求高效率、大批量和低成本，产品品种单一，生命周期长。企业对市场的关心主要体现在产品的有无和数量上，而不是消费者的需求。在企业管理中，生产部门是主要部门。生产观念强调低价格和低成本，为了实现这一目标，需要在提高生产效率和分销效率方面下功夫。专业化水平的提高、分工的深化、规模经济的积累和标准化程度的提高都有助于提高生产效率和分销效率。

尽管生产观念在当今高度发达的市场环境中可能不再适用，但在一些欠发达国家和地区，这种经营导向仍然具有意义。

【案例 2－3】

福特公司的经营哲学

亨利·福特在 20 世纪初期对当时的汽车市场进行了分析。他认为汽车不应只是少数家庭的专利，普通家庭只是因为价格问题才影响了汽车的购买。如果能降低汽车的价格，普通家庭对于汽车有着同样的需求。根据他的研究，只要将汽车价格降低至 500 美元以下，普通家庭就有了现实的购买需求，那样汽车市场将会非常之大。所以，降低汽车的成本成为福特主要努力的方向。为此，福特调整了产品结构，专门生产 T 型车，同时在提高专业化水平方面下功夫。为了提高生产效率，福特开发出了工业生产流水线。福特的这些措施在当时取得了巨大的成功。福特公司 T 型车的产量情况如下：早期花了 7 年时间生产了 100 万辆，随后花了 18 个月时间生产了第二个 100 万辆；1920 年总产量为 400 万辆；1922 年为 600 万辆；1923 年为 800 万辆；1925 年总产量达到 1200 万辆。与此同时，T 型车的价格大幅下降：1908 年为每辆 850 美元；1912 年为 600 美元；1920 年为 440 美元；1924 年为 290 美元。在 20 世纪 20 年代初叶，福特汽车占据了全美汽车市场总量的六成，世界汽车市场总量的一半。

（资料来源：哲学中国网）

二、产品观念

（一）产品观念的定义

产品观念表现为重产品生产轻产品销售、重产品质量轻顾客需求，也是一种较早的企业经营观念。产品观念认为，消费者最喜欢高质量、多功能和具有某种特色的产品，因此企业应致力于生产高值产品，集中精力在提高产品质量、增加产品功能方面，并不断加以改进。

产品观念主要产生并盛行于 20 世纪二三十年代。当时，市场产品供不应求的“卖方市场”形势已稍有缓解，但只重产量而不重质量的生产观念导致了市场上充斥着大批劣质产品。所以，企业必须提高产品质量，以改善企业和产品的市场形象，产品观念也就随之产生并被大多数企业所接受和应用。

在产品导向型的企业里，企业管理层总是致力于生产优质产品，并不断地改进产品使之日臻完善。他们通常会抱着“皇帝的女儿不愁嫁”“酒香不怕巷子深”的想法，一边加强内部管理，提高人员素质；一边加强质量改进，提高和增加产品的功能。不过，该观念与生产观念一样，企业的管理层仍是以生产部门为主要部门，虽然加强了生产过程的质量管理，但目的是希望以产品本身来吸引顾客，对顾客的需求仍然采取忽视的态度。而恰恰是此时，产品观念最容易导致企业患上“市场营销近视症”。

（二）市场营销近视症对产品观念的影响

“市场营销近视症（Marketing Myopia）”是著名的市场营销专家、美国哈佛大学管理学院西奥多·莱维特（Theodore Levitt）教授在1960年提出的一个理论。营销近视症就是指企业管理者在市场营销中缺乏远见，只注重产品，认为只要生产出优质产品，顾客就必然会找上门，当企业将焦点主要集中于产品生产或技术改进，而忽视市场需求和消费者的实际需要时，可能会导致市场份额的丧失和竞争力的下降。产品的实质是作为满足市场和消费者需求的工具，如果市场上出现了更能满足这些需求的产品，现有的产品就可能面临被替代的风险。此外，消费者的需求具有多样性并且持续变化，不是所有消费者都会偏好同一种产品，也不是所有消费者都只看重高价位的优质产品。因此，企业必须密切关注市场动态，了解并适应消费者需求的演变，以确保其产品和服务始终与市场需求保持一致。因此，营销管理者如果缺乏对于营销环境和市场环境的必要敏感性，就很容易产生这样的认识误区。例如，一家专门生产香皂的企业将目标定为提供高品质香皂，研发部门专注于改善香型、配方、色彩和包装。然而，他们未能意识到自己实际上是在满足市场对清洁皮肤和美容的需求。当液体洗面奶和营养洗面剂等新产品出现时，这些企业一时无法适应，遭受了重大冲击。另一个例子是火车管理当局，他们认为乘客需要的是火车而不是运输服务，忽视了来自航空、公共汽车和轿车日益增长的竞争。计算尺制造商也认为工程师需要的是计算尺本身，而不是计算能力，从而忽略了袖珍计算器的挑战。当企业发明新产品时，最容易产生产品观念的误区。管理层可能会过于关注产品本身，而忽视市场需求的变化。他们可能过于自信于产品的新颖性和质量，而忽略了市场的真正需求。这种忽视市场实际需求而过分强调产品质量和功能的做法，最终可能导致企业经营陷入困境。

【案例2-4】

新型捕鼠器为何无市场

一家制造捕鼠器的公司经过多年研究，深入了解老鼠的生活习性，并最终研发出一款新型捕鼠器。这款捕鼠器在试验中表现出色，具有以下特点：设计美观，外形吸引人；设有按钮，捕获老鼠后可轻松处理死鼠；安全性高，适合全天候室内使用，不会对儿童造成伤害；耐用性强，一个新型捕鼠器的使用寿命可抵多个老式捕鼠器。

尽管新型捕鼠器在市场上初受欢迎，但销售业绩并未达到预期，市场迅速萎缩。为什么这么好的东西却没有达到预计的销售业绩呢？

（资料来源：今日头条）

三、推销观念

（一）推销观念的定义

推销观念是一种营销理念，它认为消费者通常存在购买惰性或对抗心理，因此不会主动大量购买产品。这种观念强调企业需要通过积极的推销和促销活动来刺激消费者的购买行为。推销观念在 20 世纪三四十年代的资本主义国家中兴起，由于科技进步、科学管理和大规模生产的推广，产品产量迅速增加，市场供应过剩，导致卖主之间的竞争加剧，市场从“卖方市场”转变为“买方市场”。

在这种市场环境下，企业家们意识到，即使产品质量好且价格合理，也不一定能够顺利销售。为了在激烈的市场竞争中生存和发展，企业开始重视推销，通过广告和推销手段来促进产品销售。在推销观念的指导下，企业管理者不仅关注产品生产，还注重产品销售。企业积极引入先进技术和管理方法，增加产品种类和数量。同时，企业还组建了专业的销售团队，研究并运用各种方法来说服顾客购买产品，以扩大市场份额。推销观念的核心在于通过积极的销售策略来克服市场的供需不平衡，确保企业的产品能够被消费者购买，从而在竞争中获得优势。

（二）推销观念的意义与影响

超市卖场中家电销售员接待顾客所反映出的营销理念正是明显的“推销观念”，在这里重视和强调的是各种所谓的推销技巧、促销的力度，认为营销成功与否关键在于营销人员在这方面的水平高低。精心设计顾客接待过程，目的是要吸引顾客，让他们进行购买。实际上，只有顾客真正需要的产品才会被接受。在买方市场环境下，市场上存在大量同类商品，能够为顾客所青睐的归根到底还是和顾客需求相吻合的、能够为顾客带来更多满足的产品。高压营销可能会成功一两次，但不可能会长期取得成功。

推销作为市场营销活动的一种职能，在企业的市场营销中永远有着重要作用，但推销观念作为企业营销管理的指导思想，注重的仍然是产品而不是顾客需求的满足，而且强行推销不仅会引起顾客的反感，长期下去还会严重损害消费者的利益，损害企业形象。目前，该观念仍被广泛运用于非渴求商品，即消费者一般不会想到要去购买的产品或服务如保险、百科全书等，或一些高档商品的销售。不过正如著名的管理学家彼得·德鲁克（Peter F. Drucker）所言，“某些推销工作总是需要的。然而，营销的目的就是要使推销成为多余。营销的目的在于深刻地认识和了解顾客，从而使产品或服务完全适合他的需要而形成产品的自我销售。”

随着我国市场经济的不断发展，市场竞争越来越激烈，消费者越来越成熟，推销观念的效用将越来越低，推销只是作为营销的一种工具而存在。

【案例 2-5】

史玉柱——721 营销法则

史玉柱，中国创业界的传奇人物，被誉为实战派营销专家。他创立的“史式营销”深植于中国市场，成功塑造了众多知名品牌。史玉柱核心的营销理念为“721 法则”，其精髓在于：70%的精力专注于消费者，深入了解他们的需求和偏好；20%的精力投入终端执行，确保品牌信息的有效传达；10%的精力用于管理经销商关系，维护供应链稳定。史玉柱特别强调品牌规划中消费者调研的重要性，主张集中资源、人群和市场，以创造竞争优势。他将市场调研视为营销的起点和终点，形成一个完整的市场闭环，从调研到推广，每一步都紧密相连。

“史氏广告”以其长时间、高频次的市场测试著称，注重终端落地执行和线上广告的结合，实现立体整合营销传播。这种策略有效地将商业信息传递到消费者心中，使广告无处不在，难以忽视。通过这样的精准营销手法，史玉柱成功地将产品和品牌深植人心。

（资料来源：搜狐网）

四、市场营销观念

（一）市场营销观念的定义

市场营销观念是指导企业进行市场活动的思想和行为原则，形成于 20 世纪初的美国，并随着时间不断演进。这一观念决定了企业如何平衡顾客、社会利益和企业自身的利益。企业的营销观念经历了生产观念、产品观念和推销观念等阶段，而其真正的营销观念是在市场营销观念阶段形成的，这标志着营销理念的一次重大进步。市场营销观念的核心是以顾客需求为中心，即“顾客需要什么，就生产什么”。这种以顾客为中心的思想虽然历史悠久，但直到 20 世纪 50 年代中期，随着社会生产力的增长，市场出现供大于求的现象，这一理念才逐渐成熟。

随着居民收入的增加，消费者开始有更多选择，企业间的竞争也变得更加激烈。企业开始意识到，为了生存和发展，必须转变经营理念。企业成功的关键在于正确识别目标市场的需求和欲望，并且比竞争对手更有效地提供目标市场所期望的商品或服务。通过满足目标市场的需求，企业才能够实现其设定的各项目标，并在竞争中获得优势。

市场营销观念强调了对顾客需求的深刻理解和满足，以及在竞争激烈的市场中，如何有效地传递价值给消费者，从而实现企业的长期发展。

（二）市场营销观念的影响

市场营销观念的兴起代表了企业经营理念的一次深刻变革，同时也引发了市场营销学科的一次革命。与推销观念相比，市场营销观念注重买方需求，而推销观念则侧重于卖方需求。西奥多·莱维特曾深刻地比较了这两种观念，指出市场营销观念的四个支柱是市场中心、顾客导向、协调的市场营销和利润，而推销观念的四个支柱则是工厂、产品导向、推销和赢利。

市场营销观念的本质是以顾客需求和欲望为导向的商业哲学，它体现了消费者在市场决策中的重要性。许多优秀企业都是奉行市场营销观念的。例如，日本本田汽车公司在设计雅阁牌汽车时，深入研究了美国市场，包括路况、路标等细节，以确保产品设计能够满足美国消费者的需求。这种以顾客为中心的设计理念使得雅阁在美国市场取得了巨大成功。另一个例子是迪斯尼乐园，它提供的不仅仅是主题公园的娱乐设施，而是快乐的体验。公司的目标是让每一位游客都能享受到欢乐，这种以顾客体验为中心的服务理念使得迪斯尼乐园成为世界各地游客的最爱。

市场营销观念的实施不仅能够提升顾客满意度，还能带来企业的长期发展和利润增长。

【案例 2－6】

美国贝尔公司的营销观念

市场导向企业的核心特征在于其对顾客需求的重视和满足。这种企业理念体现在美国贝尔公司高级情报部的广告中，它强调了以顾客为中心的服务宗旨，即确保顾客的每一美元都能获得最大的价值和满意度。

这则广告传达了市场导向企业的以下几个关键承诺：

（1）聚焦顾客：企业的主要目标是了解并满足顾客的需求，确保他们的关切被倾听并得到解决。

（2）尊重与信任：与顾客建立长期的合作关系，这种关系建立在相互尊重和信任的基础上。

（3）优先考虑顾客需求：在企业的所有决策和行动中，顾客的需求始终被放在首位。

（4）个性化服务：认识到每个顾客的需求都是独特的，企业需要了解顾客的具体需求，包括他们何时、何地及如何需要服务或产品。

（5）全员责任：从最高管理层到一线员工，每个人都有责任了解并满足顾客的需求。

（6）持续承诺：企业将持续遵守对顾客的承诺，不断努力提供优质的服务。

这个广告不仅是一个宣传口号，还是一个企业文化和服务理念的体现，它展示了市场导向企业如何在竞争激烈的市场中通过满足顾客需求来巩固其市场地位和实现长期发展的。

（资料来源：豆丁网）

五、社会营销观念

（一）社会营销观念的定义

社会营销观念是对市场营销观念的进一步完善与发展。与市场营销观念相比，社会营销观念有以下特点：在继续坚持通过满足消费者和用户需求及欲望而获取利润的同时，更加合理地兼顾消费者和用户的眼前利益与长远利益，更加周密地考虑如何解决满足消费者和用户需求与社会公众利益之间的矛盾，将“以消费者为中心”转变为“以社会为中心”。

（二）社会营销观念的形成

社会营销观念起源于20世纪70年代，由杰拉尔德·蔡尔曼和菲利普·科特勒提出，旨在将营销学应用于解决环境保护、计划生育、改善营养、使用安全带等社会问题。这一理念引起了全球关注，并被广泛采纳。面对当时西方国家的能源短缺、通货膨胀、失业增加、环境污染和消费者保护运动等问题，营销专家和经济学家认识到，传统的市场营销观念忽略了消费者需求、利益和社会福利之间可能存在的冲突，因此需要对其进行更新以适应市场变化。他们强调，企业的营销目标不应仅仅是利润最大化，还应考虑社会效益，即在追求合理利润的同时，通过有效利用资源来满足消费者需求，并保护环境，减少公害，维护健康和谐的社会环境，以提高人类生活质量。社会营销的核心是推广社会理念，这与传统的有形产品和无形服务有本质区别，使得其内容更加抽象，难以具体描述，也难以与目标受众进行有效沟通。与传统营销不同，社会营销所推广的理念往往缺乏潜在需求，甚至可能遭遇目标群体的抵触，如节育理念与“多子多福”的观念相冲突。美国密歇根大学的威廉·莱泽教授也认为，企业应在追求利润的同时，考虑社会效益，保护环境，减少公害，以维护社会长远利益，提高人类生活质量。综上所述，社会营销观念强调企业在追求经济利益的同时，应兼顾社会责任和长远的社会福利，以实现可持续发展和社会和谐。

【案例2-7】

比亚迪的社会责任

2007年，在王传福的领导下，比亚迪投资约4000万元成立了儿童福利院，展现了其对社会公益的承诺。2008年汶川地震后，比亚迪迅速捐款1000万元支援灾区。2009年11月，比亚迪在中南大学设立年度奖学金，总额1240万元，旨在奖励优秀学生与教师。2010年玉树地震发生后，比亚迪再次展现其慈善精神，捐出2000万元及大量物资以援助受灾地区。比亚迪不仅将社会责任视为企业精神的核心，还通过实际行动，如资助教育和灾害救援，积极回馈社会，体现了其作为爱心企业的使命感和对社会和谐发展的贡献。

（资料来源：新浪财经）

六、全球营销观念

（一）全球营销观念的定义

全球营销观念是指企业通过全球性的布局与协调，实现世界各地营销活动的一体化，以获取全球性竞争优势的营销理念。这种观念的核心在于跨越国界的市场机会评估和营销战略制定，强调全球运作、全球协调和全球竞争。

（二）全球营销观念的形成

全球营销观念形成的背景是近些年世界经济环境发生的深刻变化，包括产业、市场、顾客和竞争的全球化。大型国际公司为了适应和利用这些变化，加强竞争力，逐渐走向全球化。20 世纪 80 年代，全球营销观念被提出，学者们认为过于强调对各个当地市场的适应性会导致规模经济的损失，因此呼吁跨国公司向全球提供统一的产品和沟通手段。科技进步和交通通信的发展使得各国交往日益频繁，世界经济社会一体化趋势加强，全球各国在众多方面具有了越来越多的共同性，各国市场的需求也越来越相似。因此，企业要想在激烈的竞争中生存发展，必须以世界市场为导向，采取全球营销战略。日本是开展全球营销最成功的国家之一，他们在汽车、摩托车、手表、照相机、电视机、录像机、光学仪器、钢铁、造船、计算器等许多产业领域取得了全球性的市场领先地位。日本的成功在于他们在全球营销中懂得如何选择市场，如何以最恰当的方式打入市场，如何占领市场、扩大市场份额，以及如何维护自己的领先地位不受竞争对手的威胁。

【案例 2－8】

星巴克的成功

星巴克起源于 1971 年西雅图的一家小咖啡屋。在短短几十年的时间里，星巴克已经发展成为国际上最著名的咖啡连锁店品牌之一，全球连锁店数量超过 4000 家。1992 年，星巴克在美国上市，股票价值经历了四次分拆后已经攀升了 20 多倍，收益超过了通用电气、百事可乐、微软、IBM 等大公司的收益总和。1996 年，星巴克正式进入国际市场，在时尚的东京银座开设了第一家海外咖啡店。不到十年的时间，星巴克已经成功打入了世界 32 个国家和地区的市场。现在，星巴克以每天增加 3 到 4 家新店的速度在成长，这样的发展速度令人瞩目。

星巴克的成功可以归结于多个因素。首先，高品质的咖啡是星巴克在市场上经久不衰的重要原因之一。此外，忠诚的员工关系策略也是星巴克得以在市场上保持竞争力的关键。然而，星巴克最吸引人的地方在于它将咖啡这一西方传承数百年的古老消费品，转变为一种时尚的代名词，重新演绎了现代人的生活方式和文化内涵。

总的来说，星巴克的成功故事是一个充满创新和战略眼光的奇迹。通过提供高品质的产品和独特的消费体验，星巴克不仅在全球范围内取得了巨大的商业成功，还成功地将咖啡文化与时尚元素相结合，成为现代生活方式的象征。

（资料来源：星巴克官网）

七、绿色营销观念

（一）绿色营销观念的定义

绿色营销观念是指企业在生产经营过程中，将企业自身利益、消费者利益和环境保护利益三者统一起来，以此为中心，对产品和服务进行构思、设计、销售和制造的营销理念。它强调在营销活动中考虑环境保护和可持续发展的重要性。这种营销观念认为，企业应该顺应时代的发展，注重地球生态环境的保护，促进经济与生态环境的协调发展。绿色营销观念的核心在于满足消费者、企业和社会的共同利益，通过选择和确定营销组合的策略，以环保和生态原则为基础，实现经济利益与环境利益的统一。它是适应21世纪的消费需求而产生的一种新型营销理念，是在人们追求健康、安全、环保的意识形态下所发展起来的新的营销方式和方法。

（二）绿色营销观念的特点

绿色营销观念的关键在于激发消费者的绿色消费意识，使他们认识到选择绿色产品和绿色生活方式不仅能提升生活品质和健康水平，还有助于改善环境，为后代创造可持续发展的条件。同时，这也促进了绿色市场的成熟。企业采取绿色促销战略，将环保理念融入营销活动，强调产品的使用价值、社会价值和环境价值，而不仅仅是追求利润增长。这种转变有助于实现经济与生态的和谐发展。在绿色市场的成长阶段，绿色标志的使用成为绿色营销的一个显著特征。通过在产品上贴上绿色标志，消费者能够轻松识别和选择绿色产品，这不仅保护了生产绿色产品企业的利益，也维护了消费者的合法权益。另外，这种做法也对非绿色产品的生产企业形成了市场压力，推动绿色市场的快速成熟。

（三）培育绿色文化

绿色营销观念的发展推动了企业绿色文化建设，绿色文化成了企业文化的核心内容。在绿色文化的建设中，企业目标与环境目标相融合，企业营销理念与生态理念相融合。企业要培养员工的绿色理念，建立绿色管理制度，形成人人具有绿色理念、人人宣传绿色理念的绿色文化氛围。

（四）绿色营销观念的意义

绿色营销观念的核心是通过推广环保产品和服务，减少对自然资源的消耗和环境的破坏，从而更好地保护环境。绿色营销观念有助于企业树立良好的公众形象和社会信誉，特别是在环保和可持续发展方面的表现，将有利于企业吸引和保持消费者。随着绿色消费意识的增强，消费者更加偏好环保产品，因此绿色营销能够帮助企业满足这一趋势，创造新的市场机会。绿色营销还鼓励企业采取可持续的生产技术，以减少对环境和资源的负面影响，并寻求与社会和经济的和谐发展。除此之外，绿色营销还涉及提高资源的利用效率，注重资源的综合开发和利用，促进了企业承担起其在环境保护和社会责任方面的角色，包括支持环境组织和参与环保活动，对于企业的长期成功至关重要。因此，绿色营销在现实层面上有非常丰富的社会意义。

【案例 2－9】

快手：48 小时直播冰雕鲸鱼的“告别”

2022 年 4 月 20 日，快手在青岛海边以“没有一头鲸想这样告别”为主题，举办了一个 48 小时冰雕鲸鱼环保展览，同时在这 48 个小时里直播了这头长 7.4 米、重 25 吨的鲸鱼冰雕，在上万人的注视下，于烈日之中迅速融化，默默迎接着“死亡”的降临，而当其“皮肤”褪去，露出的是由人类丢弃的塑料垃圾填满的腹部的场景。此次直播同时联动了蓝丝带海洋保护协会、CM 公益传播等公益组织来扩大活动声势，另外这次环保展览作为快手与新华网共同发起的＃带着快乐去赶海＃主题活动的开幕仪式，它与快手站内举办的赶海、捕鱼短视频征集赛是联动的。这次环保营销不管是在形式上还是在内容延续方面都考虑了快手的产品特性，既吸引了本来快手上那些海量的赶海爱好者的目光，又凭借不俗的艺术表达提升了在更广大层面的普通观众心中快手的品牌价值。这则直播宣传视频发布后，在两天内就获得了近 2.6 万条转发，话题讨论 1.6 万次，取得了较好的宣传效果。快手的这次绿色营销，在内容上采取的是灾难式的广告风格，借此引起人们的悲伤、恐惧情绪，从而引发人们关注海洋污染问题。

（资料来源：快手）

关键术语

营销组合策略、顾客满意度、产品观念、推销观念、市场营销观念、社会营销观念

项目实训

【实训情境】

在市场营销的发展历程中，不同的营销观念指导了企业在不同时期的市场策略。从最初的生产观念、产品观念、推销观念，到后来的营销观念、社会营销观念，再到现代的关系营销、数字营销等新兴理念，每种观念都有其特定的适用场景和局限性。

选择一个你熟悉的品牌或企业（可以是本地或国际品牌），研究其在某一特定时期或阶段的营销策略。

【实训任务】

各小组需识别并分析该品牌或企业在这一时期所采用的主要营销观念是什么，并结合具体案例，讨论这种营销观念如何影响了该品牌的市场表现、品牌形象及消费者行为。

章节练习题

1. 营销组合策略具体包括哪些？
2. 什么是产品？产品主要包括哪些类型？应该如何准确地了解产品的本质？
3. 什么是顾客满意和顾客价值？
4. 试说明顾客满意的关键是什么。
5. 什么是市场营销观念？试比较推销观念和市场营销观念。

第二单元

分析国际市场营销机会

第三章　国际市场营销环境分析

学习目标

1. 了解分析国际市场营销环境的意义
2. 熟悉国际市场营销环境各构成要素形成的原因
3. 理解国际市场营销环境的构成要素
4. 掌握分析国际市场营销环境的方法

项目引例

华为公司并购美企失败案例分析

从2010年5月起，华为公司分两次以200万美元收购了已宣布破产的美国旧金山三叶系统公司（3Leaf Systems）的部分专利。华为公司此次收购的美国三叶系统公司的核心专利之一，就是三叶系统公司研发的“捆绑式计算机服务器专利技术”。该专利技术可以将电子计算机的服务器并联，增加服务器的工作能力和工作容量，这实际上就是当今计算机技术尖端领域“云计算”组成的关键技术。业内认为，在“云计算”领域，如果谁掌握了其中的关键技术，谁就会对互联网及通信等诸多相关领域技术将来的发展产生巨大的影响。在华为收购该专利之前，“捆绑式计算机服务器”的专利为三叶系统公司独家拥有。2010年9月17日，华为公司主动就收购涉及的技术出口问题向美国商务部申请许可，并获得美国商务部“无须许可”的批示。2010年11月，华为公司向美国外国投资委员会（CFIUS）递交了申请，主动请求对此交易进行审查并愿意给予全力配合。2011年2月11日，华为公司接到了美国外国投资委员会通知，其以“国家安全”为借口，建议“撤销对三叶系统公司的交易”。2011年2月14日，华为公司指出这些指控毫无根据并对此回应称，将拒绝接受这一建议。收购美国三叶系统公司资产出现的意外，最终让华为公司不得不改变了最初的选择。2011年2月18日，华为公司在美国宣布放弃对三叶系统公司包括知识产权在内的特定资产的收购。

（资料来源：中国经济网）

启示：

从案例可以看出，华为海外并购的失败是由中美博弈的国际政治大背景造成的，华为并购失败不仅仅是公司问题，还和世界政治经济的力量博弈有着深刻的关系。

任务一　国际市场营销环境概述

随着全球化步伐的加快，营销的国际化已成为一个趋势。企业的国际市场营销活动是在一个异常复杂、瞬息万变的国际市场环境中进行的。对于从事国际市场营销的企业来说，会经常面临陌生的国外市场环境。现代营销学认为，市场营销成功的关键取决于企业对自身所处的市场环境的适应程度。因此，从这个层面看，企业充分认识与分析自身所处的市场环境是营销管理的基础和重要内容，而对市场环境的认识和分析过程其实就是不断发现市场机遇、识别市场带来的威胁，以便选择最佳营销策略来达到企业营销目标的过程。

一、国际市场营销环境概念

（一）国际市场营销环境的内涵

国际市场营销环境是指一定地域内所有企业都面临的，直接或间接地影响、制约本企业营销活动的因素的总和，包括国内和国际的人口、经济、政治、法律、科技、社会文化、自然地理等各种全局性的因素。企业运营的海外市场越多，所要处理的海外环境因素种类也越多。这些因素是企业不可控的。企业虽然难以预料和改变其状况，但可以通过对环境变化的预测与研究，不断地调整营销策略。

（二）国际市场营销环境的特点

国际市场营销环境是一个多因素、多层次且不断变化的综合体，其特点主要有以下几个方面。

1. 客观性

客观性是市场营销环境的首要特征。营销环境的存在不会以营销者的意志发生转移或改变。若营销者主观臆断某些环境因素及其发展趋势，势必造成企业盲目决策，最终导致企业在市场竞争中惨败。

2. 差异性

不同的国家或地区之间，市场营销环境存在着巨大的差异。不仅如此，不同的企业之间，市场营销环境也千差万别。例如，不同的国家、民族、地区之间在人口、经济、社会文化、政治法律、自然地理等各方面都存在差异。

3. 相关性

市场营销环境是一个完整系统，在整个系统中，各环境因素相互影响、相互制约，其中某一个因素的变化，往往会带动其他因素的变化，形成新的市场环境。例如，企业开发新产品时，不仅要受到当地市场经济环境因素的影响和制约，也要受到当地社会文化因素的影响和制约。

4. 动态性

市场营销环境不是一成不变，而是一个动态的系统。构成市场营销环境的各因素之间相互影响，每一环境因素都随社会经济的发展而不断发展和变化。企业必须密切关注市场环境的变化趋势，以便随时发现市场机遇和可能受到的威胁。

5. 可影响性

市场营销环境的可影响性是指企业可以通过对内部环境因素的调整与控制，从而对外部环境造成影响，最终促使某些环境因素往企业预期的方向转变。虽然市场营销环境不能被控制，但企业仍可借助科学的营销研究手段认识并预测环境的变化趋势，及时调整营销计划。同时，企业也可通过各种营销手段，来创造和引导市场需求，促使某些环境因素向企业预期的方向发展、变化。

二、分析国际市场营销环境的意义

（一）市场营销环境带给企业的机遇与威胁

市场营销环境会给企业营销活动带来双重影响。环境将为企业营销活动带来机遇。对企业来说，环境机遇是开拓企业经营新局面的重要基础。企业在面对市场机遇的吸引力和成功的可能性时应当作出恰当的评价。企业只有结合自身的资源和能力，及时将市场机遇转换为企业机遇，才可真正获利。环境也会给企业营销活动带来威胁，市场营销环境中会出现很多不利于企业营销活动的因素，对企业经营形成挑战。例如，房贷利率上调、房屋限购令的出台对房地产行业的威胁，低碳标准对传统污染行业的威胁等。营销者应当善于识别所面临的或潜伏的市场营销环境威胁，并正确评估其严重性及危害性以制定应变措施。

（二）企业需要能动地适应市场营销环境

市场营销环境是企业营销活动的资源基础，因而企业的各种营销活动受制于客观环境因素，必须与其所处的市场营销环境相适应。企业的营销活动离不开市场营销环境，但又不能改变市场营销环境，这就需要企业根据市场环境的特点来组织生产；需要企业从市场环境中获取生产所需的各种资源；需要企业根据市场环境建立营销渠道。因此，分析市场营销环境的意义在于使企业能动地适应市场营销环境，寻求营销机遇和避免环境威胁。企业对环境的适应不应是被动的，而应是主动的。企业既表现在对环境的依赖，又主动对环境加以改造，通过积极主动的行为去影响市场营销环境因素。在企业和环境的矛盾关系中，我们既要承认客观环境对企业经营的制约作用，但也不可忽视企业的营销活动对环境的反作用，能主动识别、适应和改造环境的企业往往能取得成功。

任务二 国际市场营销政治环境分析

政治环境是企业在国际市场营销中面临的一个重要而复杂的问题，企业对此必须保持高度的政治敏锐性，对政治环境中的各种因素要给予足够的重视。同时，任何一个从事国际市场营销的企业都应该认识到政治是经济的集中体现，又对经济产生巨大影响。当代社会，任何经济活动都不可能独立于政治因素之外。因此，企业必须具有敏锐的政治眼光和较强的洞察力，审时度势，以回避政治风险，减少经济损失，当然也包括抓住机遇，以创造良好的营销环境。

一、国际政治关系

国际政治关系是指各个国家之间在政治、经济、军事及文化等方面的相互关系和相互作用。这些关系构成了国际社会的复杂网络，对世界各国的发展和安全具有重要影响。

国际政治关系为国际市场营销提供了基础和框架。国家之间政治稳定，存在合作和友好关系有助于促进贸易和商业活动，为国际市场营销创造了有利的环境；相反，存在政治冲突、紧张关系和敌对行动可能导致贸易壁垒、制裁和限制，对国际市场营销构成障碍。国际政治关系一般包括母国与目标市场国之间的政治关系和目标市场国内部的政治情况两个方面。

（一）母国与目标市场国之间的政治关系

母国与目标市场国之间的政治关系对国际市场营销活动具有显著影响。这些政治关系可能表现为友好合作、紧张对立或中立等多种形态，每一种形态都会对市场营销策略、市场准入、运营风险及品牌形象等方面产生不同的影响。

在友好合作的政治关系下，两国之间的贸易壁垒通常较少，市场准入相对容易。母国企业可以更容易地进入目标市场国，开展业务活动，推广产品。此外，这种政治关系也有助于建立信任，降低商业风险，为母国企业在目标市场国的长期发展奠定基础。

然而，当母国与目标市场国之间的政治关系紧张时，情况则大不相同。目标市场国可能采取贸易制裁、提高关税或设置其他非关税壁垒等措施，限制母国企业的进入和运营。这不仅增加了市场准入的难度，还可能导致企业在目标市场国的业务受到严重影响。同时，政治紧张关系还可能引发社会不稳定，增加企业在当地运营的风险。

（二）目标市场国内部的政治情况

目标市场国内部的政治情况对国际市场营销具有重要影响，主要体现在以下几个方面：

首先，政治稳定性是关键因素。一个政治稳定的国家通常能够为企业提供良好的经营环境，降低政治风险，使外国投资者和市场营销人员能够更放心地投入资源和精力。相反，政治动荡、政权更迭或内战等不稳定因素可能导致市场波动、法律和政策变化，从而增加企业的经营风险和市场不确定性。

其次，政府政策和法规对市场营销活动具有直接影响。目标市场国的贸易政策、投资规定、税收政策及知识产权保护等方面的法律法规，都可能对外国企业的市场进入、运营和产品推广产生重要影响。企业需要仔细研究并遵守这些法规，以避免法律纠纷和市场准入障碍。

此外，目标市场国的政治体制和政党竞争也可能对市场营销产生影响。不同政治体制下的政府决策方式和效率可能有所不同，而政党竞争可能导致政策方向的变化和不确定性。企业需要密切关注政治动态，灵活调整市场策略，以适应政治环境的变化。

二、政治风险

（一）政治风险的概念

政治风险是指由于政治因素导致的不确定性，可能对企业或投资项目的运营、利润和资产安全造成负面影响。这些政治因素包括但不限于政权更迭、政策变动、战争、社会动荡、恐怖主义活动等。政治风险对国际市场营销的影响尤为显著，因为它可能改变市场需求、供应链稳定性及市场准入条件。

政治风险的影响是多方面的。它可能限制企业的行为和策略变更，增加市场不确定性，从而影响企业的投资决策和市场拓展计划。政治风险还可能导致市场价格的不稳定，增加企业的管理风险。例如，如果目标市场国的政治稳定性不佳，企业的投资计划可能会受到不利影响，难以实现预期的收益。

（二）政治风险的主要形式

1. 征用

征用通常是指政府出于公共利益、国家安全、紧急状态或其他法定原因，根据相关法律规定强制性地占有私人财产（包括土地、建筑物、设备、物资等）用于公共目的，并可能给予适当的补偿的行为。在不同的国家和地区，征用的法律依据、程序和补偿标准有所不同。

2. 没收

没收是指国家以法律手段将某人的财产收归国有或者划归国家机关使用的一种行政处罚手段。它是国家在特定情况下依法对违法行为进行打击的一种手段，以维护国家的法律权威和社会的公平正义。没收作为一种法律概念，存在于不同领域的法律制度之中，例如刑法、行政法、民事法等。

3. 报复性充公

报复性充公是政府对外国资产实施直接的控制，这是对投资者或其政府“非礼”行为的反应。在这种情况下，东道国政府不会向投资者提供任何补偿。

4. 政府禁令

政府禁令是指由政府或有权机关颁布的，明确禁止或限制某种行为、活动或物品的命令。禁令的主要目的是维护社会秩序、保护公共利益和实施法律。政府禁令可能涉及公共安全、道德规范、法律法规、网络安全等多个领域。违反禁令可能会导致法律后果，如罚款、监禁等。

5. 东道国政府毁约

东道国政府毁约通常指的是在国际协议或合同中，作为协议签署方的东道国政府未能履行其承诺或义务，导致协议破裂或无法继续执行。这可能涉及外交、经济、贸易等多个领域，对双方关系和合作产生负面影响。

6. 政治动乱

政治动乱是指因各种原因导致的社会政治秩序混乱、社会主流文化解体、控制机制失灵、生活秩序紊乱的现象。政治动乱可能涉及抗议、示威、暴力冲突等多种形式的公众行动，对国家的政治稳定、经济发展和社会和谐构成严重威胁。

（三）国际政治风险的控制

国际政治风险的控制涉及多个层面和策略，以下是一些主要的控制方法：

1. 风险评估与回避策略

在进入新的国际市场前，企业需要对目标国家的政治稳定性、政府政策、法律法规等进行深入评估。这包括分析东道国政府的政策方向、政治体制、外交关系及可能发生的政治事件。通过评估，企业可以决定是否进入该市场，从而回避潜在的政治风险。

2. 保险策略

企业可以通过购买政治风险保险来降低潜在的经济损失。这种保险通常覆盖因政治事件导致的财产损失、合同违约或投资损失等风险。

3. 建立合资企业或合作关系

与当地企业或其他国际企业建立合资企业或合作关系，可以有效降低政治风险。这种策略有助于企业更好地融入当地社会和经济环境，减少因文化差异或政治冲突带来的不确定性。

4. 灵活调整经营策略

当政治风险发生时，企业应迅速启动应急计划，与当地政府和利益相关者进行沟通，寻求支持并调整经营策略以适应新的政治环境。例如，企业可以通过改变市场定位、调整产品策略或寻求新的合作伙伴等方式来应对风险。

三、东道国法律

影响国际市场营销活动最经常、最直接的因素是目标市场国即东道国有关外国企业在该国活动的法律规范。

（一）法律制度的两大体系

目前，世界上大多数国家现行的法律制度大致可分为两大体系：大陆法系和英美法系。

1. 大陆法系

大陆法系源自古罗马法，经过中世纪注释法学派的发展，至法国 1804 年《法国民法典》的编纂完成，标志着大陆法系的成熟。随后，它被欧洲大陆许多国家及受其影响的世界其他地区采纳。

大陆法系的特点是强调成文法的重要性，法律体系主要以一系列综合性的法典为主，如民法典、刑法典、商法典等。法官在审判过程中，主要依据现有成文法律条文来裁判案件，法官的判决作用相对有限，不具有创制先例的功能。

2. 英美法系

英美法系起源于英国的普通法传统，通过法官的判决逐渐累积而成，后来扩展到美国和其他曾是英国殖民地的国家，以及其他采用普通法传统的国家和地区。

英美法系的特点是以判例法为核心，法官在裁决案件时不仅依赖成文法，而且可以参考先前类似案件的判例，尤其是上级法院或最高法院的判例，这些判例具有约束力，从而形成新的法律规则。英美法系注重个案审理中的法官推理和法律解释，法律条文与判例并重。

不同的法律制度对同一事物可能有不同的解释。因此，企业在进行国际市场营销时，必须对国外市场的法律环境进行慎重而明确的分析。

（二）东道国法律对国际市场营销组合的影响

东道国法律对国际市场营销组合的影响主要体现在以下几个方面：

首先，对产品策略的影响显著。各国通常都有针对产品纯度、安全性、性能等方面的法律规定，要求产品必须符合一定的物理、化学、生物指标。此外，对包装、标签、保修单，以及品牌名称和商标等方面也都有详细的法律规定。近年来，随着贸易保护主义的抬头，一些国家还制定了更为严格的安全、卫生、技术等标准，甚至将环境、人权等问题贸易化，形成了超级严格的非关税壁垒。这些规定和标准无疑会对企业的产品设计和市场推广产生直接影响。

其次，对定价策略的影响也不可忽视。东道国通常都有控制产品定价的法律规定，有的国家可能对价格进行较为严格的控制，而其他国家则可能鼓励厂商自由竞争。但即使在那些市场经济较为发达的西方国家，也或多或少存在对价格进行干预的法律和法规。企业需要了解并遵守这些规定，以确保定价策略的合法性和有效性。

再者，分销策略会受到东道国法律的影响。企业需要了解并遵守关于分销商合同的法律条文，在法律允许的范围内选择适合的营销渠道，寻找合适的推销商或代理商。同时，对于进出口的限制、关税政策及贸易壁垒等，也需要进行深入研究，以便制定出符合当地法律和市场环境的分销策略。

最后，促销策略也是受到东道国法律严格约束的一个方面。在企业的各类促销策略中，广告是最容易引发法律争议的环节。许多国家都制定了与广告相关的法律法规，对广告的内容、形式、播放时间等进行了详细规定。此外，销售促进、人员推销和公共关系等促销策略也受到法律的约束。企业需要确保促销活动符合当地法律法规的要求，避免产生法律纠纷。

【案例 3－1】

中韩贸易战——大蒜与手机之争

由于中国的劳动力成本较低，中国大蒜比韩国当地生产的大蒜在价格上具有很大优势。因此，中国大蒜很快在韩国打开了市场销路。中国的一些地方政府也积极介入，协助农民进行大规模的大蒜生产，使大蒜种植成为当地的支柱产业之一。例如，在农业大省山东就出现了一些大蒜生产基地，山东省对韩国的大蒜出口占全国对韩国大蒜出口的70%左右。2000 年 5 月 31 日，韩国经济部发布 141 号令，从 6 月 1 日起依据世界贸易组织的临时保障条款对进口大蒜采取保障措施，征收 315%的高额关税，理由是由于进口大蒜数量激增，导致国内大蒜“价格下跌，产业受到损失”。对此，中国对外贸易经济合作部（现商务部）迅速做出反应，称中国是韩国进口大蒜的主要来源国，因此韩国此举实际是针对中国；根据韩国海关的统计，1999 年韩国大蒜进口增加了 1200 吨，而国内产量则增加了 9 万吨，因此韩国经济部所谓的“价格下跌，产业受到损失”是站不住脚的；1999 年韩国对中国贸易顺差为 95 亿美元，韩国政府不履行减少对华贸易顺差、促进中国产品对韩出口的承诺，而是对中国产品对韩出口设置人为障碍，是不顾中韩关系发展大局的错误做法。鉴于以上原因，中国决定从 6 月 7 日起，暂停对韩国无线电话机（含车载电话）和聚乙烯的进口。此事在中国和韩国都引起了关注，因为这场贸易战的爆发，给两国相关的生产者都带来了很大损失。据山东一个大蒜生产规模比较大的县统计，此事发生 1 个月后，由于大蒜大量积压，价格下跌，已经给当地蒜农造成了 2 亿～3 亿元人民币的损失，而韩国方面的损失则更大。韩国三星集团刚刚花巨资买断了悉尼奥运会移动通信产品的独家赞助权，正准备雄心勃勃地扩展其海外市场，而中国正是其主要目标市场之一。经过一段时间的僵持之后，韩国经济部与中国对外贸易经济合作部达成协议，韩国对来自中国的大蒜征收不超过 45%的关税，而中国则取消对来自韩国的无线电话机（含车载电话）和聚乙烯的进口禁令。

（资料来源：新浪财经）

任务三　国际市场营销经济环境分析

国际经济环境是指各种直接或间接影响和制约国际市场营销活动的经济因素的集合，是国际市场营销环境的重要组成部分。国际经济环境除了本国、东道国和国际的经济形势，经济发展的规模、发展速度、发展水平，经济制度、经济体制，参与国际经济组织及国际经济活动的状况，国际经济地位，经济发展阶段，经济结构的类型外，还包括它们的产业布局，城市化程度，水利、能源、交通、通信等基础设施状况，消费者的收入水平、消费水平、消费方式、消费结构、消费倾向和储蓄行为，消费者的储蓄和信贷状况，货币供应量、币值、外汇储备量、汇率，物价水平和通货膨胀，税率和关税，外贸和国际收支状况等。经济环境对国际市场营销的影响最大，它会直接影响企业产品的销售去向、方式及数量，因此，国际企业对经济环境进行分析十分重要。

国际市场营销经济环境分析是企业在开展国际市场营销活动时对目标市场的经济条件和状况进行深入研究的过程。经济环境是影响企业市场营销策略制定和实施的关键因素之一。

一、经济发展水平

不同国家和地区的经济发展水平存在差异，包括工业化程度、人均收入、消费能力等。这些差异直接影响企业的市场定位、产品定价和分销策略。

（一）经济发展阶段

经济发展阶段通常可以根据不同的理论框架和观察角度进行划分。按照罗斯托的经济发展阶段论，世界各国经济的发展大致可归纳为下面五大阶段。

（1）传统社会阶段（Traditional Society）：经济以农业为主导，技术水平低下，几乎没有经济增长。

（2）起飞前阶段（Preconditions for Take-off）：初步出现商业化和资本积累，科技开始应用于生产。

（3）起飞阶段（Take-off）：工业化加速，经济增长率显著提高，基础设施建设和资本投资增长迅速。

（4）成熟阶段（Drive to Maturity）：工业化全面展开，科技进步和多元化产业结构进一步推动经济增长。

（5）高额消费阶段（High Mass Consumption）：经济重心转向服务业，大多数人口享受到了较高的生活水平和消费水平。

【案例3-2】

纽约时间2014年9月19日上午，阿里巴巴集团以“全球融资规模最大IPO”的身份登陆纽约证券交易所挂牌上市，首次公开募股（IPO）发行价定为每股68美元，上市融资总额最高或可达250亿美元。目前，阿里巴巴旗下的淘宝网、天猫、聚划算等交易平台的网络成交额约占中国在线购物总规模的80%。阿里巴巴不仅是美国证券市场规模最大的IPO，还是全球最大的B2B及B2C平台。它给自己的定位是“全球最大的在线及移动电子商务公司”。近几年，中国互联网经济正以30%的速度递增，全球十强的互联网企业中已有4家是中国企业。互联网新经济已成为引领消费、扩大内需、提振经济的新引擎。快速发展的互联网技术与新兴业态，为中国互联网企业或技术型创新企业提供了发展的绝佳平台和广阔空间，而6.32亿网民则为网络消费提供了厚实的基础。同时“大众创业，万众创新”的局面将为更多的“阿里巴巴们”提供实现价值的契机。

（资料来源：东方财富网）

（二）市场发展阶段

各个国家的市场处于不同的发展阶段，可以以人均国民总收入（GNI）为基础，将全球市场分成五类：低收入国家、中低收入国家、中高收入国家、高收入国家和经济瘫痪国家。尽管对每一个阶段收入的定义是任意的，但每一类别中的国家都具有相同的特征。

（1）低收入国家：通常指那些人均GNI低于一定标准的国家。这些国家往往面临严重的经济、社会和发展挑战，如基础设施薄弱、教育水平低下、卫生条件差及贫困率高等问题。

（2）中低收入国家：这些国家的人均GNI介于低收入国家和中高收入国家之间。虽然经济状况有所改善，但仍面临许多发展难题，如产业结构单一、创新能力不足、就业压力大等。

（3）中高收入国家：这些国家的人均GNI已经达到一定水平，经济相对发达。然而，它们可能仍面临一些结构性问题，如产业升级困难、环境污染、社会不平等和人口老龄化等。

（4）高收入国家：高收入国家通常具有较高的人均GNI和经济发展水平。这些国家往往拥有较为完善的基础设施、教育体系和医疗保障体系，人民生活水平普遍较高。然而，高收入国家也可能面临一些挑战，如经济增长放缓、人口老龄化、社会福利压力增大等。

需要强调的是，这些分类并不是绝对的，而是根据一定的标准和数据动态调整的。同时，不同机构和国家可能采用不同的分类标准和方法，因此具体的分类结果可能存在差异。在理解和使用这些分类时，需要关注其背后的定义、方法和数据来源，以便更准确地评估不同国家的经济状况和发展水平。

二、人口和收入

考察一个国家市场时首先要考虑市场规模。市场是由持有货币且有购买欲望的人组成的，因此，研究市场规模首先要看人口和收入。

（一）人口

人口的各种特征，如人口规模、人口分布、人口结构、家庭结构等，对市场营销会产生多方面影响。

1. 人口规模

各国的人口规模决定着世界的潜在市场。许多产品的消费与人口直接有关。人口的增长率也是一个重要的因素。人口继续增长意味着世界市场继续发展，市场需求总量将进一步扩大。如果人们有足够的购买能力，人口增长就意味着市场扩大；人口增长也可能导致人均收入下降，市场吸引力降低，从而阻碍经济的发展。

2. 人口分布

人口分布状况对产品需求、促销方式、分销渠道都会产生不同的影响。人口密度越大的地方对商品的需求量就越大；相反，人口越稀少的地方对商品的需求量就越少。

3. 人口年龄结构

消费者的年龄对市场营销来说意味着收入的多少、家庭规模，以及对商品的不同价值观和不同需求。不同年龄层次的消费者对商品有不同的需求，从而形成了婴儿市场、青年人市场和老年人市场等。

4. 人口性别结构

男性和女性的差别不仅使市场需求有所差别，而且使两性的购买动机和购买行为也有所不同。由于女性多操持家务，大多数家庭生活用品经女性采购，而且儿童用品也可归入妇女用品市场；而男士则是汽车、人寿保险等的主要购买者。

5. 家庭结构

一个国家或地区家庭单位的多少、家庭成员平均数量、家庭成员结构和家庭决策方式对市场需求的影响很大。近几年来，西方发达国家和一些发展中国家非家庭住户的迅速增加必须引起国际营销人员的足够重视。非家庭住户主要有三种形式：单身成年人住户、几人同居户和集体住户。

（二）收入

消费者收入是衡量市场规模及其质量的重要指标。单纯的人口数字本身为市场营销人员提供的信息是不充分的。衡量市场潜力需要两个收入指标——个人收入和国民收入或国民生产总值（GNP）。

1. 个人收入

个人收入指的是个人从各种来源获得的货币收入的总和，包括工资、奖金、津贴、稿酬、经营所得、利息、租金等。不同国家、不同地区及不同职业的个人收入水平差异很大。在一些发达国家，由于经济发展水平较高，个人收入普遍较高；而在一些发展中国家或贫困地区，个人收入可能相对较低。

影响个人收入的因素有很多，包括教育水平、职业选择、工作经验、行业特点及宏观经济状况等。教育水平越高，往往能够获得更高薪酬的工作；而某些行业或职业由于其特殊性，可能享有更高的收入水平。此外，宏观经济状况对个人收入也有重要影响，经济繁荣时期个人收入往往增长较快，而经济衰退时期则可能面临收入下降的风险。与此同时，我们要注意收入的分布情况。在许多国家，少部分人的收入大大高于全国平均数，而大部分人则低于这个平均数。在这些国家中，个人收入会引起一定的误解。在这种情况下，营销人员就必须做具体分析，而不能过分依赖人均收入这个指标。

2. 国民收入

国民收入是一个国家在一定时期内所有居民获得的最终产品和劳务的价值总和。它反映了一个国家的整体经济实力和人民的生活水平。国民收入通常由国内生产总值（GDP）来衡量，GDP 是一个国家在一定时期内生产的所有最终商品和服务的市场价值总和。

不同国家的国民收入水平差异很大，这主要受到国家的经济发展阶段、资源禀赋、产业结构、科技水平及政策环境等因素的影响。发达国家由于经济发达、科技先进，其国民收入水平普遍较高；而发展中国家则可能由于经济起点低、产业结构单一等因素，国民收入水平相对较低。

提高国民收入是一个国家经济发展的重要目标之一。政府可以通过制定合适的经济政策、优化产业结构、提高科技水平、加强教育投入等方式来促进国民收入的增长。同时，个人也可以通过提升自身素质、选择高薪酬职业、积极参与市场竞争等方式来增加个人收入，从而为国家整体经济发展做出贡献。

三、消费结构

（一）消费支出和消费结构

消费支出和消费结构是两个紧密相关的概念，它们共同反映了一个家庭或国家的消费习惯和水平。

消费支出是指居民或家庭在一定时期内用于购买各种消费品和服务的总费用，包括食品、衣物、住房、交通、娱乐、教育、医疗等各个方面的支出。消费支出的多少取决于居民的收入水平、消费观念、生活习惯及市场价格等多种因素。

消费结构则是指居民或家庭在消费过程中所消费的各种不同类型的消费资料的比

例关系。它反映了消费者对不同商品和服务的需求强度，以及消费水平和消费特点。消费结构可以从实物和价值两个角度进行考察。实物形式的消费结构关注的是消费了什么样的消费资料和享受了什么样的服务，以及它们各自的数量；而价值形式的消费结构则是以货币表示的消费比例关系。

在理解消费支出和消费结构时，还需要考虑到它们之间的互动关系。消费结构的变化会影响消费支出，而消费支出的变化也会反过来影响消费结构。例如，如果消费结构向更高层次的商品和服务转移，那么消费支出也会相应增加；反之，如果消费支出减少，那么消费结构也可能会发生变化，更多地倾向于基本生活需求的满足。

（二）消费者储蓄

消费者收入通常分为两部分：一部分作为支付手段，用于当前开支；另一部分则暂不开支，作为储蓄。反映一个国家、地区或家庭储蓄状况的通常有三个指标，即储蓄额、储蓄率和储蓄增长率。储蓄额是消费者储蓄的绝对数量，反映一定时期的储蓄水平。储蓄率指储蓄额占消费者收入的比例。储蓄增长率则反映某一时期的储蓄增长速度。通过这三个指标，可以分析一定时期消费与储蓄、消费者收入与支出的变化趋势。开展国际市场营销，必须了解影响消费者储蓄的多种因素，以便分析、判断消费者需求、支出和消费水平的变化。

1. 收入水平

收入水平高低是决定储蓄数量的首要因素。只有当收入超过一定的支出水平时，消费者才有能力进行储蓄。随着收入的增长，储蓄额一般会绝对上升，储蓄率会相应提高，达到一定程度后趋于稳定。

2. 通货膨胀和物价上涨因素

若物价上涨超过或接近储蓄存款利率的增长，货币贬值将会刺激消费、抑制储蓄，形成所谓的“储蓄存款出笼”或“挤兑风潮”。此时，市场抢购风迭起，需求过旺。

3. 市场商品供给状况

一国市场商品短缺，产品质量不能满足消费者的需求，则消费者往往有两种可能的选择：一是把钱储存起来，储币待购，持币选购，力求购买到适合自己需要的产品；二是强制替代，用相关产品代替自己初始希望购买的产品。在后一种情况下，尽管商品短缺，产品不佳，但并未导致储蓄的增加。

（三）消费者信贷

在市场上，消费者不仅以其个人收入购买他们需要的商品，而且可以通过信贷借款来购买商品。所谓消费者信贷，就是消费者凭信用先取得商品使用权，然后按期归还货款以购买商品的一种信贷方式。这种信贷方式在我国有着悠久的历史，如有些商店的赊销行为，其实质就是一种消费者信贷。

消费者信贷的种类多种多样，包括但不限于住房贷款、汽车贷款、耐用消费品贷款、旅游贷款及教育贷款等。具体的贷款形式如住房抵押贷款是指购房人在支付首期款项后，由银行代其支付余额，购房人分期向银行偿还贷款，以新购房屋的产权作为贷款担保。而分期付款则常用于购买耐用消费品如汽车，消费者可以分期偿还本金和利息。

四、劳动力市场和成本

劳动力市场是指劳动力供求双方相互选择、议定工资并实际交换劳动力的场所。它不仅仅是一个物理空间，更是一个由各种劳动力供求关系和交换活动所构成的复杂系统。在这个市场中，劳动者提供他们的劳动技能和时间，而雇主则提供工资和工作机会。

劳动力成本主要指的是企业在雇佣劳动力时需要支付的费用，包括工资、福利、社保等直接成本，以及招聘、培训、管理等间接成本。劳动力成本是企业运营成本的重要组成部分，直接影响企业的盈利能力和竞争力。

劳动力市场的供求关系是决定劳动力成本的关键因素。当劳动力供应充足时，企业可以以相对较低的成本雇佣到所需的劳动力；而当劳动力供应不足时，企业则需要提高工资和其他福利待遇来吸引和留住劳动力，这就会导致劳动力成本的上升。

综上所述，国际市场营销经济环境分析是一个复杂而关键的过程。通过深入了解目标市场的经济条件和状况，企业可以制定更加精准和有效的市场营销策略，实现可持续发展。

任务四　国际市场营销社会文化环境分析

【案例 3－3】

在过去，我国出口长白山人参一直用木箱装运，每箱重达 20 千克，并且包装十分简陋，因此这种贵重山珍的出口价一直被外商压得很低。经过多方研究，我们才恍然大悟，原来在外商的观念中，越是贵重的东西，其包装就越要讲究，只有廉价品的包装才比较简陋。后来，我们将长白山人参改为一支装，并配以精美的工艺盒，其价格就成十倍地上升了。从这一个例子中我们可以看出，要想减少这种现象的发生，必须学会站在对方的立场上思考与分析问题。

（资料来源：搜狐网）

随着经济全球化进程的加快，企业必须积极开拓国际市场，全方位地参与国际商务活动。这种跨国界的商务活动与国内营销的最大区别是，要与不同社会文化环境的人打交道。处于不同社会文化环境的人，在语言、宗教信仰、价值观念、思维方式、风俗习惯等方面都存在着差异，因此不仅对商品和服务的需求不同，而且对同一句话、同一个动作、同一件事往往有着不同甚至相反的理解。也就是说，在某个特定的社会文化环境中有效的营销方法在另一个社会文化环境里可能就没有效果，甚至产生误解、摩擦和冲突。在进行国际市场营销活动中，企业必须重视各种社会文化环境因素的影响，分析并适应这些不同的社会文化环境。

曾经有机构就“什么是在国际市场上做生意的最大障碍”问题对营销人员进行调查，调查结果显示，这些障碍包括社会文化差异、法律法规、价格竞争、信息、语言、交通、外汇、时差，其中社会文化差异居首，可见社会文化差异对国际市场营销活动产生的影响十分深远。社会文化对国际市场营销的影响贯穿整个营销活动，包括定价、促销、分销、产品、包装、款式等各个环节，在国际市场营销中，企业应考虑的社会文化环境因素主要包括以下五个方面。

一、语言

语言是人类最重要的交际工具，是人们进行沟通的主要表达方式。人们借助语言保存和传递人类文明的成果。语言是民族的重要特征之一，一般说来，各个民族都有自己的语言。语言是社会的产物，是随着社会的产生和发展而变化的。语言是一种符号系统，它是以语音为物质外壳，以词汇为建筑材料，以语法为结构规律而构成的体系。

语言的多样性是人类文化多样性的体现。不同的语言反映了不同民族、不同地域、不同文化的特色。每一种语言都有其独特的词汇、语法规则和表达方式，这些都是该语言所属文化的独特印记。因此，保护和尊重语言的多样性，就是保护和尊重人类文化的多样性。

随着全球化进程的加速，语言的交流和融合也日益频繁。这既给语言发展带来了机遇，也带来了挑战。一方面，人们可以通过学习外语，了解其他文化，拓宽视野；另一方面，一些小众语言可能面临消亡的风险，因为它们在全球化的大潮中难以维持其生存空间。因此，如何在全球化背景下保护和传承各种语言，是一个值得深思的问题。

比如，通用汽车公司于20世纪50年代中期向市场展示的新款汽车“NOVA”，其西班牙语翻译为“NO GO”，因此，通用汽车公司这种品牌汽车的销售严重受挫。韩国现代汽车品牌“Hyun Dai”中Dai的英文发音同“Die”一样，为此，现代汽车为美国的消费者制作了把“Hyun Dai”改为“Hyun Day”的教育广告项目，由此避免了语言发音带来的不必要的麻烦。中国在海外进行国际市场营销的企业也有必要制定海外任何市场都可以接受并且容易记忆和长久记忆的商标名，采取全球化的品牌战略，提高中国产品在全球市场上的知名度。

语言除了口头表达方式之外，还有非语言的表达方式，如体态姿势、面部表情等。

社会文化环境不同，非语言表达出来的意思及内容会有差异。例如，在一般情况下，点头表示肯定的意思，而摇头表示否定的意思，但在北欧，左右摆头则表示肯定的意思。触摸鼻子的手势在英国表示“小心”的意思，而在意大利则表示“正在受骗”的意思。“OK”的手势通常表示“好了”的意思，而在法国则表示“正在做徒劳的事情”的意思。因此，企业不仅要了解东道国语言表达的真正含义，而且还要了解非语言沟通的手段，即手势和面部表情所代表的真正含义。尤其是那些营销工业品的企业，首要的就是与东道国当地的购买者或者当地政府官员进行协商谈判，只有熟悉东道国的文化背景，了解当地的语言表达方式及非语言表达方式，才能圆满地进行相互交流，达到预期目的。

二、宗教信仰

宗教信仰作为社会文化的一个重要方面，对国际市场营销的影响不容忽视。不同宗教信仰有其独特的文化倾向和戒律，这些都会影响人们的认识方式、价值观念和行为准则，从而进一步影响他们的消费行为。因此，在进行国际市场营销活动时，必须充分理解和尊重目标市场的宗教信仰，以确保营销策略的有效性和合适性。

首先，宗教信仰会影响消费者的购买决策。在某些宗教中，特定的商品或服务可能被视为禁忌或不允许使用。因此，企业在推出新产品或服务时，需要避免与这些宗教禁忌相冲突，以免引发消费者的反感。同时，某些宗教组织在成员的购买决策中可能具有决定性的影响，因此，企业也需要关注这些宗教组织的态度和意见。

其次，宗教信仰也会影响消费者的节日礼仪和商品使用习惯。例如，在某些宗教节日期间，人们可能会增加对某些商品的购买，或者遵循特定的使用习惯。企业可以根据这些节日和习俗，制定相应的营销策略，以满足消费者的需求。

最后，宗教信仰还会对消费者的价值观念产生深远影响。这种影响可能涉及对环保、公平贸易、社会责任等方面的关注。因此，企业在开展国际市场营销时，需要关注这些价值观念，并将其融入产品和服务的开发，以树立积极的品牌形象。

总之，企业要掌握各种不同宗教的基本世界观、人生观、价值观和消费观，从而在对不同宗教消费者进行国际市场营销时做到有的放矢，使企业的产品和服务做到适销对路。

三、价值观念

价值观念是指个人或群体对客观事物及行为结果的评价和看法，它指导人们应该做什么、要什么和选择什么，发现事物对自己的意义，确定并实现奋斗目标。这种评价和看法具有主观性、选择性、稳定性和社会历史性等特点。例如，在时间观念上，美国人崇尚“时间就是金钱”“今天能做的事不要推到明天”，因而他们谈生意时会安排得比较紧，常常是一见面就谈。掌握世界各国的时间观念，把时间观念和办事效率结合在一起，有利于国际市场营销决策的制定。美学观念是一种文化中的审美观，世界各国的美学观念有很大的差异。例如，在产品的款式、颜色等方面，西方一些国家把新奇、独特、表现个性作为他们的审美观，而东方人讲究端庄、典雅。企业在国际市场营销过程中，在产品设计、制作、包装决策等方面应准确理解和把握各国的美学观念。

四、家庭

家庭是社会的基本单位。国外家庭对国际市场营销具有重要的作用，很多产品都是以家庭为单位购买的。因此，企业在进行跨国经营时，应根据国外家庭的状况适当地调整营销策略。

五、社会阶层

社会阶层在国际市场营销中扮演着重要的角色。不同社会阶层的消费者具有不同的消费习惯、价值观念、媒体消费习惯及生活方式，这些差异直接影响到他们的购买决策和购买行为。因此，企业在制定国际市场营销策略时，必须充分考虑目标市场的社会阶层结构，以确保营销策略的有效性和针对性。

首先，不同社会阶层的消费习惯不同。高收入阶层的消费者可能更注重品牌、质量和服务，对价格相对不敏感，更愿意为高品质的产品和服务买单。而低收入阶层的消费者则可能更注重价格和性价比，对价格变动较为敏感，更倾向于选择经济实惠的产品和服务。因此，企业可以根据不同社会阶层的消费习惯，制定相应的产品策略、定价策略和推广策略。

其次，不同社会阶层的媒体消费习惯也不同。高收入阶层的消费者可能更喜欢通过高端杂志、报纸和电影等传统媒体渠道来获取信息，而低收入阶层的消费者则可能更多地依赖互联网和社交媒体等渠道。因此，企业在选择营销渠道和投放广告时，也需要考虑目标社会阶层的媒体消费习惯。

此外，社会阶层的文化背景、生活方式和价值观念等因素也会影响他们的消费选择。企业在制定营销策略时，需要深入了解不同社会阶层的文化背景和价值观念，以便更好地满足他们的需求，并与之建立长期的信任和合作关系。

国际营销中应考虑的社会文化因素还有很多，企业要有针对性地研究目标市场国的社会文化环境，从而采取不同的国际市场营销策略，迎接日益激烈的国际竞争。

【案例 3－4】

“农夫山泉”巧用广州人的社会文化

众所周知，广州的饮用水销售量居全国前列，这个市场在全国饮用水市场中至关重要，要想成为全国性品牌，任何一个饮用水品牌都无法绕开这个市场，但进军广州市场又谈何容易。“怡宝”在这里已经经营了10年，可谓根深蒂固，还有“长寿村”等几个品牌也有一定份额。为了一战取胜，农夫山泉对广州市场进行了认真分析，决定主动送水，让目标消费者体会到农夫山泉的滋味。但广州人在春节期间，颇讲究所谓的南粤文化里的“意头”——没理由的东西送上门来也不要。所以如何送水，本身也是一个令人很头痛的问题。怎么办呢？“利用粤式文化呗！”一个员工提出了建议。“对，就是用文化。广东有这样一句俗语：送水就是送财。”策划人接着说。于是“送水送财，好水旺财”的广告语脱口而出，既切合了当地文化，又强调了水的品质。而且广东有互派利市（利市就是指压岁钱，成年向未成年的派，已婚向未婚的派）的新春习俗，亦可被巧妙借用。“送水”方案就这样设计出来了。

（1）印制15万封设计新颖的“农夫山泉/送水送财，好水旺财”派利封，内封4升瓶装水水票1张。

（2）在学生放寒假前，向事前锁定的广州市15万小学生发放派利封，由小学生向他们的家长派利市，并要求小学生在家长的支持下，前往各大中型超市，完成一件家务事——领水。

（3）集中广告火力，发起强势宣传攻势，说服大中型超市给予铺货，并占据重要位置进行装饰。

（4）在一切准备妥当后，集中两三天全面领水，造成“农夫山泉漫羊城”的壮观场面。

仅仅用了4天时间，方案中的“财水”全部送出，经销商开始上门谈判，第五天市场开始进货，随后的一两个月，街头开始传出“农夫山泉有点甜”的话题，不到一年时间，“农夫山泉”已被广州人接受。

（资料来源：网易）

任务五　国际市场营销技术环境分析

【案例3-5】

诺基亚手机为何在全球手机大战中失去了曾经的辉煌

进入21世纪后，由于现代科技的不断更新，各种品牌的手机不断涌现。众所周知，诺基亚手机在2005年之前曾长期“霸占”世界第一的宝座。但自从智能高端系统手机问世以来，诺基亚的市场占有率逐渐下降。三星和苹果不断推出不同规格、型号的智能手机，诺基亚却始终保持小屏幕、实体键盘、非触屏的传统理念。

据报道，2013年全球手机销量达18亿部，其中有近10亿部智能手机，智能手机首次超过功能机。三星是市场销量最大的手机厂商，苹果位列第二位。从操作系统来看，安卓（Android）手机占据78.4%的份额，苹果的iOS手机占15.6%，微软的WP仅占3.2%。2014年，诺基亚正式被微软收购。与之类似，在功能机时代与诺基亚并称双雄的摩托罗拉的移动业务在2011年先被谷歌收购，2014年联想集团又从谷歌接手，将其归入旗下。

（资料来源：搜狐网）

当代世界新科技革命的兴起，特别是信息技术的迅猛发展，确实正在深刻地改变着企业的运营环境和市场的运行模式。技术革命不仅推动了生产效率和产品质量的提升，还引领了市场营销和竞争格局的变革。因此，企业在制定国际营销策略时，必须注意到技术革命尤其是信息技术发展带来的变化。

一、技术环境对国际市场营销的影响

技术环境对国际市场营销的影响深远且广泛，主要体现在以下几个方面。

（一）改变营销方式和手段

科技的进步推动了营销方式的创新和变革。例如，数字化营销、社交媒体营销、大数据营销等新型营销方式的出现，使得企业能够更精准地定位目标市场，更有效地传递产品信息，并与消费者进行实时互动。此外，人工智能、虚拟现实等技术的应用也为国际市场营销带来了全新的体验。

（二）提升营销效率和效果

科技的应用使得营销活动变得更加高效和精准。例如，通过大数据分析，企业可以了解消费者的购买习惯、兴趣偏好等信息，从而制定更加精准的营销策略。同时，自动化的营销工具和平台也极大地提高了营销效率，降低了成本。

（三）影响消费者行为

科技的发展改变了消费者的购物习惯和信息获取方式。消费者可以更方便地通过互联网了解产品信息、比较价格、进行购物决策。此外，社交媒体和在线评价也对消费者的购买决策产生了重要影响。因此，企业需要密切关注科技对消费者行为的影响，以便制定更加有效的营销策略。

（四）促进国际市场的竞争与合作

科技的发展使得国际市场更加开放和竞争。企业需要不断提升自身的科技水平，以适应国际市场的竞争需求。同时，科技的发展也为企业之间的合作提供了更多可能性，通过共享资源和技术，企业可以共同开拓国际市场，实现共赢。

技术环境对国际市场营销的影响是全方位的，企业需要密切关注科技发展的动态，不断创新营销方式和手段，以适应不断变化的国际市场环境。同时，企业也需要加强自身的科技实力，提升国际竞争力，以应对日益激烈的国际市场竞争。

二、国际技术标准对企业国际市场营销活动的影响

国际技术标准对企业国际市场营销活动的影响是多方面的。

首先，国际技术标准是一种具有强制性或指导性的文件，它规定了产品或服务应达到的安全要求或市场进入要求，这直接影响了企业在国际市场上的产品设计和生产。企业需要确保其产品或服务符合国际技术标准，以便在国际市场上顺利销售。

其次，国际技术标准反映了国际市场的技术水平和消费者需求，是企业进行国际市场营销的重要参考。通过了解和掌握国际技术标准，企业可以更好地了解目标市场的技术环境、消费者偏好和竞争态势，从而制定更有效的营销策略。

最后，国际技术标准还为企业提供了与国际同行交流的平台。通过参与国际技术标准的制定和讨论，企业可以了解国际同行的技术水平和市场动态，加强与国际同行的合作与交流，提升企业的国际竞争力。

然而，国际技术标准也可能给企业带来一定的挑战。由于不同国家和地区的技术标准可能存在差异，企业需要投入更多的资源和精力来适应不同的标准。同时，随着技术的不断进步和创新，国际技术标准也在不断更新和完善，企业需要不断跟进和更新自己的产品或服务，以满足新标准的要求。

因此，企业在进行国际营销活动时，应密切关注国际技术标准的发展动态，加强与国际同行的合作与交流，不断提升自身的技术水平和产品质量，以应对国际市场的挑战和机遇。

关键术语

政治环境、经济环境、社会文化环境、技术环境

项目实训

【实训情境】

英国雷利自行车公司是成立于1887年的世界老字号自行车生产商，公司自成立以来，因生产的自行车质量好而享誉世界。以前人们若能拥有一辆雷利自行车，便如获至宝。即使用了六七十年，车子仍十分灵巧。有这样一个例子，某位顾客在1927年以9英镑买下一辆雷利自行车，直到1986年每天还在骑，仍不舍得把它以古董的高价卖出去。雷利自行车成为高质量的代名词，行销世界各地，在欧美更是抢手货。

然而随着时间的推移，市场需求在悄悄地发生变化，可此时的雷利公司仍固守原来的经营理念，没有什么创新。自行车是作为一种方便、灵活的交通工具流行起来的，但到了20世纪六七十年代，比自行车更理想的交通工具——轿车在一些经济发达的国

家开始普及。自行车与轿车相比，显得速度慢、活动半径小。所以消费者纷纷选购轿车作为自己的交通工具，自行车消费陷入低潮，雷利自行车也难逃此厄运。

另外，在新技术的冲击下，在发达国家里自行车的主要消费者——青少年的消费偏好发生了很大的变化。以往，16 岁以下青少年购买雷利自行车的数量约占英国国内自行车消费量的 70%，而现在，青少年感兴趣的已是电子游戏机。在欧美工业化国家里，自行车即使免费赠送给青少年，也未必受欢迎。青少年消费偏好的这一变化给雷利自行车带来了很大的冲击。

面对着变化了的市场，许多精明的企业家或进行多角度经营，分散经营风险，或根据市场的新情况研制、开发新产品，增强企业的生存能力与发展能力。在自行车行业，一些富于开拓精神的企业家很快设计并生产出新型的自行车，使它集游玩、体育锻炼、比赛于一体。这样一来，自行车很快又成为盈利丰厚的“黄金商品”。例如，美国的青少年迷上这种多功能自行车的比比皆是，购买一辆这种新车需 200～300 美元，一顶头盔约 150 美元，各种配套用品约 250 美元，更换零件平均约 100 美元，这种连带消费使那些应变能力强、率先开发出新式自行车的厂商财源滚滚。

然而，雷利公司却一直坚持“坚固适用”的生产经营理念。直到 1977 年，雷利公司实在很难再维持下去，才投资筹建多个自行车比赛队，想让雷利自行车在体育用品市场上大显身手。1980 年，雷利自行车终于成为自行车大赛的冠军车，雷利自行车因此名声大振，当年在法国销售达 4 万辆。雷利公司尝到甜头后，便集中力量发展作为体育运动器械用的自行车，想借此重振雄风。谁料天公不作美，1986 年夏天，北欧各国一直是阴雨绵绵、寒冷潮湿的气候，自行车运动无法进行，购买自行车的人锐减，造成雷利自行车积压严重，公司周转资金严重不足。

亚洲一些国家和地区的自行车业的崛起与低价销售也使雷利自行车不得不退出传统的利润丰厚的美国等市场，从而加快了它衰落的步伐。雷利自行车原来有 30%是出口外销的，其出口目标主要是欧美国家，特别是美国市场。但 20 世纪 80 年代以后，亚洲一些国家和地区的厂商以低廉的价格及灵活多样的行销方式，相继夺走了雷利自行车在欧美的市场份额。例如，一度风行美国的花式自行车每年都可销售几百万辆，这本来是雷利公司的传统市场，但在中国台湾厂商与美国经销商的默契合作下，这笔生意被中国台湾厂商抢走了。他们采取了中国台湾生产的商品挂上美国商标的推销方法。中国台湾的自行车厂家由于对美国市场不太了解，不想为自己的商标花重金进行广告宣传，于是决定将自行车直接以出厂价供给美国的经销商，美国经销商再将这些自行车运回美国，打上自己的商标然后出售。这种自行车价格低且质量可靠，很快在市场上打开了销路。到 1986 年，这种自行车在美国的销售量达 580 万辆。

雷利公司不仅失去了欧美的自行车市场，而且也失去了一些非洲国家的自行车市场。以往，尼日利亚年平均进口雷利自行车都达数万辆，1986 年以后，英国与尼日利亚两国关系日渐恶化，尼日利亚政府对英国设置贸易壁垒，从而使雷利自行车无法进入这一市场。祸不单行，两伊战争爆发，昔日雷利自行车的另一大买主——伊朗出于战争原因，几乎全部停止了雷利自行车的进口，此外，往日的财政困难、产品积压、人员过剩等一系列问题日趋严重，使得雷利自行车出口日趋困难。

【实训任务】

1. 分析各种环境对雷利自行车的影响，并根据你对未来环境发展变化趋势的判断，提出对自行车行业发展的建议。

2. 雷利自行车衰落的原因是什么？它给了我们哪些启示？

章节练习题

1. 试述国际市场营销环境的分析思路？
2. 影响国际市场营销的社会文化环境因素有哪些？
3. 试述互联网对国际市场营销的影响。
4. 试述国际市场营销环境中的可控因素。
5. 简述国际商业纠纷的解决途径。

第四章 国际市场调研

学习目标

1. 了解国际市场调研的内容
2. 熟悉国际市场调研的步骤
3. 理解国际市场调研的方法
4. 掌握开展国际市场调研的基本能力

项目引例

迪斯尼集团国际市场调研失败案例分析

国际市场调查失误的事情可不是只会发生在中小企业身上，知名的跨国公司同样会犯。

1984 年美国迪斯尼集团走出跨国经营的第一步，采用向日方转让技术收取转让费和管理费的进入方式，由日方投资建造经营东京迪斯尼乐园，结果大获成功，利润远远超出预期。这使迪斯尼非常后悔没有采取合资的方式经营，因为这样可以挣到更多。1992 年，迪斯尼集团采取股份合作的方式到巴黎开办第二个国外迪斯尼乐园，既有东京乐园的经验，又有占有股权所带来的经营管理上相当大的控制力，巴黎乐园的经营收入想必会相当可观，然而巴黎乐园的经营成果至今并不理想，一直处于亏损状态。这又使得迪斯尼非常后悔采取了股权控制的合作方式，如果采取许可经营转让一类的方式，损失会少得多。

（资料来源：《企业观察报》）

启示：

迪斯尼集团在欧洲市场的调研失败案例为我们提供了宝贵的经验和教训。在未来的国际市场扩张过程中，迪斯尼集团应更加注重跨文化管理、准确的市场调研、灵活的定价策略、遵守当地法律及加强危机公关处理等方面的工作。

任务一　国际市场调研的内容

市场尤其是国际市场充满了风险。在跨国经营中，环境分析、市场调研和风险评估至关重要。很多企业经营失败往往源于对这些因素的忽视。企业只有全面深入调研、细致分析环境、科学评估风险，才能在多变市场中取得成功。在全球化趋势下，国际市场调研对国际商务活动至关重要。由于国际市场营销环境的差异，国际市场调研比国内复杂，因而了解国际市场调研的过程和方法变得非常迫切。

国际市场调研是科学收集、记录和分析国际市场信息的过程，旨在帮助企业理解市场环境，评估企业行为，为企业的国际营销决策提供依据。调研是营销管理的辅助工具，需针对具体问题设计实施。它涉及多学科知识，需运用现代科技手段进行深入研究。调研方法多样，企业应根据需求和预算来选择。调研结果是制定国际营销策略的依据，能帮助企业了解市场需求和趋势，以及评估市场地位和竞争力。国际市场调研内容包括市场需求容量调研、可控和不可控因素调研等。

一、市场需求容量调研

市场需求容量调研主要包括市场规模调研、消费者需求调研和市场细分调研。市场规模调研指估计目标市场的总体规模和潜在增长趋势。消费者需求调研即了解消费者的需求特点、购买行为、偏好及消费趋势。市场细分调研指根据消费者的不同特征（如年龄、性别、地域、收入等）将市场细分为不同的子市场，并分析各子市场的需求和特点。

二、可控因素调研

可控因素调研主要包括对产品、价格、销售渠道和促销方式等因素的调研。

（一）产品调研

它包括评估企业的产品或服务是否适应目标市场的需求和习惯；了解产品在目标市场上的生命周期阶段，以便制定合适的产品策略；寻找产品创新的机会，以满足目标市场的新需求或改进现有产品。

（二）价格调研

它包括定价方法调研、价格竞争调研，旨在了解目标市场的定价方法和价格水平，以便制定合适的价格策略；了解竞争对手的价格策略，以便在价格竞争中保持竞争优势。

（三）销售渠道调研

它包括分销渠道结构调研、分销渠道效率调研、分销渠道策略调研，目的是了解目标市场的分销渠道结构，包括批发商、零售商、代理商等；评估各分销渠道的效率和效果，以便选择合适的分销渠道；制定有效的分销渠道策略，以确保产品能够顺利进入目标市场。

（四）促销方式调研

它包括了解目标市场的广告媒体选择、广告效果和广告费用等情况。此调研是为了研究目标市场的销售促进手段和方法，如折扣、赠品、优惠券等；评估目标市场的人员推销效果，以及是否需要调整推销策略。

三、不可控制因素调研

不可控制因素调研是市场调研的一个重要方面，关注的是那些企业无法直接控制但可能对业务产生显著影响的外部因素。这些不可控制因素通常包括宏观经济环境、政策法规、社会文化环境、技术进步等。

（一）宏观经济环境调研

（1）国内外经济形势：了解国内外经济增长率、通货膨胀率、失业率等关键经济指标，分析经济形势对企业业务的影响。

（2）汇率和利率：关注汇率和利率的变动趋势，分析它们对企业进出口、融资成本等方面的影响。

（3）国际贸易环境：了解国际贸易政策、关税壁垒、贸易摩擦等情况，评估它们对企业出口业务的影响。

（二）政策法规调研

（1）行业法规：关注与企业业务相关的行业法规和政策变化，如环保政策、税收政策等，分析它们对企业运营和成本的影响。

（2）知识产权法规：了解知识产权法规的变动趋势，评估它们对企业技术创新和市场竞争力的影响。

（3）国际贸易法规：关注国际贸易法规的变动，如 WTO 规则、双边贸易协定等，分析它们对企业出口业务的影响。

（三）社会文化环境调研

（1）人口结构：了解目标市场的人口结构变化，如年龄分布、性别比例、教育水平等，分析它们对消费者需求的影响。

（2）消费习惯：研究消费者的消费习惯变化，如购物方式、品牌偏好等，以便企业调整营销策略。

（3）文化差异：关注不同国家和地区之间的文化差异，以制定符合当地市场需求的营销策略。

（四）技术进步调研

（1）新兴技术：关注新兴技术的发展趋势，如人工智能、区块链、物联网等，分析它们对企业业务的影响和潜在机遇。

（2）技术创新速度：了解技术创新的速度和频率，以便企业及时调整技术战略以保持竞争力。

（3）技术法规和标准：关注技术法规和标准的变化，以确保企业产品或服务符合相关要求。

任务二　国际市场调研的步骤

国际市场调研是一项有序的活动，包括下面几个关键阶段。

一、确定调研目标

首先，明确调研的目的，如了解全球市场的整体趋势、洞察竞争对手的情况、发现新的商机等。接着制定具体的调研目标，这有助于企业制订更为精准的调研计划。

二、收集信息

确定为实现目标所需要的信息来源，包括一手资料和二手资料。通过多种途径收集数据，如通过调查问卷、在线访谈、实地考察等方式收集客户和潜在客户的信息。利用专业媒体、行业报告等途径收集行业和市场信息。研究竞争对手的产品、定价、营销策略等信息，从而获取相关信息。

数据收集方法分为一手资料收集和二手资料收集两种。二手资料收集指查阅行业报告、政府统计数据、学术研究成果等。一手资料收集有三种方式：问卷调查，设计问卷并发放给目标客户群体，获取他们对市场、产品、竞争对手等方面的看法；访谈，选择具有代表性的消费者、行业专家、经销商等进行深度访谈；实地考察，亲自前往目标市场，观察消费者的购买行为、与商家交流等。

三、资料整理与分析

对收集到的数据进行整理、分类和筛选，确保数据的有效性和准确性。利用统计软件或其他分析工具对数据进行深入分析，发现数据中的规律和趋势。结合市场背景、行业趋势等信息，对数据进行解读和评估。

四、总结与报告

根据分析结果撰写调研报告，报告应包含调研目标、方法、数据分析和结论等部分。报告应简洁明了、重点突出，便于企业管理层理解和使用。最后，将调研报告提交给相关部门或领导，以供决策参考。

五、后续跟踪与评估

调研结束后，继续关注市场变化和发展趋势，对调研结果进行验证和评估。根据市场反馈和实际情况，对调研报告进行修订和完善。将调研结果应用于企业实际运营中，调整市场策略、优化产品组合等。

通过以上步骤，企业可以全面了解国际市场的现状和发展趋势，为制定有效的市场策略提供有力支持。同时，这些步骤也具有一定的灵活性和可扩展性，企业可以根据自身需求进行适当调整和优化。

任务三　国际市场调研的方法

国际市场调研对于企业进入新市场或扩展现有市场至关重要，它可以帮助企业理解目标市场的文化、法律、经济状况、消费者行为、竞争格局，以及市场机会和风险。国际市场调研的方法主要可以分为两大类：案头调研（Desk Research）和实地调研（Field Research）。

一、案头调研

案头调研是一种常用的市场调研方法，它主要依赖对现有文献、报告、统计数据等二手资料的收集和分析来获取市场信息。案头调研通常在企业初步了解市场情况、确定调研目标和范围、制订实地调研计划等阶段发挥重要作用。以下是案头调研的主要步骤和注意事项。

（一）案头调研的主要步骤

1. 明确调研目标和问题

在进行案头调研之前，首先需要明确调研的目标和问题。这有助于确定需要收集哪些类型的二手资料，以及如何分析这些资料以回答调研问题。

2. 收集二手资料

（1）内部资料：包括企业的销售报告、客户反馈、市场分析报告等。

（2）公开出版物：如行业报告、市场研究报告、学术期刊、专业书籍等。

（3）政府机构资料：如国家统计局、海关、商务部等政府机构发布的统计数据和政策文件。

（4）行业协会和商会资料：这些组织通常会发布行业报告、市场趋势分析等信息。

（5）互联网资源：包括搜索引擎、专业网站、社交媒体等，可以获取大量的市场信息和客户评价。

3. 筛选和整理资料

收集到大量二手资料后，需要进行筛选和整理。这包括去除重复信息、筛选出与调研目标相关的资料，并按照一定的逻辑顺序进行分类和整理。

4. 分析资料

对筛选和整理后的资料进行深入分析，以回答调研问题。分析方法包括描述性统计分析、趋势分析、对比分析等。此外，还可以使用专业的数据分析工具进行数据挖掘和可视化展示。

5. 撰写调研报告

将分析结果以报告的形式呈现出来，包括调研目标、方法、数据来源、分析过程和结论等部分。报告应简洁明了、重点突出，便于企业管理层理解和使用。

（二）案头调研的注意事项

1. 确保资料的准确性和可靠性

在选择二手资料时，要关注数据来源的权威性和可靠性，避免使用不准确或误导性的信息。

2. 综合考虑多种资料

不同来源的资料可能存在差异或矛盾，需要综合考虑多种资料以获取更全面的市场信息。

3. 结合实地调研

案头调研虽然可以提供大量市场信息，但可能无法深入了解目标市场的具体情况。因此，在进行案头调研的同时，还需要结合实地调研来验证和补充调研结果。

4. 不断更新和完善

市场环境和客户需求在不断变化，因此需要不断更新和完善案头调研的结果，以保持对市场动态的敏锐洞察。

总之，案头调研是一种有效的市场调研方法，可以帮助企业初步了解市场情况、确定调研目标和范围、制订实地调研计划等。在进行案头调研时，需要明确调研目标和问题、收集二手资料、筛选和整理资料、分析资料并撰写调研报告。同时，还需要注意确保资料的准确性和可靠性、综合考虑多种资料、结合实地调研，以及不断更新和完善调研结果。

二、实地调研

实地调研是一种直接收集目标市场第一手信息的调研方法，企业可以通过直接观察、访谈、问卷调查等手段，深入了解目标市场的实际情况、消费者需求、竞争对手状况等。实地调研是国际市场调研中非常重要的一个环节，因为它能够为企业提供更为准确、具体和深入的市场信息。以下是实地调研的主要步骤和注意事项。

（一）实地调研的主要步骤

1. 明确调研目标和问题

在进行实地调研之前，需要明确调研的目标和问题。这有助于确定需要收集哪些类型的信息，以及如何设计调研方法和工具。

2. 制订调研计划

（1）选择调研区域：根据企业的市场定位和战略目标，选择具有代表性的区域进行调研。

（2）确定调研对象：明确需要调研的消费者群体、行业专家、竞争对手等。

（3）设计调研方法：根据调研目标和对象，设计合适的调研方法，如观察法、访谈法、问卷调查法等。

（4）制定调研时间表：合理安排调研时间和进度，确保调研工作能够按时完成。

3. 选择调研方法

（1）观察法：通过实地观察目标市场的环境、消费者行为、竞争对手情况等，收集相关信息。

（2）访谈法：与目标市场的消费者、渠道伙伴、行业专家等进行面对面或电话访谈，了解他们的需求和看法。

（3）问卷调查法：设计问卷并发放给目标市场的消费者或企业，收集他们对产品、服务、价格、品牌等方面的看法和反馈。

4. 整理和分析数据

将收集到的数据进行整理、分类和统计分析，以发现市场趋势、消费者需求、竞争对手状况等。利用专业的数据分析工具，可以更深入地挖掘数据中的价值。

5. 撰写调研报告

将分析结果以报告的形式呈现出来，包括调研目标、方法、数据来源、分析过程和结论等部分。报告应简洁明了、重点突出，便于企业管理层理解和使用。

（二）实施调研的注意事项

1. 尊重当地文化和习惯

在进行实地调研时，要尊重当地的文化和习惯，避免引起不必要的误解或冲突。

2. 确保调研数据的真实性和准确性

在收集数据时，要确保数据的真实性和准确性，避免数据错误或误导导致决策失误。

3. 遵守法律法规和道德规范

在进行实地调研时，要遵守当地的法律法规和道德规范，不得进行违法或不道德的行为。

4. 保护受访者隐私

在收集受访者信息时，要保护他们的隐私和权益，不得泄露他们的个人信息或将信息用于不正当用途。

总之，实地调研是国际市场调研中不可或缺的一个环节。通过直接观察、访谈、问卷调查等手段，可以深入了解目标市场的实际情况和消费者需求，为企业制定市场策略提供有力支持。在进行实地调研时，需要明确调研目标和问题、制订调研计划、选择合适的调研方法、整理和分析数据，并注意遵守相关法律法规和道德规范等事项。

三、委托调研

委托调研是企业或组织为了获取特定市场、行业或产品等方面的信息，委托专业机构或个人进行的调研活动。以下是关于委托调研的主要步骤和注意事项。

（一）委托调研的主要步骤

1. 明确调研需求

企业或组织首先需要明确自身的调研需求，包括调研的目的、范围、时间、预算等。调研需求应具体、明确，以便后续选择合适的调研机构和制订调研计划。

2. 选择合适的调研机构

根据调研需求，选择具有专业能力和丰富经验的调研机构，应考虑调研机构的资质、口碑、案例、价格等因素，确保选择的调研机构能够满足企业的需求。

3. 签订委托合同

与调研机构签订正式的委托合同，明确双方的权利和义务。合同应详细规定调研的内容、方法、时间、费用、保密条款等。

4. 提供必要的信息和资料

企业或组织应向调研机构提供必要的信息和资料，如产品资料、市场背景、竞争对手情况等。这些信息和资料有助于调研机构更好地了解企业和市场，制定更准确的调研方案。

5. 实施调研

调研机构根据合同规定，采用合适的方法和技术手段进行调研。调研过程中，企业或组织应积极配合，提供必要的支持和协助。

6. 接收和分析调研结果：

调研机构完成调研后，向企业或组织提交调研报告。企业或组织应对调研报告进行认真分析和研究，以便更好地了解市场和消费者需求，制定更有效的市场策略。

（二）委托调研的注意事项

1. 明确调研目标和问题

在开展委托调研前，调研机构应明确调研要达到的目的和期望结果，确保调研方向与委托方的实际需求相符。

2. 建立畅通的联系沟通机制

双方应指定业务对接人及分管领导，确保沟通顺畅，意见一致。

3. 设计科学合理的调研方案

调研机构应从统计调查专业角度出发，设计调研方案，包括抽样方法、指标设定、调查问卷等。调研方案应充分贴合委托方的需求和意图，确保调研结果具有实用性和针对性。

4. 实施调研并监控质量

调研机构应建立质量追溯机制，实行组长负责制，确保调查过程和数据质量符合要求。

5. 注意保密与伦理规范

在调研过程中，调研机构应遵守相关的伦理规范和法律法规，确保调研活动的合法性和正当性。

通过以上主要步骤和注意事项的详细阐述，希望能够帮助企业或组织更好地进行委托调研活动，获取更准确、更全面的市场信息，为企业的决策和发展提供有力支持。

【案例 4－1】

花王如何捕捉真正的需求

日本市场已经进入饱和状态，各种类型的产品一应俱全，研制畅销商品是一件极难的事情，多数企业的市场战略是对现有产品进行更新换代和市场促销。然而，花王却采取了另一种市场战略。他们认为，市场永远存在机会，消费者的需求在不断变化，现在企业之间的竞争就看谁能发现需求的新趋势和新特点。为此，花王专门成立了“生活科学研究所”，从企业各处调来上百名经济专家和市场调研的能手，总经理常对他们说：“你们的工作就是挖掘和发现新的需求，你们要为整个企业的发展迈出关键的第一步。”研究所每年都要定期根据不同的年龄层发放调查问卷，问答项目达几百个，而且十分具体。他们把回收的各种答案存入计算机，用于新产品的开发。现在，研究所每个月要增加近一万条来自消费者的信息。另一层次的调查是邀请消费者担当“商品顾问”，让他们试用花王的新产品，要求他们“鸡蛋里挑骨头”，从他们那里收集各种改进的意见。

花王担心“商品顾问”有时也会提供不真实的信息，于是，研究所的市场调查人员经常亲自逛市场，“偷听”消费者购买花王商品时的对话，或者干脆装扮成消费者，四处探听店员和顾客对花王的意见。他们的目的只有一个，那就是一定要收集到真正准确的信息，而不是虚假的赞誉。

来自消费者的信息成千上万，针对如何分析研究，取其精华，花王有其独特的方法。他们把所有信息分为两类，一类是期望值高的信息，即希望商品达到某种程度或希望生产某种新产品，另一类是具体的改进建议。花王十分重视前者，这类信息虽然没有具体意见，甚至很模糊，却反映了消费者的期望，这是新产品开发的重要启示，而具体的改进意见一旦和高期望值信息结合起来，则能起到锦上添花的作用。

在日本市场最畅销的产品——“多角度清扫器”就是这两类信息结合的产物。清扫用具市场迄今一直是笤帚和吸尘器的天下，但花王在调查中发现，消费者不仅对笤帚早已不满意，而且对吸尘器也颇有微词，比如后盖喷气使灰尘扬起，电线妨碍其不能自由移动，最麻烦的是一些角落、缝隙、床底很难清扫，消费者多次反映希望有一种能伸到任何地方进行清扫的用具。花王研究所集中了上百条有关信息，经过研究分析，提出了新产品的基本概念，即多角度、无电线、不喷气、轻便等。几个月以后，新型的“多角度清扫器”终于问世，其销售量突飞猛进，成为当年消费市场上最“火”的话题。

（资料来源：雪球网）

关键术语

国际市场调研、案头调研、实地调研、委托调研

项目实训

【实训情境】

（1）您的性别：

A. 男　　B. 女

（2）您对现在的手机满意吗？

A. 满意　　B. 一般　　C. 不满意

（3）您喜欢用手机吗？

A. 喜欢　　B. 不喜欢

（4）您更换手机的原因是什么？

A. 质量出现问题　　B. 样式陈旧　　C. 功能少　　D. 其他

（5）如果您想更换手机，预期价位是多少？

A. 1000 元以下　　B. 1000～3000 元　　C. 3000～5000 元　　D. 5000 元以上

（6）您购买手机时，什么促销活动最能让您决定购买？

A. 积分积点　　B. 买赠活动　　C. 代金券　　D. 抽奖

（7）您一般通过什么渠道了解手机的相关信息？

A. 直接去手机卖场　　B. 上网查询　　C. 报纸杂志　　D. 其他

（8）您最喜欢的手机设计风格是什么？

A. 小巧玲珑　　B. 时尚前卫　　C. 高贵典雅　　D. 个性张扬

（9）您喜欢什么颜色系列的手机？

A. 闪光系列　　B. 黑白系列　　C. 银灰系列　　D. 其他

（10）您喜欢的手机外壳材质是什么？

A. 纯轻金属　　B. 纯硬塑胶　　C. 金属塑胶混合

（11）您喜欢什么款式的手机？

A. 直板　　B. 折叠　　C. 其他

（12）您喜欢手机摄像头的设计是什么？

A. 机体前后有摄像头　　B. 机体单后有摄像头

C. 扭转式摄像头

（13）除了拨打电话和发短信功能，对您最重要并常用的功能是（可多选）：

A. 拍照　　B. 游戏　　C. 蓝牙　　D. 上网

E. 数码摄像　　F. 播放音乐

（14）请描述您最喜欢的手机的样子、功能等____________

【实训任务】请一位学生宣读调查问卷，然后分小组讨论，指出问卷中的问题并提出修改意见。

章节练习题

1. 国际市场调研的主要任务是什么？
2. 国际市场调研主要包括哪些调研内容？
3. 一个完整的国际市场调研方案应包括哪些内容？
4. 实地调研常用的方法有哪些？如何进行案头调研？
5. 如何选择合适的国际市场调研代理机构？

第三单元

发展国际市场营销战略

第五章 国际市场营销的STP战略

学习目标

1. 了解目标顾客对产品的需求特征和评价标准，以及影响他们购买行为的产品特征

2. 熟悉竞争者的市场定位及其竞争优势

3. 掌握企业自身的潜在竞争优势，包括比较优势和核心竞争力，并能够从产品、服务、人员、渠道及形象五个方面挖掘与竞争对手不同的竞争优势

4. 理解如何选择竞争优势与定位战略，以及如何准确沟通及传播企业的定位，确保市场定位目标的实现

项目引例

麦当劳市场细分与定位分析

麦当劳是全球最大的快餐连锁企业之一，以其标志性的金色拱门和优质的快餐产品而闻名。本引例将对麦当劳的市场细分与定位进行分析，以揭示其成功的关键因素。

1. 市场细分

（1）地理细分

根据地理位置，麦当劳将市场分为城市、乡村和旅游景点等不同地区。城市地区是麦当劳最主要的市场，因为城市人口密度较高，消费者对快餐的需求也更大。

（2）人口细分

麦当劳根据不同人群的特征进行市场细分，如年龄、性别、收入和职业等。针对不同年龄段的消费者，麦当劳推出了儿童套餐和年轻人喜爱的汉堡套餐，以满足不同人群的需求。

（3）行为细分

麦当劳还将市场细分为经常光顾和偶尔光顾两类消费者。经常光顾的消费者是麦当劳的忠实顾客，他们对品牌有较高的忠诚度，并且经常选择麦当劳作为就餐地点。

偶尔光顾的消费者则更加随意，可能是因为特定的促销活动或者地理位置方便而选择麦当劳。

2. 市场定位

（1）差异化定位

麦当劳通过提供独特的产品和服务来实现差异化定位。例如，麦当劳推出了早餐套餐，以满足早上喜欢吃快餐的消费者需求。此外，麦当劳还引入了自助点餐机和外卖服务，以提高顾客的就餐体验。

（2）品牌形象定位

麦当劳的品牌形象定位在全球范围内都非常明确，即“快乐、便捷、经济”。麦当劳的标志性拱门和快乐的吉祥物麦当劳叔叔成了品牌的代表，给消费者带来了愉悦和快乐的感受。此外，麦当劳还注重提供经济实惠的产品，以吸引更多的消费者。

（3）社会责任定位

麦当劳在市场定位中强调了社会责任，例如推出了健康餐选项和环保包装等措施。这种社会责任定位使得消费者对麦当劳的品牌更加信任和认可。

3. 市场分析

（1）竞争对手分析

麦当劳的主要竞争对手包括肯德基、汉堡王和星巴克等。这些竞争对手在快餐行业中占有一定的市场份额，他们通过推出新产品、提供更好的服务和开设更多的门店来与麦当劳竞争。

（2）消费趋势分析

随着人们生活节奏的加快和快餐文化的普及，消费者对快餐的需求不断增加。同时，消费者对健康和营养的关注也在不断提高。因此，麦当劳应不断创新，推出更加健康和多样化的产品，以满足消费者的需求。

（3）市场增长潜力分析

尽管麦当劳已经在全球范围内建立了广泛的门店网络，但仍然存在市场增长的潜力。特别是在发展中国家，由于经济增长和城市化进程加快，消费者对快餐的需求将继续增长。

（资料来源：百度文库）

启示：

通过市场细分和定位分析，我们可以看出麦当劳成功的关键在于准确把握消费者的需求，并通过差异化定位和品牌形象的建立来吸引消费者。同时，麦当劳还注重社会责任，提供健康和环保的产品，赢得了消费者的信任和认可。随着消费者对快餐的需求不断增加，麦当劳仍然具有市场增长的潜力，需要不断创新和提高服务质量，以保持其在快餐行业的领先地位。

任务一　国际市场细分

在世界范围内，不同的国家在经济、文化和政治各方面存在很大差异，这意味着消费群体的需要也存在较大差异。受到企业资源的限制，一个企业很少能在国际市场的所有层次上经营，它们必须明白满足何种顾客的何种需要是有利可图的。为了更有效率地实现企业的经营目标，一个关键的步骤是对国际市场进行细分。

一、国际市场细分的概念和类型

国际市场细分是指企业按照一定的细分标准，把原有的国际市场分割为两个或两个以上的子市场并以此确定目标市场的过程。其中，每个子市场都具有相同或相似的需求特征；不同细分市场之间的需求差别比较明显；在同一个细分市场内部，需求差别显得比较细微。自 20 世纪 50 年代中期温德尔・史密斯（Wendell R. Smith）提出市场细分概念以来，企业纷纷跳出旧市场观念的束缚，把注意力集中于消费需求的多样性上。特别是“卖方市场”逐步转变为“买方市场”，对营销活动的针对性提出了更高要求。

国际市场细分包括宏观和微观两个层面。宏观国际市场细分探讨的是，在众多的国家中，企业选择哪个或者哪些国家作为目标市场是能获得回报的。这时候用到的多是涉及宏观因素的细分变量。微观国际市场细分类似于经典的市场细分概念，指的是在企业已经进入某些国家后，对于这些国家的消费群体所进行的进一步细分。微观国际市场细分是宏观国际市场细分的进一步拓展。例如，宜家在亚洲市场选择中国市场作为目标国市场，此为宏观细分后的目标市场选择；在中国市场，它的目标顾客主要锁定家庭月平均收入在 3350 元以上的工薪客户群体，此为微观细分后的目标市场选择。

二、国际市场细分标准

细分国际市场可以采用的变量众多。在实践中，一个企业可以用单个变量进行细分，也可以选用多个变量加以组合进行细分。无疑，后者能更加细致地反映真实的市场结构，但是变量数量的增加也带来了研究费用及难度的上升。企业应根据其国际化经营的成熟程度及所处行业等多种因素，综合考虑选择合适的变量进行国际市场细分。

（一）宏观层面的细分标准

1. 经济状况细分

因为市场的本质是具有购买力的人群，所以宏观经济因素是进行国际市场细分最为直观的依据。经济学中常用指数 GNP 来反映一国居民的收入水平。世界银行依据 GNP 将世界各国划分成四个类别。其中，人均 GNP 低于 1036 美元的国家，被归为“低收入国家”；人均 GNP 在 1036 美元到 4045 美元的，被归为“中等偏低收入国家”；

人均 GNP 在 4046 美元到 12535 美元的，被归为“中等偏上收入国家”；人均 GNP 超过 12535 美元的，被归为“高收入国家”。

上述细分方法能迅速对世界市场加以划分，但也很粗糙，往往不宜单独使用。很明显，对于一个贫富悬殊的国家，用这种方法进行简单归类会得出错误的结论。GNP 的计算与汇率关系密切，用来解释两个相似国家的购买力时，可能得出不一致的结果。另外，这种细分方法的本质是基于购买力决定消费的假设。事实上，消费行为是多种因素作用的结果，如文化因素。拿黄金来说，世界上消费黄金最多的国家并非美国和欧洲那些富有的发达国家，而是印度。印度的经济水平并不属于世界前列，却消费了最多的贵金属，这与印度的文化习俗是密切相关的。印度的女子在出嫁时会购买大量的黄金首饰，以至于国际黄金市场价格会因为每年印度结婚旺季的到来而发生波动。

2. 地理细分

一般说来，地理上毗邻地区的文化背景和消费行为存在着较多相似性，很多时候可以视为一个同质市场。另外，区域经济合作的发展使得这种同质的程度有上升的趋势。更重要的是，这种细分方法考虑到了管理上的便利性。设想如果把中国、南非和冰岛归在一起，由于信息和运输的障碍，将会给营销管理造成巨大的不便和低效率。但这种按地理因素的细分也并不总是合理的。如菲律宾和新加坡同处东南亚地区，但是两国的市场情况截然不同。截至 2023 年，新加坡公民和永久居民约为 407 万，华人约占 74%，其余为马来人、印度人和其他种族；经济属于外贸驱动型，以电子、石油化工、金融、航运、服务业为主，服务业为经济增长的龙头产业，高度依赖美国、日本、欧洲和周边国家市场，外贸总额是 GDP 的四倍。菲律宾人口约为 1.17 亿，是一个多民族国家，马来族占全国人口的 85%以上；菲律宾自然资源丰富，实行出口导向型经济模式，服务业、工业和农业产值分别占国内生产总值的 47%、33%和 20%。由此，新加坡和菲律宾的差异可见一斑。所以地理上的临近并不必然会为国际营销活动提供同样的市场机会。

【案例 5－1】

麦当劳的国际宏观市场细分

麦当劳，这一国际餐饮界的佼佼者，起源于 20 世纪 50 年代的美国。彼时，其创始人敏锐地捕捉到美国经济高速发展的时代背景下，工薪阶层对于便捷、高效餐饮服务的迫切需求，并精准地把握了细分市场的特征，对产品进行了精准定位，从而一举获得了巨大的成功。

时至今日，麦当劳已发展成为全球餐饮业的领军企业，其在 109 个国家拥有超过 2.5 万家的连锁店，年营业额更是突破 34 亿美元。回顾麦当劳的辉煌历程，我们不难发现，其始终将市场细分置于至关重要的地位。正是这一战略决策，使得麦当劳能够在竞争激烈的餐饮市场中脱颖而出，取得了举世瞩目的辉煌成就。

在宏观市场细分层面，麦当劳涵盖了美国国内市场与国际市场两大板块。无论是美国国内还是国外，均存在各自独特的饮食习惯和文化底蕴。麦当劳实施地理细分策略，主要聚焦于对各区域间差异性的深入分析，诸如美国东西部民众在咖啡口味偏好上的显著差异。通过将市场细化为不同地理单元，麦当劳得以精准开展经营活动，并实现因地制宜的市场布局。

每年，麦当劳均投入大量资金用于开展深入且严谨的市场调研工作，旨在全面探究各地人群结构、文化习俗等多方面因素。基于这些调研成果，麦当劳撰写详尽的细分报告，以确保针对每个国家乃至每个地区制定出的营销策略均能够贴合当地生活方式。

以中国市场为例，麦当劳在初入中国市场时，曾广泛传播美国文化与生活理念，并试图通过美国式产品——牛肉汉堡，来赢得中国消费者的青睐。然而，在实际运营过程中，麦当劳发现中国消费者对于鸡肉产品有着更为深厚的喜爱，相较于其他洋快餐品牌，鸡肉产品更符合中国消费者的口味偏好，也更容易被市场所接受。因此，麦当劳及时调整了市场策略，推出了鸡肉产品。这一转变正是基于地理要素所做出的重要决策，有力推动了麦当劳在中国市场的快速发展。

（资料来源：百度文库）

3. 文化细分

国际市场营销实践中常用的假设是，对于具有相似文化背景的国家可以采用相似的市场营销策略。消费行为是生活方式的一部分，而生活方式受到文化的巨大影响。如何将文化这个比较抽象的概念用于细分国际市场，霍夫斯泰德（Geert Hofstede）的研究提供了帮助，他把文化因素归结为五个维度，即权力距离、不确定性的规避、个人主义、男权主义和长期导向，从而为文化的分类提供了一些依据。

权力距离指组织或机构（比如家庭）中处于权力劣势的成员对于权力的不平等分配的接受程度和预期，它的大小可以用PDI（Power Distance Index，PDI）来表示。对这个维度的定义是自下而上的，也就是说这种不公平的水平是被全部成员而不仅仅是领导者所承认的。在一些社会中如果决策的权力集中于少数人手中，而其他成员仅仅执行这些决策，则被称为具有较大的权力距离。

不确定性的规避（Uncertainty Avoidance Index，UAI）指的是一个社会对于不确定性和模糊性的容忍程度，其含义最终指向人们对真理的追求。这个维度暗示了特定文化背景下的成员会在何种程度上对非结构化的情形感到不自在。非结构化的情形是指那些新的、未知的、惊异的、不同寻常的情形。不确定性规避的文化通过严格的法律、安全措施来使这些非结构化情形发生的可能性最小化。人们倾向于制定长期规划，建立变化的缓冲措施。与之对应的是，不确定性接受的文化反倒对不同的观点和情况持包容态度，因为人们的观念中对变革较为容易接受，不会对未来的变化表现出过分不安。

个人主义（Individualism，IDV）指个人在何种程度上参与到群体中。在个人主义盛行的社会中，每个人倾向于照顾本人和各自的家庭，人际关系较为松散。在集体主义盛行的社会中，个体从出生开始就卷入了强有力的群体之中，对于无条件的忠诚也较为接受。个人主义从本性上来说更加鼓励竞争性，而集体主义下的人们进行民主化决策的可能性更大，体现出更多的协作性。

男权主义（Masculinity，MAS）指针对不同性别之间的角色分配问题。男性价值观与女性价值观是不同的，前者强调果敢和竞争，而后者强调保守和关怀。男权主义社会强调以男性的价值为主流，而女权主义社会带有非常明显的女性价值观。

长期导向（Long-Term Orientation，LTO）指的是，在一种文化中，与美德相比，对真理有更执着的追求。这种“规律”的影响是长期的和广泛的，如对于传统的尊重、追求社会目标的实现和维护个人的“面子”。这种长期导向在孔孟文化盛行的国家是非常明显的。

霍夫斯泰德提出的这五个维度可以作为细分国际市场的变量，但是这将把世界分为很多个群体，工作量较大。

4. 宗教细分

在大多数国家中，宗教对人们的饮食、着装和消费行为等生活方式有着重要的影响。市场营销活动必须适应目标消费群的生活方式，因而宗教也可以被用作国际市场细分的一个标准。

世界范围内有三大宗教，即基督教、伊斯兰教和佛教，另外还包括一些区域性的宗教，如印度教。对于这些宗教的信徒，宗教对其生活方式的影响非常深刻。

当然，决定是否以宗教作为细分标准还要看营销活动受宗教影响的程度大小。即便是信奉同一种宗教的国家，很多时候也难称得上是同质的市场，如法国和菲律宾都是信奉基督教的国家，而其市场特点却相差甚远。因而在实践中，宗教往往不能作为单一的细分标准。迷信虽不属于宗教，但是其对消费行为的影响也较大。如道教中风水的概念对于房地产市场有很大影响，迷信风水的人一般对房屋的建筑结构和方位有着特殊的要求。还有一些长期以来的认识，包括中国和日本等国家往往把数字 4 看做不祥的代表，因为 4 与“死”发音相近；老上海人在探望病人时很忌讳送苹果，因为其读音在上海方言里面与“病故”相近。

【案例 5－2】

麦当劳的国际微观市场细分

1. 根据人口要素细分市场

麦当劳在微观市场细分方面展现出了卓越的能力。一般而言，人口细分市场主要依据年龄、性别、家庭规模、生命周期阶段、收入水平、职业背景、教育程度及国籍等关键变量，将市场划分为多个具有共性的消费群体。麦当劳则主要聚焦于年龄及生命周期阶段这两个维度进行市场细分。具体来说，麦当劳将未达到法定驾驶年龄的人群定义为少年市场，将20至40岁的消费群体界定为青年市场，并特别设立了老年市场。在明确了各个人口细分市场之后，麦当劳进一步深入分析每个市场的独特特征与定位，以确保精准满足各类消费者的需求。

例如，麦当劳始终坚持以孩子为核心消费者，并致力于培养他们的消费忠诚度。为此，麦当劳在餐厅内为用餐的小朋友提供印有品牌标志的气球、折纸等精美小礼物，以增强品牌亲和力。此外，在中国市场，麦当劳还设立了麦当劳叔叔俱乐部，专为3至12岁的小朋友提供丰富多彩的活动，进一步加深他们对麦当劳品牌的喜爱与认同。这种精准的人口细分市场策略，使麦当劳成功抓住了目标市场的特征与定位，实现了品牌的持续发展与壮大。

2. 根据心理要素细分市场

在心理要素细分市场方面，快餐业通常存在两个潜在的细分市场：方便型与休闲型。麦当劳在这两个市场领域均具有出色的表现。针对方便型市场，麦当劳提出了“59秒快速服务”的理念，确保顾客从点餐到取餐离开柜台的整个过程不超过1分钟，极大地提升了服务效率与顾客满意度。同时，针对休闲型市场，麦当劳在餐厅环境布置上同样下足了功夫。麦当劳力求为顾客营造一个舒适、自由的用餐环境，使顾客能够在这里享受到独特的文化氛围与休闲体验。通过不断提升餐厅的文化内涵与休闲氛围，麦当劳成功吸引了大量休闲型市场的消费者，进一步巩固了其在快餐行业的领先地位。

（资料来源：百度文库）

（二）微观层面的细分标准

微观层面的国际市场细分可以理解为对目标国内部所进行的一般意义上的市场细分，因而可以应用营销学中传统的细分标准。一般认为，微观层面包括消费者市场和企业市场两种类型，所适用的细分变量有所不同。

1. 消费者市场的细分标准

（1）地理细分。在微观层面再次提到地理细分，是基于国家内部不同地域间的需求偏好和习惯上的差异性，这一点对于幅员辽阔的国家尤为重要。如美国市场，其东北部和西南部的需求往往体现出一定差异。东北部是老工业基地和商业、金融较为发达的地区，生活节奏较快；而西南部是“阳光地带”，是休闲度假和旅游业较为发达的地区，居民的生活方式比较乡村化，生活节奏较慢。

（2）人文细分。人文细分是区分消费者群体最常用的手段之一，其原因在于消费者的需求、偏好和使用产品的方式常常与人文变量密切相关。相比其他变量，人文变量的测度也较为方便。人文变量包括年龄、性别、家庭人数、家庭生命周期、社会阶层、收入、职业、教育、宗教、种族等。如对于一个服装厂商，既可以为具有一定消费能力的中年妇女设计端庄大方的时装，也可以为对价格敏感和爱好时髦的年轻女孩设计生产前卫和价格适中的服装。

（3）心理细分。心理细分是通过发掘购买者的心理因素将其划分为不同的群体，可以使用的变量包括生活方式、个性和价值观等。著名的 VALS（Values and Lifestyle Survey）量表是由美国加利福尼亚的 SRI 国际公司于 20 世纪 70 年代末对美国消费者进行研究开发出来的。后来 SRI 又开发出了 VALS2，并将美国成年人划分为 8 个消费群体，即现代者（Actualizers）、实现者（Fulfilleds）、成就者（Achievers）、享乐者（Experiencers）、信任者（Believers）、奋斗者（Strivers）、休闲者（Makers）、挣扎者（Strugglers），可以根据这种划分选择目标顾客群。

（4）行为细分。在行为细分的框架下，营销人员依据购买者对产品的认知深度、情感倾向及实际使用情形，将其归入不同的消费群体。在此过程中，常用的分析维度涵盖购买时机、期望利益、使用者特征、使用频率、忠诚度表现、购买决策阶段及情感态度等关键要素。例如，企业可依据顾客的忠诚度水平，将目标顾客群体细化为坚定忠诚者、中度忠诚者、转移型忠诚者及经常转换者四大类别。对于表现出高度忠诚的顾客群体，产品的卓越品质与独特特色往往具备较强的吸引力；而对于忠诚度相对较低的顾客群体，价格因素则成为影响购买决策的重要杠杆。

2. 企业市场的细分标准

多数细分消费者市场的变量可以直接用于细分企业市场。托马斯·布洛马（Thomas V. Bonoma）和本森·夏皮罗（Benson P. Shapiro）在 1983 年提出企业市场的细分变量包括人文变量、经营变量、采购方法、情境因素和个性特征五类。

（1）人文变量。企业市场的人文变量包括行业、公司规模和公司地理位置三个方面。行业属性指的是顾客组织属于哪一个行业。公司规模是指顾客组织的规模大小，是大型组织还是地方性组织。公司地理位置指顾客组织位于哪些地区。

（2）经营变量。其包括技术要求、使用者/非使用者状况和顾客能力三个方面。技术要求指的是企业要关注顾客组织所需要的技术，从而确定自身是否有能力来满足这种需要。使用者/非使用者状况指的是顾客组织对于供应品的消费量的大小。顾客能力指的是顾客组织需要何种服务水平。

（3）采购方法。采购方法主要考虑企业的采购职能组织、权力结构、现有关系的性质、总采购政策和购买标准等方面。采购职能组织指的是在顾客组织中担任采购任务的部门是集中的还是分散的。权力结构指的是在顾客组织的采购活动中何种组织功能具有决定性的权力。总采购政策指的是顾客组织所采用的采购操作方式。购买标准是指顾客组织在采购中重视的是质量、服务还是价格，其选择卖方标准是怎样的。

（4）情境因素。情境因素主要考虑企业需求的迫切程度和订货量的不同情况。迫切程度是指采购方对于交货时间有无特殊要求。

（5）个性特征。企业市场细分中的个性特征的内涵包括购销双方的相似点、对待风险的态度和忠诚度三个方面。相似点是指买卖双方的价值观是否一致，与那些“性格相似”的企业发生业务往来会有更高的默契程度，相互之间发生摩擦的可能性也大大降低。

三、国际市场细分方法

（一）组合法

组合法以战略计划为划分基础，从国家潜力、竞争力和风险三个方面分析世界各国市场。

1. 国家潜力

国家潜力指的是企业的产品或服务在某国市场上的销售潜力，其基础是人口数量及分布、经济增长率、人均国民收入等因素，企业可通过对这些因素的分析来评估国际市场。

2. 竞争力

竞争力包括内、外部两方面，内部因素是指企业在该国市场所占份额、企业自身的资源条件在该国市场所表现出来的优势与劣势；外部因素包括同行业竞争对手的竞争能力、来自替代产品行业的潜在竞争及国内外行业结构的竞争影响。

3. 风险

风险是指企业在该国所面临的政治风险、财务风险及由消费需求偏好转移而引起的业务风险，包括各种影响利润、资金流动和其他经营成果的因素。把风险单独列为一个维度，是更加贴近实际情形的做法。企业需要通过客观评价风险对收益的抵消效果来认识特定市场的吸引力。

组合法是一种三维方法，考虑了至少三大类因素，这些因素的每个方面又是一个独立的体系。因此该方法对实际情形具有较好的拟合性，但采用此法要求企业充分掌握内外部的信息。该方法对于信息的收集提出了较高要求，因为很多信息难以全面获得。

（二）市场环境指数法

所谓市场环境指数法是指采用预先选定的某些指标来反映市场的整体环境，然后再根据自身的特点，选定拟将进入的细分市场。例如，首先确定以下 11 种指标：平均国民收入、投资与国民生产总值的比率、市场货币供应量、平均电力生产、平均钢铁消耗、总人口、入学率、每万人受过高等教育的人数、每千人拥有的电话机数、每千人拥有的电视机数、每千人拥有的汽车数等。然后，将各国各指标的绝对数值按其在各国中的高低位置转换成相对数值，再将每一指标所得的相对数值相加，即得各国相对数值的总和。该总和称为市场环境指数，其高低能反映出一个国家的发展水平。如高指数国家因其国民教育程度高，故对产品的质量、设计、保养、花色等要求较高，挑选性较强，促销活动宜采用现代化媒介进行；反之，对于低指数国家，产品设计以简单为宜，广告设计以图解说明为佳。

【案例5-3】

联合利华的印度攻略

印度妇女通常都拥有一头乌黑浓密的长发。印度妇女对自己的头发很爱护，经常梳理保养。这种情况看起来对诸如联合利华这样的日化洗涤品公司非常有利。可事实上，联合利华在进入印度市场时，发现要把产品顺顺利利地卖给印度妇女并不如想象中那么容易。

印度农村的妇女并不习惯使用洗发水，很多妇女从母亲那里继承了一块肥皂既用来洗衣又用来洗澡、洗头的传统。对于洗发水，一方面印度的农村妇女们觉得价格很高；另一方面，她们不喜欢洗发水洗发之后的那种感觉。

看起来很难理解的文化传统，给联合利华的工作开展设置了不小的障碍，似乎这就是一个不可能完成的任务。联合利华最终还是没有放弃，做了如下几个方面的努力。第一，研发了一种Breeze香皂，它价格便宜，同时迎合了消费者的习惯。因为联合利华知道，消费者的习惯是最难改变的，要想在市场上站稳脚跟，要先适应这个市场的特点。第二，在推广廉价的Breeze香皂的同时，联合利华积极宣传洗发水的优点，即向消费者展示使用洗发水如何能更好地清洁和保护头发。第三，采用了创新的促销和销售方式。联合利华在印度农村雇用了一批普通的农家妇女向她们周围的人推广产品，这一点借鉴了直销模式的思路，能够加快消费者对新产品的接受。这一系列举措不仅使得联合利华的廉价香皂销量节节攀升，同时带动了其他更高端产品的销售。

（资料来源：汤定娜．国际市场营销学（第二版）［M］．华中科技大学出版社，2020.）

任务二　国际目标市场的选择

一、国际目标市场选择的基础问题

国际市场细分是企业选择国际目标市场的前提和基础，在完成了细分的工作后，企业就需要从细分市场中挑选一个或若干个作为国际目标市场。这中间存在一个权衡，即目标细分市场的机会和企业能力之间的权衡。恰当的目标市场应该满足这样一个基本原则：细分市场能为企业带来持续稳定的回报，且该细分市场的需求是企业有能力满足的。

（一）细分市场吸引力

企业选择细分市场作为目标市场时，首先会考虑哪些细分市场具有吸引力。吸引力表现在市场规模的大小、成长前景、盈利率、规模经济和风险等因素上。这些因素能够保证企业在该细分市场中开展经营是有回报的，能取得较好的经济效益，这些因素是维持企业在细分市场中开展运营的基本保障。很多时候，企业会把过于单个细小的细分市场与更多的细分市场进行合并，形成一个超级细分市场来获得规模效益。1929 年成立的联合利华公司，现在已是世界巨型日用消费品企业之一。该公司已拥有超过 1600 个独特的品牌，其中包括一些国际知名品牌，如立顿茶品、Calvin Klein 香氛及多芬个人护理产品等，但也有一些不太出名的品牌。1999 年，一项名为“成长之路”的计划被提出：力争在 2003 年将品牌数量缩减 3/4。时任联合利华副主席的伯格曼（Antony Burgmans）描述了削减品牌组合的方法：“一些品牌将被整合成为更强大的品牌……另外一种方式是任其自行衰退，其他一些将可能被抛弃。”

（二）竞争环境

竞争本身是对过高利润的一种自动的平衡过程。竞争激烈的细分市场往往不是企业的首选目标市场。如果将这样的市场作为目标市场，一方面会引来细分市场中在位经营者的猛烈反击；另一方面，企业的营销努力会被竞争很快消耗掉。一个极端的情况是细分市场本身是垄断的，也许根本没有进入的可能，这样的市场显然不能作为企业的目标市场。例如，中医药是中国传统文化的精粹，对促进中国人民的健康起到了重要的作用。但是中医药行业要想进入美国市场，难度是非常大的。一个很重要的原因就是，医药市场本身不是完全竞争的。美国市面上能见到的药物必须得到美国食品药品监督管理局（FDA）的许可，而这个机构是建立在西医的理论基础上的监管机构。中医药无论是从治疗原理上还是临床试验上都很难得到 FDA 的有效支持。

（三）企业的目标与能力

细分市场的选择必须与企业的目标与能力相匹配。特定的细分市场或许具有很大的吸引力，但它若不符合企业的发展目标也需要割舍。同样，如果企业没有满足该细分市场需求的能力，同样也不能将该细分市场选择为目标市场。

（四）目标市场的可衡量性与易反应性

可衡量性是指企业通过市场调查研究和预测方法能够对细分市场的当前盈利状况和未来趋势加以确认。不具备可衡量性的细分市场对于企业意味着不确定性和风险，不能轻易将其作为国际目标市场。易反应性是指企业能否在特定的国际细分市场中制定国际营销计划、战略和策略并有效地实施，同时能以足够的反馈使企业及时调整营销计划和活动。不具备易反应性的市场同样是有风险的，如巨大的危机可能隐藏很深，却会在某时点无先兆地爆发，这对于企业是致命的打击。

（五）法律及道德

考虑细分市场所在国可能会有与企业所在国截然不同的法律制度，这些制度可能在事实上封锁了某些具有吸引力的细分市场。另外，在道德上某些做法是不被鼓励的。如某些营销推广活动事实上起了诱导没有辨别能力的孩子进行不健康消费的作用。在欧美，麦当劳和肯德基的广告常被公众视为对孩子施加了“不健康的影响”，健康教育机构常告诫父母：这些快餐对孩子健康有负面影响。

二、国际目标市场的选择方法

市场目标化的过程始于企业确定国际市场细分之后，其内容就是评价各个细分市场并决定为多少细分市场服务。一般说来，企业可以选择全面覆盖市场或是仅服务于部分细分市场。全面覆盖市场的战略选择，一般适用于像 IBM、通用汽车及可口可乐这样有实力满足所有细分市场需要的大企业。

国际目标市场战略选择可以分为无差异目标市场战略、差异化目标市场战略和专门化目标市场战略三种。

（一）无差异目标市场战略

所谓无差异目标市场战略，是指把整个国际市场作为一个大目标，针对共同的顾客需要，制订统一的营销计划来拓展市场。这种战略奉行的营销哲学是以生产为导向，在某些需要被发掘市场的初期具有现实意义。无差异营销是“制造业中标准化生产和大批量生产在营销方面的化身”。企业凭借这种战略形成低成本从而转化为低价格，这种战略对于价格敏感的市场尤为适用。然而，一种产品能被消费者长期接受的情形是很少见的，可口可乐就是一个例外，其凭借经典的秘密配方，使全世界的可口可乐保持一个味道，而这个味道成功地得到了几乎所有不同族裔的人群的认可。

（二）差异化目标市场战略

在差异化目标市场战略下，企业同时经营多个细分市场，并为每个细分市场开发不同的产品。这种战略考虑到了顾客需要的差异性，并生产了有针对性的市场供应品，制订了合理的营销计划，通过不断满足多样化的需要来扩大经营规模。这体现了以市场和顾客为导向的营销理念。当然，差异化是要付出成本代价的。科特勒认为，采取差异化目标市场战略可能增加的成本包括产品开发成本、生产成本、管理成本、存货成本和促销成本。成本的增加意味着对盈利率的预测更为困难，所以实施差异化要把握一个度，过分细分不仅会让顾客购买变得烦琐，而且会限制市场规模的成长前景。

（三）专门化目标市场战略

专门化目标市场战略是指有选择地服务于一个或几个细分市场而不是追求整体市场的份额。实施这种战略的企业常常把目标设定在一个或几个较小的细分市场上，从中取得较大的市场份额甚至处于支配地位。对于中小型企业，这无疑是一种较为实际的做法。实施这种战略可以避免把力量分散在整个市场上，从而积聚力量在某个细分市场，获得竞争优势地位。专门化目标市场战略结合差异化营销和无差异营销的优点于一身。一方面，专门化的前提是顾客需要存在差异性。在这种差异中选取一个自己最有能力满足的消费群体，可以有效地塑造企业的形象、获得目标顾客的偏爱和信任，从而得到更好的回报。另一方面，专门化集中了力量，在目标市场上能够形成规模效应，从而有效降低经营成本。专门化目标市场战略可以分为以下几个类型。

1. 密集单一市场

企业将在某一个细分市场中经营。此时，企业的优势体现在更了解该细分市场的需要并有可能建立稳固的市场地位。通过专业化的价值网络，企业能够获得较高的报酬，尤其在该细分市场是一种市场上的有效补缺时。

当然，“把鸡蛋放在一个篮子里”终归是一种风险较大的做法。特定的细分市场可能因为某些原因出现不景气的状况，或是出现有力的竞争者进入的情况。此时利润和市场份额的下滑对于企业来说是致命的，企业囿于其中难有回旋的余地。

2. 有选择的专门化

企业将选择几个最有吸引力的且符合企业目标的细分市场来经营。各个细分市场之间没有什么联系，可以同时盈利。如此，相比密集单一市场，企业能够有效地分散风险。如奥林巴斯既为消费品市场生产照相机，又为医疗器械市场生产显微镜和内窥镜。

3. 产品专门化

企业将集中开发一种市场供应品，并向多个细分市场销售这种产品。这样做的好处就是企业能够树立专业的形象并成为这个产品方面的权威。这种战略的缺点在于如果这种产品被新的更好的产品所替代，企业将会发生危机。

4. 市场专门化

企业服务于某个细分市场，并致力于满足该细分市场的各种需要。比如，星级酒店为有一定消费能力的顾客群体提供全套的住宿、餐饮、休闲和娱乐设施。

三、国际目标市场评估

对国际目标市场进行评估是国际目标市场选择的基本程序，包括下面几个步骤。

（一）对所有市场的初步筛选

这一步要做的工作就是对各个国家进行初步选择，以缩小范围开展进一步的深入研究，同时可以降低评估研究成本。企业要注意避免犯两类错误，即“过”和“不及”。“过”是指企业对一个本没有潜力的市场投入了过多的精力进行研究；“不及”是指企业因为研究不够仔细，放过了本来具有良好前景的市场。要预防这两类错误，第一步初筛起到了重要的作用。

初筛用到的数据来源可以是一手的，但多数情况下是定量的经济和社会统计数据，这些数据大多数是各个国家或者机构提供的二手资料，可以用来进行客观的比较。这些经济和社会统计指标涵盖了诸如各国的国内生产总值、国民生产总值和人均可支配收入等。企业可以从下面三个方面找到适合初步筛选的标准。

1. 市场的物理和地理特征

（1）各个市场距离母国的物理距离；

（2）各个市场的气候；

（3）人均收入、私人消费及其他类似指标。

2. 包括总体人口数字在内的人口统计数据

（1）人口的地理聚集程度及年龄分布；

（2）男性和女性的人口数；

（3）文化程度；

（4）利用人口资料展示市场的质量、集中性和目前的响应性，以及其未来的成长潜力。

3. 当地经济条件

（1）如果人均收入极低，巨大的人口数量代表的可能只是很小的发展潜力；

（2）需要其他一些测量国外市场财富和购买力的指标，比如每个家庭拥有的汽车数量、可以上网的家庭数量；

（3）国家的金融状况和汇率变动的风险。

（二）行业市场潜力评估

在经过初步筛选后，企业便可以确定大致会进入哪些国家进行市场经营。下一步要做的就是对该国市场进行更为细致的考察。行业市场潜力的评估是最为常用的手段，用以判断企业在该国市场将进入或不进入哪些行业。行业市场潜力评估包括两个维度的衡量标准，即行业现有市场规模和行业市场前景。

在考虑行业现有市场规模时，可以结合该产品类别的进口量、该产品类别的消费量或者销售量两组数据。在考虑行业市场前景时，可以结合该产品类别的销售预测、市场规模的年增长率两组数据。

进行行业市场潜力评估需要注意的问题包括以下两个方面：

第一，数据的及时性。企业应该意识到二手资料的时效性并不强，用陈旧的数据来反映快速变化的市场本身是对市场现实的一种扭曲。如果有能力，企业应该亲自搜集所需要的数据，为这些数据的时效性和适用性提供最大限度的保证。

第二，市场吸引力与企业能力的权衡。最有吸引力的市场并不一定是最合适企业的市场，一部分原因是企业可能不具备满足该市场需要的能力。最适合的市场应该是那些既有较高吸引力，又贴合企业目标和能力的市场。

（三）企业销售潜力评估

所谓销售潜力是指在一个战略规划期内该企业产品在某个指定国家内能够获取的最大可能的销售量，简单地说也就是企业能够获取的最大市场份额。

在评估企业销售潜力时，企业需要综合考虑以下几个方面：

1. 当地进口法规

由于目标市场与企业所在国家的法律制度可能存在较大差异，企业必须在评估企业销售潜力时考虑法律的制度性因素，这些法规多数时候表现出的是一种限制。例如，一国可能设置高关税或者配额制度来限制进口数量。在全球经济一体化的今天，各种变形的贸易壁垒仍屡见不鲜。这些法律制度限制了一个企业的销售潜力，降低了该市场的吸引力。

2. 拟进入市场的竞争

企业竞争往往会削减利润，也对企业经营提出了更高要求。这时企业必须做好准备以赢得竞争，不断积聚实力、培养能力，以形成自身的核心竞争力，从而在市场上站稳脚跟乃至盈利。如果在战略规划期内企业不具备这样的考虑和可能性，企业就必须认真权衡是否值得进入该市场。

3. 分销渠道结构

不同国际市场的分销渠道之间具有显著差异。其中，日本市场的分销渠道因其特有的封闭性和复杂性而备受关注，这使得许多有意进军日本市场的外国厂商在分销策略上颇费思量。

日本农产品分销渠道呈现出多层次、高成本的特点。一般而言，农产品需经过至少两级批发渠道，方能流转至零售商手中。而根据日本《批发市场法》的规定，中间商被禁止从事批发业务，这导致仅有少数批发商（如株式会社等）能直接从产地市场采购农产品，而大部分农产品则须经历多级批发市场的交易，从而增加了流通成本。

此外，日本农产品利润分配亦呈现不均态势。由于日本较早制定了《零售法》，对从事零售的组织给予了利益保障。在利润分配方面，批发商收取的管理费率为4%，中间批发商的利润率达到10.9%，零售商和农协等的利润率均为43%，而生产者的利润率仅占28.5%。由于零售商为保证43%的利润率，往往将终端价格抬高，因此，日本农产品市场的零售价格在全球范围内处于较高水平。

4. 语言和文化差异

不同语言之间的沟通障碍较大，处理不当很容易引发纠纷，损坏企业声誉。在文化差别过大的国际市场中经营，无形中增加了企业的沟通成本，降低了管理效率。如果没有长远的计划，也许会做出不明智的选择。如有的市场过分狭小，企业却要付出很高的适应性成本，这在收支平衡上是不划算的。

任务三　国际市场定位

一、国际市场定位的概念

市场定位于20世纪70年代由美国营销学者艾·里斯（A. Ries）等提出，并很快被世界各地营销人员和管理者接受。国际市场定位是指企业在国际市场细分的基础上，对其产品或服务及企业形象进行设计，以便在目标顾客的心目中占据独特位置的过程。市场定位的目的是为本企业产品创造独特的卖点，或为企业塑造一种独特的形象，人为地在目标市场建立竞争优势。市场定位正是通过研究目标消费者的需求偏好，给产品确定一个恰当的位置，以获得消费者的认同和好感。市场定位的本质是一个寻求产品差异化的过程，通过突出自己产品某方面的特征达到和竞争对手相区别的目的，而且这些特征是消费者需要的或更喜欢的。因此，市场定位所确定的不是产品在市场中的位置，而是产品在顾客心目中的心理位置，它取决于消费者如何来认识这种产品。

国际市场定位是国际营销战略体系中的重要组成部分，是企业国际营销活动取得成功的重要保证。失败的国际市场定位，则有可能使得产品或企业一败涂地。总的来说，国际市场定位具有以下几个方面的作用：

（1）确定了本企业的产品在国际市场上的特色，以区别于竞争对手的产品。例如，百事可乐将自己定位为年轻人的可乐。

（2）针对本企业的产品特色，可以制定合适的国际市场营销组合策略。如果已经采用“高质高价”定位，企业就必须生产优质产品，高价销售，选择供应商时就要考虑供应商的等级，并且要做高质量的广告宣传。

（3）可以充分发挥企业的产品优势和企业的资源。合理的国际市场定位随时随地都在宣传企业和产品的特色和优势，使各国消费者很容易识别企业和产品的特色和优势。

二、国际市场定位的策略

市场定位是一种关键的竞争策略，旨在凸显某一产品或企业在与相似产品或企业竞争中的独特地位。不同的定位方式将直接导致各异的竞争态势，以下将详述几种典型的国际市场定位策略。

（一）产品定位策略

产品定位是通过综合考虑产品的属性、价格、外观、色彩、技术特点、成分构成及消费者所追求的核心利益，来精准地确定产品在国际市场中的定位。其核心目标是凸显产品的独特魅力和个性化特点，从而塑造出一个鲜明且易于辨识的市场形象。这样的定位策略旨在吸引那些特别欣赏和青睐本企业产品特色或个性的消费者群体。一般而言，产品定位可以采用以下几种主要方法。

1. 属性定位

产品属性定位强调构成产品特色的某种因素，诸如产品品质、价格、成分、材料等，并且通过营销手段宣传的这个特色，相对于竞争者的同类产品具有明显的差异性和优越性，以此作为广告宣传的诉求点，进行市场定位。产品属性定位强调的是其他产品所不具有的、能填补市场空白的某种产品属性，往往较容易被消费者接受。例如，北京全聚德烤鸭依靠其独特的风味而获得广大消费者的喜爱。

2. 利益定位

产品利益定位强调产品能给消费者带来的某种特殊的利益，或者能满足消费者某种特殊的消费需求。利益定位让消费者感受到实实在在的实惠，因而更能打动消费者。例如，柯达公司推出的全自动傻瓜照相机，消除了许多消费者不会操作相机的烦恼，“只要一按快门，其余工作由我完成”，这种对消费者利益诉求的满足深入人心。

3. 使用者定位

产品使用者定位是企业针对不同类型消费者的需求和偏好，对产品和其营销组合因素进行改进，使之符合消费者的需求和偏好，并以此作为市场定位的诉求点。依据使用者定位，企业的产品能更好地满足不同类型消费者的需求和偏好，对消费者的营销刺激作用也更大，因而较容易实现预期的营销目标。例如，日本资生堂化妆品公司曾经提出口号“体贴不同岁月的脸”，他们为不同年龄阶段的顾客提供不同功效的化妆品，具体分为少女系列、中年妇女及 50 岁以上的妇女多个年龄档，不同年龄的使用者可选择不同功效的产品。

4. 用途定位

产品用途定位是企业根据消费者购买产品的用途或者使用的特定场合来进行市场定位。例如，宝洁公司推出“海飞丝”“飘柔”和“潘婷”三种洗发水，分别满足消费者去头皮屑、柔顺及护发的要求。

（二）竞争定位策略

在竞争定位的过程中，首要任务是深入剖析竞争对手的产品特性，从而为本企业的产品在市场中找到恰当的定位。运用竞争定位策略的关键在于通过市场调研来全面了解市场的竞争态势，明确主要的竞争对手是谁，以及他们产品的市场定位和市场表现如何。在充分分析研究的基础上，企业可以采用以下四种定位策略。

1. 对抗定位

对抗定位是一种市场竞争策略，旨在与市场上占据主导地位的竞争对手直接竞争。该策略要求企业在目标市场中选择与竞争对手相似或完全重合的市场定位，从而争夺相同的目标消费群体。这种定位方式主要适用于那些具备强大实力的大型企业。举例来说，百事可乐与可口可乐之间的竞争、肯德基与麦当劳之间的竞争，都是典型的对抗定位策略的体现。通过这种直接对抗的方式，企业试图在激烈的市场竞争中脱颖而出，赢得更多的市场份额。

采用这种定位策略的企业必须做到知己知彼，调研市场上是否可以容纳两个或两个以上的竞争者，自己是否拥有比竞争者更多的资源和能力，产品特色是不是可以比竞争对手做得更好，以及在营销策略上比竞争对手更具吸引力。否则，对抗定位可能成为一种非常危险的战术。例如，“汉堡王”就在与“麦当劳”的对阵中败下阵来。当然，这种定位策略也更能激发企业自己奋发向上的动力，对抗强者可以塑造企业的产品形象，并且一旦成功就能取得巨大的市场份额。

2. 避强定位

避强定位策略，即避开实力雄厚的竞争对手所占据的市场位置，转而以竞争对手忽视的市场空白作为自身的定位基石。此种策略的优势在于能够迅速有效地在市场中确立稳固地位，并在消费者或用户群体中迅速塑造出独特的品牌形象。鉴于其较低的市场风险与较高的成功率，避强定位策略通常成为众多企业的优选方案。

避强定位的经典案例是七喜的定位，由于可口可乐、百事可乐市场占有率极高，并没有给其他品牌留下很大的发展空间，在这种情况下，七喜公司推出了反其道而行之的定位战略，以“非可乐”饮料进行市场定位，避开强劲的竞争者，在实行“非可乐”定位后的第一年销售额猛增10%。

3. 反向定位

在竞争激烈的市场上，有时竞争对手的形象可能和自己差不多，也可能比自己卓越。在竞争对手的形象比自己优越的情况下，企业可以主动说出自己的差距或缺陷，以增加消费者对自己的信任。反向定位具有较大的风险，如果消费者喜欢最好的产品或服务，这种策略会让企业的愿望落空。因此，在使用这种策略时，企业要强调存在的差距并不影响消费者的利益。

反向定位的经典案例是美国的阿维斯汽车租赁公司，它公开承认自己只是汽车租赁业的第二，提出的口号是“阿维斯只是汽车租赁业的第二。为什么选择我们呢？因为我们更努力”。在提出这个口号前的连续十三年里，阿维斯一直在亏损，但当它承认自己是本行业的第二后便开始赢利。

4. 间接定位

间接定位乃是一种策略，其核心在于通过对竞争对手产品的深入剖析与定位，间接实现对自身产品的精准定位。这种策略适用于消费者无法分清企业产品和竞争对手产品时。例如，Raphael 开胃葡萄酒的广告中显示了一瓶标有“法国制造”的 Raphael 和一瓶标有“美国制造”的 Dubomet，标题写着“每瓶少花 1 美元，你可以享受进口产品”，这则广告让人们惊讶地发现 Dubomet 原来是美国的产品。通过这个广告，Raphael 让消费者知道了 Dubomet 是美国的产品，也间接达到了表明自己是纯正法国葡萄酒的目的。

（三）重新定位策略

当企业产品在市场上的定位出现偏差，产品在目标顾客心目中的位置和企业的定位期望发生偏离时，企业往往需要重新定位。重新定位是指企业采取特定的营销组合，改变目标顾客对其原有的印象，使目标顾客对其产品新形象进行重新的认识和接受。

初次定位后，随着时间的推移，新的竞争者进入市场，选择与本企业相近的市场位置，致使本企业原来的市场占有率下降；或者，由于顾客需求偏好发生转移，原来喜欢本企业产品的人转而喜欢其他企业的产品，因而市场对本企业产品的需求减少。在这些情况下，企业就需要对其产品进行重新定位。所以，一般来讲，重新定位是企业为了摆脱经营困境，寻求重新获得竞争力和增长的手段。

在发现新的产品市场范围时，重新定位策略被视为一种可行的选择。例如，当原本针对青年群体的产品在中老年人群中逐渐受到欢迎时，对该产品进行重新定位就变得尤为必要。通过重新定位策略，企业可以有效消除顾客心中关于产品相似定位的模糊印象，进而深化产品在消费者心目中的独特地位。然而，值得注意的是，重新定位战略的运用也伴随着一定的风险，因为它可能导致企业失去一部分原有的品牌忠诚者。因此，在采用重新定位策略时，企业应持谨慎态度，确保在拓展新市场的同时，不损害现有品牌形象和市场份额。

总之，企业在进行市场定位时，一定要对市场做充分的调查研究，认真分析目标市场中各目标顾客群的状况和市场竞争状况，并结合企业的综合实力选择最适合本企业的市场定位方法，做出最有利于企业的市场定位，并根据市场的变化和发展不断调整企业的市场定位。

【案例 5－4】

米勒公司的市场定位

1970 年，美国啤酒市场呈现寡头竞争格局，安修索·布希公司以其“百威”和“麦可龙”等品牌占据市场领导地位，市场份额约达 25%。而米勒公司，当时仅位列第八，市场份额仅为 6%，远逊于安修索·布希、史力兹、帕布斯特、库尔斯、斯汉弗及菲斯多夫等竞争对手。

面对此竞争态势，米勒公司对其市场营销战略进行了根本性的调整，并深入开展市场调研。调研结果显示，若依据使用量对啤酒市场进行细分，则可将消费者划分为重度使用者和轻度使用者两大群体。其中，轻度使用者人数虽多，但其消费量却仅为重度使用者的八分之一。进一步分析发现，重度使用者多为蓝领阶层，年龄集中在 30 岁左右，男性为主，日均电视观看时长超过 3.5 小时，且热爱体育运动；而轻度使用者则主要涵盖女性及社会中高收入群体。

基于上述调研成果，米勒公司对其“海雷夫”啤酒进行了重新定位，明确将目标市场锁定在重度使用者群体。为实现这一目标，米勒公司在广告策略上进行了大幅调整，充分考虑了目标顾客的心理、职业、年龄及习惯等因素。公司特别在电视台开设了“米勒天地”专栏，以“欢迎米勒时间的到来!”为口号，强调“米勒时间”即蓝领工人劳作之余，举杯畅饮、放松心情的美好时光。广告主题亦转变为“你有多少时间，我们就有多少啤酒”，旨在吸引广大“啤酒爱好者”。广告画面充满动感，展现了钻井工人、消防队员及年轻摩托车手等充满活力的场景，并特邀当时美国篮球巨星张伯伦助阵，进一步提升广告吸引力。

通过精准定位及有效营销，“海雷夫”啤酒取得了显著成功。至 1978 年，米勒公司“海雷夫”啤酒的年销量已攀升至 2000 万箱，仅次于安修索·布希公司的“百威”啤酒，位居市场第二。

综上所述，市场定位的本质在于利用品牌占据消费者心智中的特定“心智资源”。一旦成功定位并占据某一心智资源，便有机会通过品牌代言构建认知标准，赢得顾客的优先选择，并有效防范负面认知，从而在消费者心智中构筑起坚实的品牌堡垒。米勒公司不仅成功实现了市场定位，更巧妙地将市场细分、目标市场选择与市场定位三者有机结合，实现了品牌价值的最大化。

（资料来源：李爽．国际市场营销（第 2 版）［M］．人民邮电出版社，2021.）

三、国际市场定位的步骤

国际市场定位是一项复杂且至关重要的任务，它要求企业深入剖析目标市场对产品的具体需求状况，同时密切关注行业内市场竞争的激烈程度与格局。在此基础上，企业还需结合自身所拥有的资源，对自身及其产品在市场中占据的位置进行全面而客观的综合评价。这一过程即为市场定位的核心内容。具体而言，企业及其产品的市场定位通常需经过以下几个关键步骤来实现。

（一）了解目标顾客对产品的需求特征和评价标准

市场定位的目的是为本企业产品创造独特的卖点，或为企业塑造一种独特的形象，以引起消费者的注意和购买兴趣，那么所宣传的产品特征必须符合消费者所追求的利益。因此，市场定位首先要求企业了解消费者对产品的需求偏好是什么，影响他们购买行为的产品特征有哪些，他们又是如何评价这些产品特征的；然后，企业根据消费者对产品的需求偏好及评价标准对产品特征进行分类，为分析和确定竞争优势提供依据；最后，根据上述分析，企业就可以选择可供自己进行市场定位的产品特征。

（二）分析竞争者的市场定位及其竞争优势

企业需分析在目标市场上存在的竞争者及竞争状况，包括东道国的竞争者及其他来自第三国的竞争者，以及每个竞争者的定位依据和策略是什么，如提供的产品、价格、包装、技术水平、新产品开发、产品成本等，从而确认竞争者的竞争潜力和竞争优势；这些竞争对手的市场定位有什么差异；它们所宣传的产品特征是否符合消费者的需求偏好，如果不适合，差异在哪里；还有分析每个竞争者的优势是什么，它们的劣势又是什么；本企业能否形成区别于竞争对手的竞争优势或更强于竞争对手的同类优势。在分析过程中，明确、选择和建立自己的竞争优势尤为重要。

（三）分析企业自身的潜在竞争优势

分析竞争者的优势在于知彼，分析自身的优势在于知己，知己知彼方能在激烈的国际竞争中立于不败之地。竞争优势是在对企业比较优势加以整合，并发挥企业核心竞争力的基础上产生的。比较优势是指相对于竞争对手而言所具有的优势，如知名的品牌、优良的产品品质、丰富的营销经验、独有的供货与销售渠道、优秀的员工、较低的成本、领先的产品技术、先进的管理技术、获取与分析市场竞争信息的能力等。核心竞争力则是指在根植于企业内部组织运营中的知识、技能与经验的结合体，是一种更加持久且难以被模仿的竞争能力。

如果企业没有或者不能建立竞争优势，企业就不可能在市场竞争中获胜。竞争优势常见的表现形式有两种：第一，在产品和服务大致相同的条件下定价比竞争者低；第二，在合理的高价下提供更多的特色产品和服务以满足顾客的特定需要，从而抵消高价的不利影响。

（四）选择竞争优势与定位战略

企业可能拥有一种或几种潜在的竞争优势，选择竞争优势是指对企业可利用的竞争优势进行分析，确定优先顺序，区分哪些优势能够成为有价值的竞争优势。通常通过对以下问题的回答来衡量优先等级：重要性，要能够给相当数量的顾客带来实惠；独特性，既没有其他公司使用，也不能再以更独特的方式被利用；可沟通性，易于被顾客接受并理解；独占性，不易为其他公司所模仿；获利性，企业能够从中获得利益。企业在确定了最具有价值的竞争优势后，就可选择定位战略，进行市场定位。

（五）准确沟通及传播企业的定位

市场定位确定以后，企业可以通过广告、公关等方式进行定位宣传，把定位信息有效地传达给消费者，让消费者知道企业的定位，并避免因宣传不当而使企业市场定位与公众的理解产生偏差。企业应通过定位宣传，体现企业市场定位的排他性，表现企业产品和服务的特色和个性。企业市场定位策略的实施，则需要企业上下协调一致的营销努力，包括企业的营销组合因素、员工的思想观念、企业组织结构等都应适合市场定位的要求，反映市场定位的观念，这样才能保证市场定位目标的实现。

关键术语

国际市场细分、国际目标市场、国际市场定位、产品定位策略、竞争定位策略、

重新定位策略

项目实训

【实训情境】

假设你是某产品的市场营销经理，针对自己所经营的产品分析“谁是自己的客户”，找准自己的目标市场，实施市场定位策略（可以将学生小组模拟为销售团队）。

【实训任务】

要求小组进行分析、讨论并对案例中的产品（或自主选择案例/产品）进行选择和确定市场细分的变量、评估和选择细分市场、确定目标市场、进行战略选择、实施市场定位等方面的分析工作。

章节练习题

1. 国际市场细分的标准有哪些？
2. 如何选择合适的国际目标市场？
3. 国际目标市场战略有哪几种？各具有怎样的适应性？
4. 国际市场定位的基本思路是怎样的？

第六章　国际市场营销的 4P 组合策略

学习目标

1. 了解国际公共关系的定义及其在跨国经营中的作用
2. 熟悉国际公共关系的活动方式
3. 掌握国际公共关系营销策略的基本原则
4. 理解影响国际广告媒体选择的因素及其对国际广告策略的影响

项目引例

蔗糖聚酯——菲多利和宝洁公司的挑战

2000 年 2 月，菲多利和宝洁公司在全美推出用一种新研制的从熟菜油和糖中提取的脂肪替代物烹制的点心。这种脂肪替代物被命名为蔗糖聚酯，经过十多年的研究和改进，它已和真正的脂肪具有同样的分子结构和味道，但是却不含有卡路里，可以代替脂肪用于炸制和烘焙食物。这对甜点产业实在是一个重大利好，蔗糖聚酯可以帮助它们拿下健康意识非常强烈的那部分消费群体。然而，蔗糖聚酯也存在问题，那就是像麦麸一样，分子结构太大了，人体无法消化或者吸收。换句话说，它像矿物油一样穿过人的整个消化系统，会让一些人的肠胃出现问题，比如腹部痉挛、腹泻及其他问题。

1996 年，蔗糖聚酯获得美国食品药品监督管理局（FDA）的批准，随后约翰霍普金斯大学和北卡罗来纳大学的研究人员对其做了一些研究。研究结果驳斥了有关指控，他们声称："吃了用蔗糖聚酯制作的点心的人并不会比吃普通点心的人'肠胃更容易出问题'。"这个研究结论被认为是可靠的，《美国医学协会周刊》甚至刊登了这一研究，但是对于像科学与公众利益中心这样的非营利组织来说，这个结论的可信度就没有那么高了。一家位于华盛顿的非营利性健康监察组织发表了两份由它自己得出的、被广为引用的、和前面的报告持相反意见的报告，并且在这些报告中，不客气地称约翰霍普金斯大学等机构的报告为"科学垃圾"。该组织在报告中还专门提到，认为蔗糖聚酯可靠的报告中涉及的所有研究人员都担任了宝洁公司另外一个项目的顾问。哈佛大学公共卫生学院的一位研究人员也指出，蔗糖聚酯会阻止胡萝卜素的吸收，而其有助于预防心脏病、中风、癌症及某些眼部疾病。另外，据推测，蔗糖聚酯可能会降低联邦政府推荐人们每日服用的维生素A、维生素C、维生素E的作用效果。

1995年，当宝洁公司向英国政府申请准许使用蔗糖聚酯时，它试图将使用这种产品生产的零食推向市场的计划遭到了打击。英国政府针对宝洁公司的行动，迅速制定了一个管理条例，这迫使宝洁公司不得不撤回申请书。另一个也是最沉重的打击出现在2000年6月，当时加拿大政府宣布，禁止任何使用了这种新式脂肪替代物的食品在该国销售。实际上，这意味着美国成为世界上唯一允许将蔗糖聚酯作为食品添加剂来使用的国家，当然使用时必须贴上警示标签。加拿大政府的举动使得反对使用蔗糖聚酯的人士提出，FDA应该重新考虑其批准使用这种添加剂的决定，或者至少应该要求在宝洁公司生产的WOW牌薯条、菲多利生产的品客薯片上面贴一个标签，告知消费者食用这些产品可能让他们的肠胃出现不适。对此，花了5亿美元用于研制蔗糖聚酯的宝洁公司进行了反驳，认为标签“和这种产品本身一样让人迷惑”，因此不应该使用标签，最多是将蔗糖聚酯列在产品的成分表中。

菲多利和宝洁共同出资2亿美元在俄亥俄州的辛辛那提建造一家蔗糖聚酯加工厂，结果都被蔗糖聚酯存在的问题给“耽误”了。宝洁公司曾宣称，如果它将使用蔗糖聚酯生产的食品推向市场，第一年就可以赚得4亿美元。2003年，FDA得出结论，经过五年的研究，它没有找到蔗糖聚酯可能给人体带来危害的证据，要求两家公司贴警示标签的规定自然也就取消了。

（资料来源：李爽．国际市场营销（第2版）[M]．人民邮电出版社，2021.）

启示：

产品是企业的生命线，是企业营销组合中最重要的因素。成功的产品可以成就一个企业，而决策失误的产品将使企业陷入困境。即使是宝洁这样的实力雄厚的企业，在消费者对产品安全的质疑声中也很难有为自己辩解的空间。产品的各项决策都是企业应重视的问题，因为消费者往往是通过一种产品去了解和判断一个企业的。

任务一　国际市场营销产品策略

一、产品及相关概念

（一）国际市场产品的概念

生活中的产品通常是指有形的产品，如桌子、钢笔、瓶装水、计算机、房产等实体产品，是狭义的产品。营销学中的产品与我们生活中所提到的产品在概念上并不完全相同，营销学中的产品是一个广义的概念，既包括前面提到的实体产品，也包括旅游服务、金融理财、演唱会、保险咨询等无形产品，还包括产品与服务的组合。

所谓“产品”，是指由企业提供的，用于满足需求的任何东西。产品可以是创意，也可以是有形实体，还可以是一种服务，甚至可以是以上三者的混合体。国际市场营销中的产品概念与一般市场营销中的产品概念是一致的，它是一个广义的、整体性的概念，是指提供给市场以满足需要和欲望的任何东西，既包括实体商品，也包括诸如服务、地点、经验、事件、信息和创意等不可见的内容。它是一系列物理特性、心理特征、服务特征和想象特征的集合，能够给消费者带来利益和价值，满足消费者的需求。

（二）国际市场产品的整体概念

对于国际市场营销人员而言，不能简单地将产品的概念停留在产品实体，即它的物质形态上，而应该包括一切能够满足消费者需求，能为消费者带来价值和利益的无形的东西，如服务、便利等。站在消费者的角度，产品是消费者获得的一系列满足或效用，不仅包括产品的功用外形、质地、包装、标签，还包括品牌提供的信心、制造商的声誉、拥有和使用产品时所获得的其他效用及服务。

进入国际市场的产品必须树立产品的整体观念，以满足消费者综合的、多层次的利益和需求为中心来设计和销售产品。

产品的核心利益，是指顾客真正所购买的基本服务或利益，如买自行车是为了代步，买汉堡是为了充饥，买化妆品是希望变得美丽、体现气质、增加魅力等。因此，企业在开发、宣传产品时应明确地确定产品能提供的利益，产品才会具有吸引力。有形产品是指产品的基本形式，如冰箱的有形产品不仅仅指冰箱的制冷功能，还包括它的质量、造型、颜色、容量等。期望产品是指消费者购买产品时通常希望和默认的一组属性和条件，如旅游服务中消费者可以对交通设施、旅游景点和食宿地点的舒适、安全、愉悦程度做一个相应的预期，这属于产品的第三个层次。附加产品包括增加的服务和利益。潜在产品是指该产品最终可能会实现的全部附加部分和将来会转换的部分。

产品整体概念的启示在于，当今企业间的产品竞争已不再局限于核心产品层面的角逐，而更多地延伸至附加产品及潜在产品的较量。企业在参与国际市场营销活动时，尤需深入识别和精准把握消费者对产品核心功能以外的期望与需求，致力于开发能够契合消费者潜在需求的产品，这一过程无疑具有相当的复杂性和挑战性。美国学者西奥多·莱维特曾经指出，新的竞争不是发生在各个公司的工厂生产什么产品，而是发生在其产品能提供何种附加利益。

（三）国际市场产品的类型

按照产品参与跨地区和跨国竞争的程度，可以将国际市场产品分为四种类别：当地产品、国家产品、国际产品和全球产品。

1. 当地产品

当地产品是指仅在国内市场上某一地区销售和参与竞争的产品，比如一些在我国一些省份或地区广泛存在的一些地方品牌。由于受到企业规模和实力的制约，大多数小规模企业的产品都属于当地产品。另外，国内不同地区市场之间的人为阻隔及产品的一些自然属性等方面的原因，也为当地产品的生存和发展提供了广阔的空间。

2. 国家产品

国家产品是指仅在单一的国内市场销售的产品。这可能包括两种情况：一种是该产品仅在一国范围内销售，比如那些暂时没有走出国门，但已经在国内市场上广为销售的国内知名产品；另一种情况是，一些全球公司为了迎合特殊国家市场的特殊需求而推出的仅在该国范围内销售的特殊产品。这种特殊需求可能来源于该国市场上消费者的特殊偏好和口味，如针对我国文字特点而专门研发的汉化软件产品，它主要在我国销售。

对于全球公司而言，经营国家产品的机会成本较大，因为这类业务不利于企业在营销、研发、生产等领域实现规模经济，也难以向企业提供扩展其他市场的有价值经验，不利于营销经验的跨国共享。同时，一国市场的容量往往有限，因此，很多本地企业在取得稳定的国内市场绩效之后，都会走向国际化的经营道路。

3. 国际产品

国际产品是指在区域性的多个国家市场上销售的产品。相对于国家产品而言，国际产品已经走出了国门。但是，它所面临的不同的国家市场往往是相似的，被称为区域性国际市场。例如，在欧洲市场上，由于欧盟内部已经基本形成了一个类似国内市场的商品自由流通的局面，所以很多企业的产品都成为国际产品。

4. 全球产品

全球产品是指企业开发的能够满足全球市场需要的产品。例如，索尼公司推出的随身听产品使得全世界的人都可以边走路边欣赏音乐。随着产业国际化、全球化趋势的演进，很多公司都面临着开发全球产品的压力。企业如果想拥有自己的全球产品，可以对为一个国家市场设计的产品进行改造，使之适合全球需要，实现从国家产品、国际产品向全球产品的转变。

二、产品标准化与差异化策略

企业国际营销产品与国内营销产品在很多方面都有差异，国外顾客对产品的要求也不同于国内顾客，但这绝不意味着国际营销产品与国内营销产品是毫无关系的。事实上，企业在外国市场所营销的产品或劳务与国内市场紧密相连，只是一般要根据当地习惯与偏好加以适当的改进而已。因此，标准化与差异化是国际营销核心产品决策所要考虑的主要内容。

（一）产品标准化

标准化，指的是在一个国家、地区或全球范围内，提供具有统一规格和质量标准的产品，确保产品的可比较性和互换性。

莱维特等学者主张，消费者心理在全球范围内呈现出共性特征，因此企业应将全球市场视为一个统一的商业领域，不必过分强调各国间的差异。推动国际营销产品标准化趋势的关键要素主要包括以下几个方面：

（1）标准化产品通过实现规模经济，显著降低了原料采购、生产、包装及储存等环节的成本。由于标准化产品在采购和生产过程中具备较高的规模效益，企业能够充分利用规模效应带来的成本优势。

（2）尽管部分营销活动需考虑特定国家的市场环境，但标准化产品的营销活动多数情况下仍可实现规模经济。例如，IBM 公司通过实现产品和服务的标准化，确保了全球用户享受一致的服务体验，并从统一的零配件供应商处采购相同的零部件，从而提高了生产效率。

（3）标准化产品的大量销售使得研究开发费用得以在更广泛的产品范围内分摊，从而降低了单位产品的研发成本。企业无需针对不同市场开发独特产品，有助于节省产品开发成本。

（4）顾客流动性的增加使得标准化产品更具市场吸引力。当顾客出国旅行时，他们仍然需要购买熟悉的产品，标准化产品有助于提升顾客对产品和品牌的忠诚度，如吉列剃须刀和希尔顿饭店等品牌在全球范围内享有广泛的知名度。

（5）具备关键性技术规格的产品往往更倾向于标准化。这主要因为技术产品受政治、文化等外部因素的影响较小，同时为了满足接口兼容性、联网互通等需求，大多数技术产品需遵循标准化策略，即便存在变化，也仅限于细微调整，如电压标准和计量单位的统一等。

（二）产品差异化

差异化，是指企业根据不同市场的特点与需求，对产品进行有针对性的改进和创新，以提供符合当地市场需求特点、具备竞争优势的产品。通过实施差异化战略，企业能够更好地满足不同地区消费者的个性化需求，提升市场竞争力。主张实行产品差异化的学者认为，世界市场的需求是各异的，国际企业应在市场细分的基础上，针对每个目标市场需求的具体特点来设计、改进产品，使之更能适应当地市场的需要。修改产品能大幅度提高销售额，从而弥补并超过产品修改的成本，使利润有较大的增加。概括起来，促使国际营销产品差异化的因素有以下几点：

（1）尽管各国对大多数产品功能的需求普遍相近，但在产品的使用习惯与条件方面，各国却存在显著差异。因此，在营销此类产品时，企业必须根据具体情况进行适当的调整与修改。例如，日本汽车最初进入加拿大市场时，极易生锈，原来加拿大冬季冰雪较多，有关部门常在公路上撒盐以融化冰雪、清扫道路，小汽车受盐腐蚀，车身就容易生锈。为了解决这一问题，日商改进了其车身的喷漆配方，添加了防盐抗锈漆，这一改进大大增强了日本汽车在加拿大市场的竞争力。

（2）市场差异涵盖了政治、经济、文化、社会等多个层面的环境因素差异，这些差异要求产品必须实施差异化策略，以满足不同市场的独特需求。举例来说，由于收入和生活水平的不同，这种差异不仅深刻影响着冰箱等耐用消费品在大小、功能和特性方面的设计，同时也在较大程度上决定了饼干等非耐用消费品在品质和包装上的选择。因此，对市场差异的深入理解与精准应对，是产品成功进入并适应不同市场的关键所在。

（3）在某些情况下，强制性因素成为推动国际企业采纳产品差异化策略的关键动因。部分国家实行贸易保护主义政策，对进口实施严格限制，这使得国际企业不得不选择在当地投资生产的方式以适应市场环境。同时，政府制定的各项法规对产品的各个层面，包括产品本身、包装及商标等，都提出了明确要求，这也成为促使企业对产品及其相关元素进行修改的主要因素。特别是在食品、药品和玩具等领域，由于相关法规的规定更为详尽和严格，因此所需进行的修改工作也更为复杂和烦琐。

（4）在海外运营方面，某些企业可能早已在各国设立据点，并在当地配置了生产设施。这种做法使得这些企业在产品调整方面具备更大的灵活性，并能够更好地根据当地情况进行适应和调整。

三、产品调整与适应策略

为开拓国际市场，国际企业应该调整国际营销产品以适应各国市场的要求，更多地关注不同国家市场的一些细节，对产品做出调整与适应。

（一）质量保证

质量保证是企业对其所提供的有关产品特性或功能方面的承诺。质量保证有两个基本功能：一是销售功能。因为质量保证可以减少顾客的知觉风险，促使购买者做出购买决策。价格昂贵、非经常购买、品质复杂、信誉尚未完全建立起来的产品等，采用质量保证策略最为有效。二是保障功能。质量保证不仅可以保障消费者利益，也可以将企业对产品所负责任限制在一定的范围，以避免售后争端，如规定时间限制、使用条件限制、使用程度限制、免费范围限制、服务次数限制等。

就国际营销的质量保证来说，企业存在着标准化和当地化的决策。影响企业质量保证决策的因素主要有以下几个方面。

1. 市场特性

如果企业所选择的国际市场是统一的市场，那么，就需要提供标准化的质量保证，甚至是全球联保。例如，欧盟在 1993 年 1 月就实行了统一的进口规则，整个欧盟采用统一的质量标准。这样，在欧盟从事国际营销时，企业需要提供统一的质量保证条款。

2. 环境特性

从事国际营销的企业可能在某些国家提供某个标准的质量保证，可是在其他市场，为了应对竞争，不得不提高质量保证水平。因此，如果产品使用的环境发生变化，产品质量保证可能需要相应进行调整。

3. 产品特性

通常特定产品的保证仅限于基本功能，在这种情况下可以在全球市场提供统一的产品质量保证条款。

4. 服务设施

提供服务需要相应的设施，如果不可能在所有市场都设置这些服务设施，那么就应根据具体情况，提供不同水平的产品质量保证条款。

（二）售后服务

在国际市场上提供售后服务具有重要的意义。首先，实行质量保证要求有售后服务的支持。例如，某设备及一部分零部件的保修期为一年，制造该设备的企业需要安排一些必要的维修设备和人员，以确保实现保修期内的免费维修。其次，售后服务也可作为一种促销手段。某产品可能由于其自身的性质需要定期进行保养和维修，此时提供这类售后服务的企业便可比没有提供这类服务的企业更拥有竞争优势。对大多数企业来说，需要决策是自己提供国际售后服务，还是通过分销商或代理商提供国际售后服务，或者是以合同的形式外包给第三方。其中，通过分销商或代理商提供国际售后服务的核心挑战是目标的一致性，分销商或代理商对建设服务网络是否感兴趣影响着国际售后服务的提供，毕竟建设服务网络需要投资。通常的做法是给予它们一定的财力支持和技术支持，保证其拥有高水平的服务能力。这可能包括把必要的零件运送到世界各地，并给分销商或代理商提供相应的培训。

国际市场上工业产品的竞争日益激烈，因此企业要十分重视售后服务问题。通常工业产品本身就是生产设备，顾客希望该设备可以顺利、持续地生产，即使偶尔因故障而停机，也希望能够在最短的时间内把它修理好。对顾客的这种要求，国际企业可提供一种预防性维护保养的服务方式。这种方式要求企业与顾客签订定期的维护保养合同，由厂方派技术人员定期到顾客那里从事维护和检修工作。这样做可使机器设备减小损坏停机的可能性。不过这种方式通常只有在顾客相对集中的市场才较为可行。

对于一些需要精密技术的工业产品，通常要求提供完善的售后服务取信于购买者。对于这类产品，除非厂商能够保证提供良好而便利的售后服务，否则即使产品再好，购买者对于来自国外的这类产品也会踌躇不前。售后服务应采取什么策略，要视具体情况而定，如使用频率高低、气候好坏及产品使用者的技能水平等。此外，实行售后服务有个先决条件，即要有充足的零配件供应。这一点往往被许多企业忽视。供应零配件的难处在于许多产品有很多不同的型号，而不同型号的零配件是不能相互替代的；而且整件产品可能有许许多多的零部件，其中有些部件的价格十分昂贵，可每个维修点都必须备齐这些零部件。目前，还没有什么简便易行的措施可以解决这一问题。各企业往往是根据自己已有的经验，列出一份经常需要更换的零部件清单，然后在仓库中备齐这些零部件。

另外，售后服务对营销组合也是非常有益的，它可以从各个方面收集客户反馈的信息。售后服务组织依靠客户的信息反馈，可以为产品的升级换代提供新的构想和思路。

四、国际市场产品生命周期

任何产品的市场寿命均存在有限性，产品的新陈代谢过程是必然发生的。产品从投放市场至最终撤离市场的完整历程，被称为产品的生命周期。在国际市场中，产品生命周期的展现形态与实质内涵均与国内市场存在显著差异。

（一）产品生命周期理论及企业营销策略

1. 产品生命周期理论

在国内市场上，产品生命周期过程一般被区分为介绍期、成长期、成熟期和衰退期四个阶段。在产品生命周期的不同阶段，产品特性、市场状况和消费者特征分别具有不同的特点，这意味着企业需要认真分析和识别企业所处的生命周期的具体阶段，并采取针对性的营销策略。产品生命周期各个阶段的综合比较如图 6－1 所示。

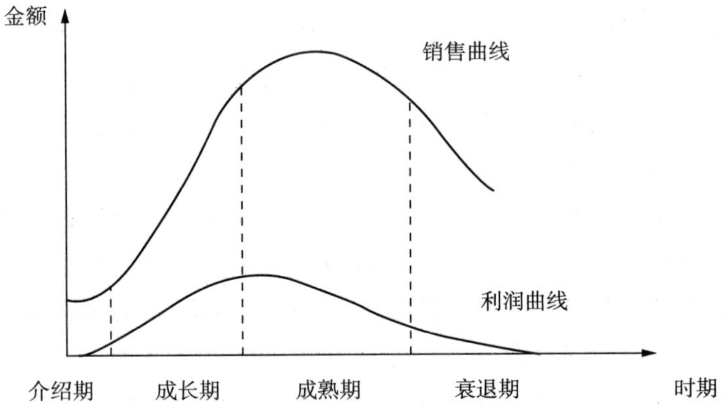

图 6－1　产品生命周期图

2. 不同阶段的企业营销策略

（1）介绍期营销策略

在介绍期，新产品的销售处于一个缓慢增长的过程之中，这可能是企业生产能力的限制、产品还不够完善、企业缺乏有效的分销渠道或渠道不畅、消费者尚需一段时间来认识和了解新产品等因素导致的。针对这种局面，企业营销的主要目的在于向潜在的消费者宣传新产品，使他们认识和了解新产品的功能；引导消费者试用新产品，根据消费者的建议改进和完善新产品；建立和完善良好的分销渠道。其中，市场上产品创新采用者和早期采用者应成为企业营销的重点对象，通过鼓励他们使用产生示范效应和口碑宣传，企业能够尽可能地缩短介绍期的时间。在新产品的营销变量组合中，根据价格和促销这两个变量的高低水平交叉搭配，形成了以下四种主要的策略：

① 快速撇脂策略。它是指企业采用高定价结合高强度促销手段来推出新品至市场的做法。如果潜在市场的大部分人还没有认识该产品，且知道它的人渴望得到该产品并有能力照价付款，企业可以考虑使用这种双高策略。它一方面可以使消费者迅速了解新产品，提高产品的市场占有率，有利于企业快速收回前期成本；另一方面，双高策略可能引来竞争者的进入。因此，企业应迅速使消费者建立对自己品牌的偏好。

② 缓慢撇脂策略。它指的是企业在新产品上市时采取高价策略，同时配合较低程度的市场推广活动的做法。这一策略的适用情况是有限的市场规模、大多数消费者已经熟悉该产品并认为物有所值、潜在的竞争压力并不大。

③ 快速渗透策略。它指的是企业通过设定较低的产品价格，并配合高强度的促销活动来加速新产品进入市场的做法。使用此策略时，企业往往面临很大的潜在市场，但市场对该产品的认知水平并不高，而且企业面临着很强的潜在竞争，大多数消费者都对价格比较敏感。不过随着生产规模的扩大，企业将享受规模经济带来的成本大幅度降低。通过使用该策略，企业能够让新产品迅速进入市场，并取得较高的市场占有率。

④ 缓慢渗透策略。它是指企业以低价格和低促销水平推出新产品的做法。在市场潜力很大且企业已经具有一定的知名度，但消费者对价格比较敏感，企业也面临潜在且威胁不大的竞争压力时，可以适用这一策略。

（2）成长期营销策略

进入成长期的产品，性能基本稳定，大部分消费者对产品也比较熟悉，消费习惯逐渐形成，产品分销渠道比较稳固有效，产品销售量迅速增长，单位产品生产成本和营销费用随之下降，利润增加，同时新的竞争对手不断涌现，导致市场竞争加剧。在此阶段，企业的营销策略重点在于从多方面加强产品的竞争力，以应付日益激烈的市场竞争，尽可能维持市场的可持续成长。以下是可供参考的策略：

① 应持续优化并提升产品的品质，通过增加产品的种类、样式、功能及应用领域，进一步丰富产品线，以满足市场的多样化需求。

② 需积极探索并开发新的细分市场，以扩大市场规模。在合适的时机，可以考虑适当降低产品价格，以更具竞争力的价格策略，进一步提升产品的市场占有率。

③ 应构建显著的产品差异化优势，通过独特的产品特性及设计理念，树立品牌形象。同时，还应注重培养客户的忠诚度，通过优质的服务和体验，赢得客户的长期信任与支持。

（3）成熟期营销策略

在产品进入成熟期之际，其销售量渐趋峰值，随后呈现平缓下滑态势，利润亦随之缩减。尽管此时生产成本已优化至最低水平，但鉴于市场竞争日趋激烈，企业的销售费用不断攀升。在此阶段，企业需采取积极主动的营销策略，力求延长产品成熟期的生命周期。具体策略包括市场改良、产品改良及营销组合调整等多元手段。市场改良策略旨在通过拓展市场范畴，提升成熟产品的销售量，包括发掘潜在新用户、吸引竞争对手的顾客群体、激励现有用户提高使用频次及用量，并探索产品的全新应用场景等方式。产品改良策略则聚焦于优化产品本身，通过提升产品使用的安全性与便捷性、改进产品款式设计、增强产品服务等举措，以满足不同顾客群体的多样化需求。调整市场营销组合亦是成熟期企业常用的策略之一，包括降低产品价格、优化分销渠道布局、采用多样化的促销手段等，以应对市场竞争并维持产品的市场竞争力。

（4）衰退期营销策略

由于技术进步、消费者口味的改变等，许多产品都会进入销售额缓慢下降甚至急剧下降的衰退期阶段。此时，产品价格已经在激烈竞争的格局下降到最低点，利润也被大量侵蚀。在面临衰退期的挑战时，企业可采取四种策略进行应对。首先，可以选择维持策略，即继续沿用过去有效的分销、价格及促销手段，直至该产品逐步退出市场。其次，可考虑实施收缩策略，集中企业资源于数个仍具盈利潜力的细分市场，同时放弃那些利润微薄或无利可图的市场。再者，企业可采取转移策略，将目光投向海外市场，特别是那些该产品仍处于成熟或成长阶段的市场。最后，若产品已无进一步改进或再生的可能，企业可果断采取放弃策略，停止对该产品的生产和经营活动。

产品生命周期理论虽然富有启示，但仍然有其缺点，具体表现在以下几个方面：

① 不可预测的转折点。尽管有很多产品最终达到峰点，但是该理论没有表明转折点什么时候发生，一些产品可能在推出几个月后发生转折，另外一些却可能延续数十年。

② 启示不清楚。产品生命周期的启示并不是万能的。比如在进入障碍低、行业竞争者很多的产业，迅速成长可能伴随着很低的利润水平；相反，假设进入障碍低、行业竞争者很少的产业，即使在衰退期，也可能具有可观的利润水平。

③ 影响要素的内生性。产品生命周期经常是企业管理活动导致的结果，而不仅仅是由外界因素引起的。通过对成熟期产品进行持续创新，能够保持产品的长盛不衰，而对处于收获期的现金牛产品疏于管理，也可能在破坏性技术的颠覆下，导致产品迅速进入衰退期，过早地退出市场。

（二）国际产品生命周期理论及企业策略

当把国内市场扩展到国际市场时，由于涉及不同类型国家科技水平和经济发展水平的差异影响，以及产品的跨国生产、跨国投资和跨国贸易的问题，产品的生命周期也就与前述理论有所不同。

1. 国际产品生命周期理论

美国学者雷蒙德·弗农 1966 年在《产品周期中的国际投资与国际贸易》一文中提出了国际产品生命周期理论。鉴于发达国家、较发达国家与发展中国家在经济、科技、管理及市场消费观念等方面所存在的显著差异，新产品在进入各类国家的时机与方式呈现出明显的不同。一般而言，新产品首先在发达国家进行发明与生产，随后逐步拓展至较发达国家，并最终在发展中国家实现规模化生产、广泛消费与出口，这一过程体现了产品在全球范围内的逐步传递与普及。国际产品生命周期如图 6-2 所示。

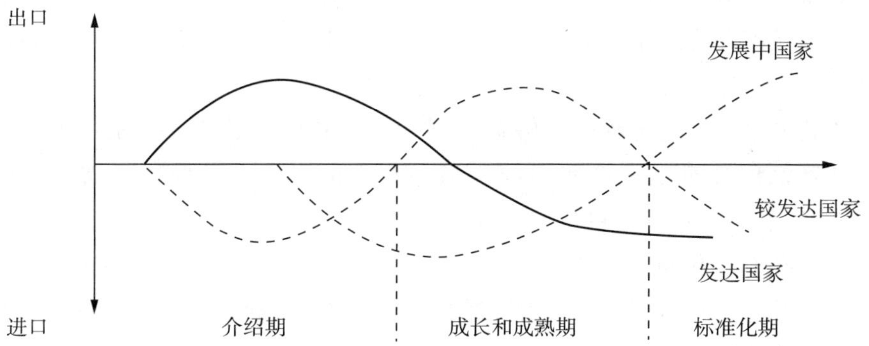

图 6-2　国际产品生命周期图

国际产品生命周期的不同阶段有着如下不同的运行规律：

在产品介绍期，作为产品创新的先驱国家，通常为发达国家，依托其独有的垄断技术优势，率先对某种新型产品进行研发并成功推向市场。鉴于产品尚处于初步阶段，技术层面仍有待进一步完善与优化，加之国内竞争环境相对宽松，缺乏激烈的市场竞争，且替代品稀缺，致使该产品具有较高的附加值。因此，国内市场足以满足其获取丰厚利润的需求。在此阶段，绝大部分产品主要面向国内市场销售，仅有少量产品出口至其他较发达国家。

在产品成长与成熟阶段的初期，随着产品创新国技术垄断和市场垄断地位的瓦解，越来越多的国际化跨国企业成功掌握了相关技术，进而加剧了市场竞争的激烈程度。同时，市场上涌现出越来越多的替代产品，导致产品附加值持续下滑。在这样的背景下，企业开始更加关注产品成本的降低，以应对市场竞争的压力。低成本生产逐渐显现出优势，较发达国家开始逐渐取代发达国家成为产品生产的主力。随着发达国家市场的逐渐衰退和较发达国家市场的饱和，企业为进一步降低生产成本、提高经济效益并抑制国内外竞争者的挑战，纷纷选择到发展中国家投资建厂，并逐步减少对国内生产的依赖。这一趋势反映了全球生产布局的深刻变革，以及企业对成本优化和市场拓展的持续追求。

在产品成熟与标准化阶段，产品的生产技术、生产规模及产品本身均达到完全成熟的状态。此时，对于生产者技能的要求相对较低，原先研发新产品的企业所享有的垄断技术优势已不再显著。相反，成本与价格因素逐渐成为决定市场竞争的关键因素。在这一阶段，发展中国家凭借其显著的成本优势脱颖而出。为进一步降低生产成本，发达国家及较发达国家开始纷纷在发展中国家投资建厂，并将所生产的产品远销至其他国家及第二国市场。

总体来看，在国际产品生命周期的演进过程中，发达国家最初作为新产品创新的发源地，随后成为最先的产品出口国。然而，随着产品的成熟与标准化，发达国家最终转变为该产品的进口国。较发达国家则先是以产品进口国的身份参与国际市场竞争，最终亦转变为产品出口国。然而，在发展中国家的竞争压力下，其出口量会逐渐减少。发展中国家则继较发达国家之后，成为产品的进口国，随后逐步发展成为该产品的出口国。

国际产品生命周期理论较好地解释了国际贸易和国际营销产生的根源与背景。各国在发展新产品时，对于经济实力的增强和技术的发展，各国市场需求存在着“时差”，从而导致了同一种产品在不同国家处于生命周期的不同阶段，而在不同阶段中，各国在产量、成本、利润上的不同，便导致国际贸易及国际市场营销的产生和发展。另外，各国在引进新产品时，由于引进产品渠道、方式，产品在国际市场上的先进性，本国的自然资源及该产品所处的生命周期阶段不同，导致了所引进产品在国际产品生命周期的同一阶段成长和成熟的速度存在差异。因而，各国对同一产品的引进、生产、销售存在速度和效益的差别，进入国际市场的时间和参与国际市场营销的程度必然不同。

2. 国际产品生命周期对企业营销实践的启示

国际产品生命周期理论在国际营销实践中具备重要的指导意义和显著的应用价值。该理论明确指出，同一产品在不同国家往往处于各异的生命周期阶段，因此，企业在进行国际营销时，需根据各国的实际情况，灵活调整并采纳恰当的营销组合策略，以确保营销活动的针对性和有效性。

对于发展中国家中的企业而言，产品生命周期理论同样具备显著且深刻的实践指导意义。首先，发展中国家的企业可通过借鉴发达国家和较发达国家先行产品的生命周期曲线，洞察本国产品生命周期的潜在机遇，进而前瞻性地在本国市场引入新产品，抢占本地市场的先机；同时，依托本国丰富的自然资源和劳动力优势，企业能够以较低的成本进行产品的研制与生产，进而将产品出口至原产国，拓宽国际市场份额。其次，企业可基于产品在不同国家市场所处的不同生命周期阶段，灵活调整市场结构，及时转移目标市场，从而有效延长产品的生命周期，确保企业能够长久地占领国际市场。最后，企业还可借助产品生命周期理论，持续优化产品结构，及时推出具有竞争力的新产品，淘汰缺乏市场前景的产品，从而加速出口产品的更新换代，保持企业的竞争优势和市场活力。

国际产品生命周期理论较好地揭示了产品在走向成熟的过程中，逐步从发达国家向不发达国家转移的过程，为我们提供了产业发展的前瞻性眼光和思维。但是，很多事实也表明，我们并不能简单地将该理论作为一种机械教条来看待，并盲目地套用。许多案例证明，对产品成熟程度的衡量远比我们想象的复杂。此外，产品生产的跨国流动不仅受到经济方面因素的影响，还要受到政治、法律等其他因素的制约。由于存在上述诸多因素，生产地就不一定会向低工资不发达国家转移。汽车行业就提供了一个很好的范例。经过多年的发展，汽车似乎已经成为一项非常成熟的产品，然而这并不意味着汽车产品已经完全标准化了。事实上，汽车是一种差异化程度很高、非常复杂且日趋尖端化的高附加值产品，汽车的设计和制造方法也处于不断的改进和发展之中。因此，汽车仍主要在收入高的发达国家设计、生产并装配。

五、国际市场新产品开发策略

在当今这个科技日新月异、产品迭代周期缩短的经济环境中，新产品的开发对于企业的持续成长与兴盛至关重要。企业能否敏锐地洞察消费者需求的变化，并迅速有效地推出新产品或升级现有产品，已经成为决定企业能否在激烈的市场竞争中生存下来的关键因素。

（一）新产品的含义与分类

国际营销中的新产品是一个广泛的概念，从不同角度理解有不同的含义。从企业角度来看，新产品是指第一次研发和生产，并推向市场的产品；从消费者角度来看，新产品是第一次认知和使用的产品。除包含因科学技术在某一领域的重大发现所产生的新产品之外，在生产销售方面，只要产品在功能或形态上发生改变，与原来的产品产生差异，甚至只是产品从原有市场进入新的市场，都可视为新产品。新产品按其创新程度可以划分为以下几种。

1. 全新新产品

这类产品基于全新的技术、原理、材料，拥有创新的结构和功能，通常能开创全新的市场领域，满足消费者前所未有的需求。

2. 改进新产品

这类产品是在现有产品的基础上，通过技术改良或设计优化而得来的，产品在性能、外观或使用体验上都有所提升，从而更好地满足市场需求。

3. 换代新产品

这类产品采用较为显著的技术革新、新结构、新方法或新材料，相比原产品有较大程度的改进，能够显著提升产品性能或创造新的使用场景。

4. 系列型新产品

这类产品是指在现有产品线内进行扩展，通过增加不同的型号、规格或风格而得来的产品，它们形成产品系列，以满足更广泛的市场需求和消费者偏好。

5. 仿制型新产品

这类产品指企业通过模仿市场上已有的成功产品，进行一定的调整或改良后推出的产品，主要在新兴市场或对成本敏感的市场中竞争。

6. 降低成本型新产品

这类产品是通过技术创新或流程优化，降低生产成本而得来的，产品的性价比更高，从而增强市场竞争力。

7. 重新定位型新产品

这类产品是指对原有产品进行市场定位的调整，可能伴随一定的设计或功能改变的产品，能够较好地适应新的目标消费群体或市场需求。

（二）新产品开发过程

一个完整的新产品开发过程要经历构思的产生、构思的筛选、概念的发展和测试、制定营销战略规划、商业分析、产品实体开发、市场试销、商业化八个阶段。

1. 构思的产生

进行新产品构思是新产品开发的首要阶段。构思是创造性思维，即对新产品进行设想或创意的过程。缺乏好的新产品构思已成为许多行业新产品开发的瓶颈。一个好的新产品构思是新产品开发成功的关键。企业通常可从内部和外部寻找新产品构思的来源。公司内部人员包括研究开发人员、市场营销人员、高层管理者及其他部门人员。这些人员与产品的直接接触程度各不相同，但他们的共同点便是都熟悉公司业务的某一或某几方面。对公司提供的产品较外人有更多的了解与关注，因而往往能针对产品的优缺点提出改进或创新产品的构思。企业可寻找的外部构思来源有顾客、中间商、竞争对手、企业外的研究和发明人员、咨询公司、营销调研公司等。

2. 构思的筛选

根据构思研制出来的新产品不一定都能被市场所接受。据统计，每四十个构思中只有一个构思形成的新产品被市场所接受，也就是说构思的成功率为2.5%。既然构思的成功率如此之低，因此一定要对收集来的构思进行筛选。筛选的主要依据是构思产品是否符合企业的长期或短期发展目标、企业是否具有开发此产品的能力、此产品是否有发展前途、市场潜力的大小、原材料的来源是否有保证等。

3. 概念的发展与测试

产品构思与产品概念在产品开发过程中扮演着不同的角色。产品构思，作为企业创新者的初步设想，旨在为市场引入新型产品指明方向。然而，仅有产品构思尚不足以支撑新产品的全面开发，必须将其进一步转化为具体的新产品概念。

新产品概念是从消费者视角出发，对产品构思进行的详尽阐述与具象化表达。它详细描述了产品的性能、具体用途、形状、优势、外观、价格、命名及为消费者带来的利益等要素，使得消费者能够迅速识别新产品的独特特征。

新产品概念的形成过程实质上是将粗略的产品构思细化为详尽的产品概念的过程。

一个产品构思可以衍生出多种不同的产品概念。这些概念的形成往往源于对新产品构思所提出问题的深入思考与回答，通常涉及三个核心问题：该产品的目标用户是谁？该产品能为用户带来哪些主要利益？该产品适用于哪些使用场景？通过对这些问题的深入剖析与回答，企业能够形成多个具有针对性的新产品概念，为后续的产品开发提供有力支撑。

新产品概念的测试旨在深入探究消费者对新产品概念的实际反馈，其测试核心涵盖以下几个方面：产品概念的可传播性与可信度评估；消费者对于该产品的需求程度调研；对比现有产品，分析该产品在市场上的竞争优势与差异化特征；消费者对产品的认知价值评估；探究消费者的购买意愿及潜在购买行为；明确目标消费群体及其可能的购买频率等关键信息。通过这一系列严谨的测试，企业力求全面、客观地了解新产品概念在市场上的潜在表现，为后续的产品开发和市场推广提供有力支持。

4. 制定营销战略规划

企业在选定理想的产品概念后，需精心制定将该产品投放市场的初步营销战略规划，并在后续的发展阶段持续优化完善。该初步营销战略规划涵盖三个核心内容：首先，对目标市场的规模、结构及消费者行为进行详尽描述，明确产品的市场定位，并设定短期（如三个月内）的销售量、市场占有率及利润目标等关键指标；其次，针对新产品制定价格策略、分销渠道规划，并编制第一年度的营销预算；最后，描绘长期的（如三到五年内）销售量和利润目标愿景，并规划不同时期的营销组合策略。

5. 商业分析

商业分析旨在从经济效益的视角深入剖析新产品概念与企业目标的契合度，其核心本质在于进行利润分析。这一过程涵盖两个关键步骤：首先是预测销售额，其次是推算成本与利润。在预测新产品销售额时，需借鉴市场上相似产品的销售发展历史，并综合考虑各类竞争因素，全面分析新产品的市场定位、市场占有率等重要指标，以确保分析的严谨性与准确性。

6. 产品实体开发

新产品实体开发旨在解决产品概念在技术实现和商业可行性方面所面临的问题，这一过程旨在将产品概念成功转化为实际的新产品实体。这一转化的实现依赖于对新产品实体的精心设计、试制生产、严格测试及综合鉴定。据美国国家科学基金会的相关调查显示，新产品开发流程中，产品实体开发阶段所需的资金投入占据了总开发费用的 30%，同时所需的时间也占据了整个开发过程的 40%。此外，该阶段对技术要求极高，因此被认为是整个新产品开发过程中最具挑战性和关键性的一个环节。

7. 市场试销

新产品市场试销旨在针对即将正式上市的新产品进行最后一次全面测试，以确保其市场适应性与竞争力。这一环节不仅是对新产品的综合检验，更是为其全面上市提供全面而系统的决策依据。通过市场试销，企业可以深入了解新产品的市场表现，洞察消费者需求与反馈，从而为产品的进一步优化和市场营销策略的调整提供宝贵的启示。新产品市场试销需要做出以下决策：试销的地区范围，试销市场应是企业目标市场的缩影；试销时间，试销时间的长短一般根据该产品的平均重复购买率来决定，重复购买率高的产品，试销时间应当长一些，因为只有重复购买才能说明消费者喜欢该产品；试销中所要取得的信息资料的收集与分析，信息资料包括消费者的试用率与重购率，竞争者对新产品的反应，消费者对新产品性能、包装、价格、分销渠道、促销发生等的反应；试销成本、费用开支的控制；试销的营销策略及试销成功后应进一步采取的战略行动。

8. 商业化

若新产品的试销成果符合预期，企业即可启动正式的大规模生产流程，并将产品全面投放市场。在此过程中，企业需要承担高昂的成本开支。然而，值得注意的是，新产品在投放市场的初期阶段，往往面临利润微薄，甚至可能出现亏损的情况。因此，企业在这一阶段必须审慎对待产品投放市场的时机选择、投放区域的划定、目标市场的确定及初始营销组合的规划，确保决策的科学性与合理性。

（三）新产品开发模式

新产品开发的模式主要有以下几种。

1. 自行研制

自行研制是一种创新性的开发方式。它依据市场的需求和用户的具体应用需求，或是为了解决现有产品中的缺陷，从产品的核心原理与构造出发，深入探索涉及的最新技术、新型材料等领域的知识，并在此基础之上，创造具备企业独特风格的新产品，尤其是那些能够引领行业更新换代或完全是市场新面孔的产品。对于有能力进行科研创新的企业来说，独立开发新产品是至关重要的，这需要企业拥有高度的科研创新能力及坚实的技术实力。各国鼓励所有拥有研发条件的企业积极投入自主研发，这样不仅能够充分利用企业的科学技术资源，还能够推动科技事业的整体进步与发展。

2. 技术引进

技术引进是指企业在发展某种主要产品，而国际市场上已有此产品成熟的制造技术可供借鉴时，为了争取时间，迅速掌握此产品的制造技术，尽快地把产品制造出来以填补国内空白，而向国外生产此产品的企业引进制造技术、复制图样和技术文件的一种方式。

这种方式有以下优点：可以节省企业的科研经费和技术力量，把企业研制产品的人力、物力集中起来研制其他新产品，迅速增加产品品种；可以赢得时间尽快缩短与竞争对手之间的技术差距；可以把引进的先进技术作为发展产品的新起点，加速企业的技术发展，迅速提高企业的技术水平；确保发展的产品有足够的经济寿命周期。

技术引进是新产品开发常用的一种方式，特别是对于产品研究开发能力较弱而制造能力较强的企业更为适用。但是，一般来说，引进的技术多半属于他人已经采用的技术，采用该技术生产的产品已占领一定市场，特别是从国外引进的技术，不但需要付出较高的代价，而且还经常带有限制条件，这是在应用这种新产品开发方式时不能不考虑的问题。因此，有条件的企业不应把新产品开发长期建立在技术引进的基础上，应逐步建立自己的产品研发机构，或与科研、产品设计部门进行某种形式的联合，发展自己的新产品。

3. 自行研制与技术引进相结合

自行研制与技术引进相结合是指在对引进技术充分消化和吸收的基础上，将其与本企业的科学研究结合起来，充分发挥引进技术的作用，以推动企业科研的发展、开发新产品的一种方式。这种方式适用于企业已有一定的科研技术基础，外界又有开发这类新产品比较成熟的一部分或几种新技术可以借鉴。这种方式的优点是花钱少，见效快，产品具有先进性；能促进企业自己技术开发能力的提升。因此，这种方式在许多企业得到广泛采用。不同企业或同一企业在发展不同新产品时，可根据情况量力而行，采用不同的新产品开发研制方式，以取得较好的经济效果。

4. 科技协作开发

科技协作开发是指整合企业内部与外部的技术资源，共同致力于新产品的研发工作。其实现途径包括：邀请行业内外的专家和学者参与项目，为技术指导和方案评审提供专业支持；与科研机构、研究所或高等院校构建灵活的合作框架，组建联合设计团队，集中力量解决技术难题，或是通过签订正式技术合作协议，确立合作伙伴关系，携手推进研发进程。这种开发方式既能较好地发挥科研技术作用，又能促进企业自身技术开发能力的提高，并保证产品的先进性，是企业开发新产品的一种重要途径。

六、国际市场品牌策略

（一）品牌与全球品牌

1. 品牌的概念及意义

根据美国市场营销协会的定义，品牌是指用来识别某个销售者或某群销售者的产品或服务，并使之与竞争对手的产品或服务区别开来的商业名称及其标志，其由文字、标记、符号、图案、颜色等要素或这些要素的组合构成。

品牌是一个集合概念，它由品牌名称和品牌标志两部分组成。品牌名称是品牌中可以用语言称呼的部分，如 IBM、联想、奥迪等都是著名的品牌名称。品牌标志是品牌中可以被识别，但不能用言语称呼的部分，通常由图案、符号、颜色或字体造型等构成，如相连着的四环是奥迪的品牌标志。

品牌的具体意义表现在以下几个方面：强有力的品牌有利于树立企业形象，获得经销商和消费者的信任，从而更容易推出新产品；有利于使企业的产品特色得到法律保护，防止被竞争者仿制、假冒，品牌经注册后（即商标）享有专用权，可防止伪劣产品的冒牌行为，保护企业正当的合法权益；有利于建立顾客忠诚度，优秀的品牌代表优质的产品，一旦在顾客心中确立了良好的形象和声誉，品牌就成为有效广告，刺激顾客的购买欲望，增加重复购买的消费者，使顾客忠诚度得到进一步深化；有利于维护消费者利益，有了品牌，企业以品牌作为促销基础，消费者认准品牌购物。

2. 全球品牌

全球品牌是指在全球范围内广泛应用某一特定的名称、术语、记号、符号、设计或其综合组合，旨在明确标识某一特定卖主的商品或服务，从而有效区分其与市场上其他竞争对手差异的标志。从事国际营销的企业是否使用全球品牌，不能一概而论。不过，可以确认的是，拥有全球品牌的企业，其拓展国际市场的可能性和从事国际营销的便利性会大大加强。

成功的品牌是企业最有价值的资产，品牌包含了消费者心目中与产品联系在一起的多年的广告、商誉、质量评估、产品经验及其他有价值的特性。无论消费者身在何处，如果某种形象和比喻能够在世界文化和产品利益背景中帮助其确定个人和民族身份，他都会有所反应。显然，全球品牌在这一过程中会起到重要作用。可口可乐、索尼、麦当劳、微软、丰田的价值是无可争议的。在众多品牌价值评估中，英国《金融时报》和美国《商业周刊》的评估最具权威性。通常拥有著名品牌的企业会努力在全球使用它们的品牌，事实上即使品牌只被认为是“全球性”的，也会使产品销量增长。即使是为了适应当地市场条件必须做相应改变的产品，也可以通过谨慎地使用全球品牌而获得成功。对于使用全球品牌的企业来说，大多会拥有三种优势：庞大需求、全球化的顾客、规模经济。

庞大的需求是使用全球品牌的一大优势。通常全球品牌在一个国家的销售上升会导致在另一个国家的销售上升。这是因为随着媒体和网络覆盖的全球化，很容易使全球品牌传播到更多国家和市场。全球品牌的第二个优势是全球化的顾客。在企业对企业（B2B）市场上，全球化的顾客是共同的，而在消费品市场上也是如此，因为人们为了公务和娱乐进行跨国界旅行，对于化妆品、照相机和时尚用品等产品来说，机场商店就变成其重要的销售地点，这些全球化顾客更自然地被全球品牌所吸引，因为它们能在很多地方被发现。规模经济是全球品牌的第三个优势。标识、包装和生产的标准化降低了制造成本。至于促销的花费，制作一个全球性广告的花费可能会超过几万美元，远高于一个区域性的促销活动。但是，当全球性广告在世界各地进行传播时，制作费用能够分摊，使全球性广告变得非常经济实惠。

全球品牌亦有不利之处，最大的挑战就是全球品牌很容易成为全球化行动的目标。如果在使用全球品牌的同时，也使用了其他品牌，一旦其他品牌出现问题，可能会影响这个全球品牌的应用，可谓“城门失火，殃及池鱼”。

（二）全球化的品牌战略选择

全球品牌并不是从事国际营销企业的唯一选择。其实，企业从事国际营销时关于品牌的第一个决策是用不用品牌。并不是所有企业从事国际营销时都需要使用品牌，其原因可能是没有必要，或者是自身资源无法支持这家企业使用品牌。在一段时间内，企业担当定点生产（OEM）角色也无可厚非，毕竟这样做能够获得成本优势，但却会面临严峻的价格竞争，更可怕的是缺乏市场身份。

显然，如果企业选择使用品牌，才会涉及是否使用全球品牌。在现实中，通常有四个品牌战略可供企业选择：全球品牌；采用一个品牌名称，但会针对个别市场进行适当调整；同样产品在不同市场采用不同品牌名称；采用家族品牌或其他方式将公司名称作为产品品牌名称的一部分。

从事国际营销的企业有时会根据一些影响因素而对品牌名称进行调整。例如，雀巢咖啡的品牌名称是“Nescafe”，但销售到德国的品牌名称是“Nescafe gold”，销售到英国的品牌名称则是“Nescafe gold blend”。喝咖啡在德国有较久的传统，德国人似乎更喜欢喝“Espresso”和“Cappuccino”口味的咖啡，口味偏浓一些；英国却不同，喝茶的传统更久一些，只是在第二次世界大战期间茶的供应受到影响，被美国输出大量的咖啡而形成了一定习惯，英国人口味较淡，而blend类型的咖啡通常需要加点奶，比较顺滑。正是因为这种消费偏好的不同，导致雀巢咖啡在英国和德国进行销售时会对品牌名称进行了一定的调整。

越来越多的企业会选择在不同的市场采用不同的品牌名称，原因可能包括：品牌名称不能翻译成当地语言；在当地制造、销售和消费的产品；属于被购企业的品牌；希望避免“外国”公司形象，树立本土企业形象。例如，在欧洲最大的糖果市场英国，美国玛氏公司旗下的巧克力品牌“Snickers”（士力架）到英国却只能以“Marathon”这个品牌名称进行销售，毕竟在英国英语体系下，“knickers”表示女式内裤，因此为了避免消费者的不好联想，玛氏公司不得不进行调整。而联合利华一度拥有2000多个品牌，就是因为考虑在不同市场选择不同的品牌名称，尤其是使用在当地市场已有的民族品牌，以利于树立本土企业形象。当然，企业也可将公司名称作为品牌名称的一部分，这主要是考虑当地消费动机、语言、翻译问题或者其他一些因素，进而保证品牌名称使用的灵活性。3M公司的做法很有创新性，该公司有6万多种产品，采用了较为灵活的品牌形象识别来进行统一。新的品牌形象识别由三部分构成，第一部分是3M标识，第二部分是产品标识，第三部分是产品部门标识。

（三）原产地形象与原产地效用

在国际营销中，消费者由于自身经历、道听途说、新闻报道等对不同产品和国家持有成见。例如，美国是高科技的代表，德国是机械制造的代表，法国是时尚的象征，同样法国香水、中国丝绸、意大利皮革、牙买加朗姆酒、古巴雪茄都被认为是优质的，这就是原产地效用。

原产地这一概念原先主要用于国际贸易领域。货物的“原产地”通常指货物的“原产国”，而其中的“国”可指一个国家、国家集团或地区（独立关税区等）。货物的原产地被形象地称为商品的“经济国籍”，在国际贸易中具有十分重要的意义。它涉及关税计征、最惠国待遇、贸易统计、国别配额、反倾销、手工制品、纺织品及政府采购，甚至濒危动植物的保护等诸多范畴。因此，国际贸易的实践要求制定原产地规则，原定地规则是指任意国家、国家集团或地区为确定货物原产地而实施的法律、规章和普遍适用的行政命令，在国际贸易中具有重要作用。

原产地形象是指目标市场消费者对产品（包括服务）的原产地或原产国的内在印象，是消费者对该国的总体认知。在国际市场上销售的产品总有一个原产地，消费者对产品的不同原产地会产生不同的感受，进而影响其购买决策，这种主观感受或认识即原产地形象。显然，原产地形象更适用于国际营销领域。需要指出的是，国际营销学界所指的原产地，并不完全等同于国际贸易领域的原产地概念。

在国际营销学界，原产地的概念有一个不断发展和演进的过程。在原产地研究的早期，原产地概念类似于制造地，但是随着经济全球化的不断发展，原产地概念也不断复杂化，既包括产品的制造地，也包括产品的设计地、组装地、关键部件来源地及品牌联系地等。

尽管国际营销学界关于原产地形象的研究涉及许多细分领域，在每一领域都存在许多争议，但是经过多年的研究，国际营销学者在原产地形象研究方面还是取得了以下共识；

（1）原产地形象定势影响目标市场消费者的消费行为，即国际化经营中存在原产地形象效应。原产地形象效应不仅存在于普通消费者之中，同样存在于产业购买者及零售商中间。

（2）原产地形象效应因具体的情境而异。原产地形象效应的多线索研究显示，原产地线索与其他线索的相对重要性取决于各项具体研究的不同情况。通常，原产地线索的影响要大于价格、经销商声誉，甚至品牌名称。

（3）原产地形象影响价格预期。研究发现，与来自形象良好的国家的产品相比，原产地形象越差，消费者所预期的价格折扣就越高。例如，更多消费者能够接受法国葡萄酒价格高于新西兰葡萄酒。

（4）对混合产品而言，消费者可能会区分产品的设计国、制造国、组装国或生产商的母国。研究显示，产业购买者对发达国家作为设计区位的评价会高于发展中国家，并且产品的技术越复杂，设计技术的重要性认知就越高。

（5）具体产品种类的原产地形象与该国的全球产品形象有关。具体产品的形象可能高于也可能低于其原产地的全球形象，但是它们具有一种正向关系，即如果一国关于某一产品的形象高于另一国，那么消费者对其产品的评价一般会高于对另一国产品的评价。例如，消费者认为法国人比日本人更时尚，因此他们对法国时尚产品的评价会高于日本同类产品。

（6）原产地形象会随重大事件的发生而迅速变化或随着时间的流逝而缓慢变化。研究显示，重大事件会影响原产地形象，如 1988 年汉城奥运会对韩国形象就产生了积极的影响。一些纵向研究也表明，原产地形象可能会随着时间的流逝而发生变化，不过，没有大型活动或事件影响的情况下，这种变化非常缓慢。这也充分表明，消费者对原产地形象的认知具有强烈的固有定势，要改变这种认知并不容易。

七、国际市场商标与包装策略

（一）国际市场商标问题

1. 商标专用权及其确认

企业欲使自己的产品品牌长久延续，必须通过国家许可的方式获得商标专用权，以求得法律的保护。国际上对商标权的认定，有两个并行的原则，即“注册在先”和“使用在先”。

（1）注册在先。“注册在先”原则指的是商标或品牌的专有权归于首个依照法律规定提交注册申请并成功获得批准的企业所有。在这种商标权认定原则下，某一品牌不管谁先使用，法律只保护依法首先申请注册该品牌的企业。中国、日本、法国、德国等国的商标权的认定即坚持这种注册在先的原则。

（2）使用在先。“使用优先”原则是指商标或品牌专有权属于最早实际使用该品牌或商标的主体。在品牌使用（必须是实际使用，而非象征性使用）所达到的地区，法律对其品牌或商标予以保护。美国、加拿大、英国和澳大利亚等国即是采用这种原则对商标专用权进行认定。

当然，在具体的商标权认定实践中，还有对以上两种原则主次搭配、混合使用的“使用优先辅以注册优先”和“注册优先辅以使用优先”两种原则。

2. 国际营销中品牌和商标的设计原则

在进行国际产品品牌和商标的设计时，除了需要遵循产品品牌和商标设计的一般性原则，如确保设计的简单易懂、易于识别、有利于记忆、构思独特新颖且引人注目、适应产品性质及便于宣传商品外，更应特别强调以下设计原则的重要性。

（1）在国际营销活动中，商标设计应严格遵循与各国及地区文化和习俗相契合的原则。为此，企业必须以稳重且理性的态度，深入了解和认识各国消费者对于颜色、数字、动物、花卉、图案及语言等方面的喜好与禁忌，确保商标设计能够尊重并融入各国的传统文化和风俗习惯，从而有效促进品牌形象的塑造和市场推广的顺利进行。如鹤在中国代表长寿，但在印度却有人将之视为伪君子的象征。企业必须根据各国不同的语言、习俗设计品牌和商标。

（2）符合国际商标法和目标国商标法的规定。符合国际商标法的规定是国际产品商标设计必须遵循的一个重要原则，主要是遵循保护工业产权的《巴黎公约》和关于商标国际注册的《马德里协定》《商标注册条约》等。此外，设计还应符合目标国商标法的规定。

（二）国际市场产品的包装

所有国家对商品（不仅仅是进口商品）及其外包装都有明文规定，如果违反规定，就会受到严厉的惩罚。国际企业在包装决策过程中，首先要决策包装的主要功能，然后根据功能特性，决定选择何种包装策略及包装材料、颜色、尺寸等。企业的包装策略要与企业国际市场营销的其他策略协调。国际企业进行包装决策时需要考虑以下几个因素。

1. 市场要素

世界各国的经济、文化等环境差异很大，因此，不同国家的市场对包装的要求也会有所不同。在做出包装决策之前，营销人员首先要考虑市场的特点。顾客的消费水平是其中需要认真研究的重要因素。发达国家顾客对包装更讲究美观和方便，而发展中国家顾客由于消费水平等方面的影响，偏重于包装的实用价值。其次，市场国顾客的使用习惯不能忽略，可口可乐公司曾试图向西班牙市场推出 2 升的塑料瓶装可乐，但购买的人却很少。原来西班牙一般家庭用的冰箱门上没有足够大的空间来放下 2 升的瓶子，可口可乐公司不得不改变包装的形状和大小。最后，包装必须注意安全，储藏和使用后的安全也要考虑，产品使用之后包装不能对环境产生有害作用。

值得注意的是，国际市场中的环保意识越来越强，包装物的处理利用问题引起了广泛的关注。国际企业必须对出口市场有关包装的环保要求有所了解。国际市场上的塑料包装已部分采用可生物降解的塑料以减少对环境的污染。例如，德国自 1991 年 12 月 1 日起，禁止使用一切由聚氯乙烯或聚苯乙烯泡沫塑料制成的包装物。

2. 装运要求

国际包装必须保证在将产品运往目的地的过程中产品不出现破损，不被偷盗，并且尽可能降低运输费用。若要满足上述要求，包装所采取的措施就要十分得当。在为外销产品设计适当的包装之前，先要考虑：产品经什么方式运输？产品运往什么地方？途中是否要堆放？要堆放多久？堆放在何处？怎样搬运？有什么不同寻常之处或需要特别注意的问题？有些问题在运输前很难获得答案，因而需就有关问题请教一下专营此业务的企业，对于改进产品包装是大有裨益的。

3. 中间商的要求

国际产品通过各种分销渠道分散、转移到世界各地的市场，必须采用良好的包装以满足中间商的要求。例如，包装要避免体积过大浪费货架空间，也要便于搬运，还要便于标价，最重要的是包装能够像活广告那样起促销的作用。

4. 政府的规定

国际企业应该了解进口国政府对包装的规定。例如，对包装的材料、重量、危险防护方面有什么标准？对销售包装的标签内容，包括文字、图案、雕刻及印制有哪些管理条例？越来越多的国家对产品包装制定了严格的标准，对食品、玩具、药物等产品更是如此。例如，加拿大曾于 1969 年通过《危险产品法案》，该法案规定所有的危险产品如洗涤剂、化学品、喷雾包装的商品都必须在包装上标明一系列警示符号，以提醒消费者该产品具有易燃、易爆、易腐蚀或有毒的危险。1974 年，加拿大通过的《消费品包装和标签法案》又增加了一系列规定。

不少国家对标签还有一些规定和要求。例如，许多使用两种语言的国家要求标签上必须两种语言并用，同样在计量方面采用公制的国家要求按公制计算体积和重量。许多国家还规定要提供详细的产品成分说明和营养信息，可能有害或者危险的产品还要提供警示标识，有时还需要提供正确使用产品的程序说明。包装和标签还要遵守国际惯例，尊重当地市场的习惯和要求，否则会引起误解，甚至是市场营销的失败。

任务二　国际市场营销价格策略

一、国际市场产品定价的影响因素

（一）定价目标

定价目标是指企业通过制定一定水平的价格所要达到的预期营销目的。由于企业拥有不同的内部资源能力，处于不同的国际市场营销环境，采取了不同的营销战略决定了企业定价目标会有所不同。不同的企业有不同的目标，就是同一企业在不同的发展时期也有不同的目标。因此，任何企业都不能孤立地确定价格，而是必须按照企业的目标市场战略及市场定位战略的要求来进行定价。企业在各个国外市场设定的定价目标不同，其定价策略也会有所不同。例如，国外市场具有较强的发展潜力，企业可能对于市场占有率更为重视而采取低价渗透策略；国外市场如果竞争不激烈，企业可能会采用高价撇脂策略以期短期之内获得较高利润；企业如果与当地厂商合资经营，那么既要考虑自己本身的目标，还要考虑合作伙伴的要求。企业的定价目标主要有以下几种。

1. 利润最大化目标

获取利润是企业生存和发展的必要条件，是企业经营的直接动力和最终目的，尤其是在目标国家市场未来可能会面临政局动荡或经济波动等风险时，企业通常追求快速回收最初投入市场的资金成本，并在此过程中实现利润的最大化。采用这种定价策略，需要注意以下两点：第一，当前利润最大化，有可能会导致销售量下降，丧失扩大市场份额的良好时机；第二，利润最大化有时并不意味着企业奉行高价策略，企业必须充分考虑价格造成的影响，甚至要以牺牲某时间段内某产品项目的利润为代价。当企业占据市场垄断地位时，它或许能够上调产品价格，然而，价格若设定得过高，则可能引起市场需求萎缩、替代品涌现、顾客满意度下降及政府监管介入等一系列后果。

2. 市场占有率最大化目标

市场占有率与利润相关性较强，高市场占有率伴随的大量销售会导致生产与分销单位成本的持续下降，提高企业的竞争力，因此，以最高市场占有率为定价目标具有获取长期较高利润的可能性。采用这种策略需具备以下条件：第一，当目标市场的反应较为灵敏时，采用更低的价格策略能够有效提振市场需求，吸引更多消费者。第二，随着生产和销售规模的扩张，成本会出现显著的降低趋势，经济效益随之提升。第三，在拓展海外市场时，如遇政策环境宽松，没有出现对市场份额进行限制的现象，企业则拥有更大的自主空间来制定市场战略。

3. 产品质量最优化目标

市场上产品的质量和售价往往是直接相关的，一些具有高感知质量、高品位同时获得市场认可的产品，可以以较高的价格为消费者所接受。因此，有的企业通过追求在目标市场上的质量领先地位，来达到最终获得较大收益的目标，通过高利润率来弥补质量领先所伴随的高额生产成本和研发费用。采用这种策略，企业必须尽量准确测定消费者购买和使用高质量产品后所产生的“效用价值”，在生产和市场营销过程中始终贯彻产品质量最优化的指导思想，并辅以相应的优质服务。

4. 维持生存目标

在企业面临生产能力过剩、产品积压严重、市场竞争白热化、客户需求发生转变、替代品涌现及资金流动性受限等多重困境时，企业通常会将生存或维持营业作为其核心定价目标。为实现这一目标，企业会采取积极的定价策略，即尽可能降低产品售价，甚至以保本价格或亏本价格销售产品。只要产品价格能够覆盖可变成本并适度分摊部分固定成本，企业即可维持基本的运营和生存状态。然而，这种定价目标通常仅作为企业在特定困难时期的过渡性策略，一旦企业运营状况得到改善或出现转机，便会转而寻求更为合理和有效的定价目标。

5. 维持企业或产品形象目标

维护企业形象目标指的是企业以坚守既有形象或维持社会公众对企业既定认知为基准，设定定价策略的核心目标。在确立以维护企业形象为定价目标时，企业需确保其产品的定价水平与社会公众对企业的整体印象保持一致。换言之，若企业以优质高档、服务卓越的形象著称，则产品的定价应相应设定在较高水平；反之，若企业形象以物美价廉、实惠可靠著称，则产品的定价应倾向于更为亲民的价格区间。这一策略旨在通过合理的定价策略，巩固和强化企业在公众心目中的形象定位。例如，京东商城、沃尔玛一直树立与维护价格低廉的形象。

6. 稳定定价目标

此定价目标的设定，旨在规避无谓的价格竞争，确保产品价格的相对平稳。众多企业，尤其是资金雄厚的大型企业或市场占有率较高的企业，为谋求长远经营与稳定现有市场份额，进而实现长期利润，常将避免竞争或维持价格稳定作为其定价策略的核心。而对于资源相对有限、实力稍显薄弱的小型企业而言，为防范大型企业的反击并维护其有限的生存空间，亦倾向于选择避免竞争作为定价目标。当企业面临产品成本变动或顾客需求转变时，只要竞争对手未对产品价格进行相应调整，企业通常不会主动降低或提升产品售价。然而，一旦顾客对企业产品价格表现出难以接受的态度，企业则会根据市场情况适时调整价格策略。

（二）成本因素

国际营销产品成本包括产品的生产成本和营销成本。生产成本是指企业在产品生产活动中所发生的费用与支出，主要包括原材料成本、生产线工人和管理人员工资与奖金，以及厂房、设备的投资费用。营销成本则是指企业在市场营销活动中所发生的各种费用支出，包括关税、分销成本、融资和风险成本等。

国际营销与国内营销在成本方面的不同，首先表现在构成成本的特定项目上，如国际营销独有的成本包括关税支付和报关文档处理等；其次，即使面对相同类型的成本项目，它们的重要程度在两种营销模式中也有所区别，如运费、保险费用及包装费用在国际营销场景下占成本的比例显著高于国内营销。

1. 关税

关税作为一种特殊的税费，是在商品跨越国家边界时征收的，是国际贸易中极为常见的成本元素，直接影响着进出口商品的价格。征收关税可以增加政府的财政收入，而且可以保护本国市场。关税额的高低取决于关税率，可以按从量、从价或混合方式征收。事实上，产品缴纳的进口签证费、配额管理费等其他管理费用也是一个很大的数额，成为实际上的另一种关税。此外，各国还可能征收消费税、交易税、增值税和零售税等，这些税收也会影响产品的最终售价。不过，这些税收一般并不仅仅是针对进口产品。

2. 中间环节费用

产品从生产地流通到最终消费者手上，要经历相应的中间环节，其间必然要发生相应的费用。中间环节费用主要包括运输费用和支付给中间商的费用。运输费用主要取决于产品生产地和最终用户之间地理距离的远近及运输难度的大小，中间商费用则取决于目标市场国家的市场分销体系与结构。在一些国家，产品从企业流转到目标市场的渠道比较短，中间商负担的储运、促销等营销职能的成本也比较低；而在另外一些国家，由于历史原因形成的产品分销渠道较长，或者由于某些国家缺乏有效的分销系统，中间商进行货物分销必须负担较高的成本。另外，对于家电、日用化工、服装、食品等产品来说，企业对销售渠道的控制力在很大程度上决定了营销的成败，因此，如果出口企业在东道国市场上必须借助当地的中间商，而这些中间商的实力又很强，那么企业的价格政策就会受到中间商的制约，大量利润经常会被中间商瓜分。

3. 风险成本

在国际营销的实际操作中，风险成本主要涉及两个关键方面：通货膨胀风险与汇率变动风险。由于跨境交易中的付款和收款流程较为耗时，这不可避免地加剧了期间可能发生的通货膨胀及汇率不稳定性所带来的风险。另外，为了减少买卖双方面临的各类风险及交易中的潜在阻碍，通常需要借助银行、期货市场等中间机构的服务，而这样的第三方介入同时也会额外增加一定的费用成本。这些因素在国际营销定价中均应予以考虑。

（1）通货膨胀。在高通货膨胀国家，成本可能比价格上涨得更快，而且政府往往为了抑制通货膨胀还对价格、外汇交易等进行严格的管制。企业必须做好对成本、价格和通货膨胀率的预测，在长期合同中规定价格调整的条款，并且尽量缩短向买方提供信用的期限。

（2）汇率波动。汇率波动是国际贸易中经常面对的问题之一，其风险成本也必须考虑。由于发达国家的货币基本上都采用浮动汇率制度，因此这些主要货币之间的比价变动使得人们很难准确地预测某种货币未来的确切价值。因此，不少企业在订立合同时越来越强调以卖方国家的货币计价，而以保值为目的的外汇期货交易也变得越来越普遍。

（三）市场需求

出口企业在制定出厂基本价时，需充分考量成本和预期利润，然而这一价格水平的确立，必须获得国外顾客的认可方为有效。鉴于各国文化背景、自然环境及经济条件等多元因素的差异，不同国家的消费者对相同产品的消费偏好往往大相径庭。在某一特定的市场环境中，对某一产品产生兴趣的消费者数量及其收入水平，对于最终确定产品的市场价格具有至关重要的影响。即便是在低收入消费群体中，若某产品因其特殊需求而备受追捧，其市场价格亦有可能攀升至较高水平。然而，仅有市场需求尚不足以决定价格，消费者的实际支付能力同样是决定产品价格的关键因素。所以，国际市场需求状况，即国外顾客对此产品的购买欲望和支付能力，就成了影响产品价格的主要因素。

（四）竞争因素

产品的国际定价，除了受到企业自身可以决定和控制的因素（如利润的加成高低和生产成本的大小）的影响外，还要考虑国际市场竞争程度这一不可忽视的因素。对于许多种类的产品来说，竞争因素是影响产品价格最为重要的因素。企业不仅要调查本企业产品和竞争对手产品在成本方面的差异，还要了解本企业产品和竞争对手产品在功能、质量、品牌、分销等方面的差异。因为，在充分竞争的市场上，企业的定价必然受到其他竞争者可能采取的对策的牵制。除非企业的产品独一无二，并受专利保护，才有可能实行高价垄断策略，否则一定要时刻注意竞争者介入的可能性和时间，相应地制定和调整价格。国际市场竞争状况主要表现为完全竞争、完全垄断和不完全竞争三种类型。

在完全竞争的市场环境下，买家与卖家群体庞大，每个卖家所提供的商品本质上无差异。在这种情况下，无论是买家还是卖家，都无法单独左右市场价格，他们既被地接受市场价格，也在集体行为中共同决定了市场价格的形成。资源可以自由流动，厂商进入或退出一个行业是完全自由和毫无困难的，市场上的每一个买家和卖家都掌握着与自己的经济决策有关的一切信息。在完全竞争格局下，价格主要取决于市场供求状况。一般来说，这种完全竞争的格局在国际情上是不存在的。

完全垄断与完全竞争正好相反，整个行业中只有一个厂商提供全行业所需要的全部产品，其他厂商几乎不可能进入该行业，没有任何替代品，也不受任何竞争者的威胁，厂商可以控制和操纵价格。这种情况现实中也较少出现。

不完全竞争市场介于完全竞争与完全垄断之间，是现实中最为常见的市场竞争情况。不完全竞争又可以分为垄断竞争和寡头竞争两种类型。垄断竞争既存在着激烈的竞争，又具有垄断的因素。一方面，产品之间存在差别，自身特点都是唯一的，因此每个厂商对自己的产品定价有自主权，使得市场中带有垄断的因素。另一方面，由于有差别的产品之间是非常相似的替代品，所以市场竞争激烈，如快餐食品集团、汽车加油站集团等。在寡头竞争市场上，只有少数几家厂商供给该行业全部或大部分产品，每个厂家的产量占市场总量的份额相当，对市场价格和产量有举足轻重的影响。寡头竞争行业往往是生产高度集中的行业，如钢铁、汽车、石油等行业。在不完全竞争格局下，企业可以根据不同产品的成本、质量、促销力量等因素来规定价格，同时应特别注意替代品的价格竞争。

（五）政府干预

为确保经济秩序稳定或达成其他政策目标，东道国政府可能会采取法律手段或其他措施，介入并管控外资企业的定价策略。此类干预具体体现为设定允许的利润率上限、限定商品最高及最低售价、控制价格波动范围、强制执行价格调整的审批程序，以及实施价格补贴政策等多种形式。例如，美国某些州政府通过租金控制法将房租控制在较低的水平上，将牛奶价格控制在较高的水平上；法国政府将宝石的价格控制在低水平，将面包价格控制在高水平等。另外，由于价格争议而引发的反倾销诉讼也很常见，它对出口企业的产品价格也会带来较大的影响，比如，在欧盟市场上，我国企业生产的鞋类和节能灯等产品就由于价格过低而受到反倾销制裁。即使东道国政府的干预很小，企业仍面临着如何应付国际价格协定的问题。国际价格协定是同行业各企业之间为了避免恶性竞争，尤其是竞相降价而达成的价格协议。这种协议有时是在政府支持下，由同一行业中的企业共同达成的；有时则是由政府直接出面，通过国际会议达成的多国协议。企业必须注意目标市场的价格协议，同时关注各国的公平交易法（或反不正当竞争法）对价格协定的影响。

二、国际市场定价方法

成本、需求和竞争是影响产品价格最重要的三个因素，相应地，企业定价主要有三种导向，即成本导向定价、需求导向定价和竞争导向定价。

（一）成本导向定价法

成本导向定价法是一种主要根据产品的成本决定其销售价格的定价方法。其主要优点在于比较简便，并可以保证企业基本上不亏本。企业在初步取得全球市场地位的时候，常采用这一定价方法。常用的成本导向定价法有成本加成定价法、目标利润定价法和边际成本定价法三种。

1. 成本加成定价法

成本加成定价法是指在总成本的基础上，加上一定的利润，来制定产品价格的定价方法。成本包括生产成本（包括固定成本与变动成本）和经营成本（包括销售费用、管理费用、运费、关税等）。成本加成定价法是企业最基本、最普遍采用的定价方法。其基本公式为：

单位产品价格＝单位产品成本×（1＋成本加成率）

单位产品成本不仅涵盖了产品的制造成本，还需审慎考量一系列与国际营销紧密相关的特有成本项目。这些成本项目包括但不限于关税、保险费、运费、外销中间商的毛利，以及融资和风险成本等。在制定产品价格时，企业必须明确这些费用究竟是由生产厂家承担，还是由出口商或进口商承担，进而确定是否需要将这些成本纳入价格计算之中。

成本加成定价法的主要优点是定价程序简单易行、可取得正常利润，行业内企业都采取这种定价方法，则价格在成本与加成相似的情况下也大致相似，可以减少价格竞争，对买卖双方比较公平。

成本加成定价法的主要缺点是忽视了市场供求关系的变化及影响产品销售的其他因素。不同的产品在同一时期、同一产品在不同时期（产品生命周期不同阶段）、同一产品在不同的市场，其需求弹性及市场供求关系都不相同。因此产品价格在成本的基础上，加上固定的加成比例，并不能适应迅速变化的市场要求，缺乏应有的竞争能力。

2. 目标利润定价法

目标利润定价法，即投资收益率定价法，是企业制定价格策略的重要方法。在该方法中，企业首先设定目标利润率，再根据其计算出目标利润额。综合考虑总成本、预期销售量及目标利润额后，企业可精确测算产品销售价格。此方法旨在确保企业在实现销售目标的同时，达到预期利润水平。其计算公式为：

单位产品价格＝（产品总成本＋目标总利润）/预期总销量

＝产品总成本/预期总销量×（1＋目标利润率）

一般而言，在市场环境相对平稳的情况下，企业可选择采用此方法，有助于确保实现稳定的利润率。但是，此方法的不足之处在于价格是根据估计的销售量进行计算的，而实际工作中，价格的高低反过来对销售量有很大影响。销售量的预计是否准确，对最终市场状况有很大影响。企业必须在价格与销售量之间寻求平衡，从而确保采用所定价格来实现预期销售量的目标。

3. 边际成本定价法

边际成本定价法，亦称边际贡献定价法，是一种以变动成本为核心依据的定价策略，该方法在定价过程中不将固定成本纳入计算范畴。其计算公式为：

单位产品价格＝边际成本＋边际贡献

在上述公式中，边际成本指每增加或减少一单位产品所产生的成本变化量；边际贡献指每增加或减少一单位产品销售所带来的收益。

利用边际成本定价法的基本出发点是，只要边际贡献大于零，企业就有利可图。这种方法适用于产品供过于求、卖方竞争激烈的情况，可以使企业在激烈竞争的国际市场减少损失，增加利润总额。企业采用边际成本定价法，还可以达到开拓更大国际市场的目的。不少企业在本国市场保持较高的价格，并借助本国政府的关税壁垒，使自己在国内市场的已有份额得到保护，同时看准机会采用边际成本定价法大举向国外市场销售产品。这种方法也适用于企业将价格作为主要市场竞争手段，打击或排斥竞争对手的情况。由于是不计固定成本的不完全成本定价，故售价较低，可以增强产品的市场竞争力。

（二）需求导向定价法

需求导向定价法是一种以国外市场需求强度及消费者对产品价值认知为基础来确立产品销售价格的策略。此定价方式的核心在于聚焦顾客能够接受的价格区间及其对应的需求规模，而非单纯依据产品的成本来设定价格。依照此方法，即便针对同一产品，若市场需求存在差异，亦可灵活调整并设定相应的价格策略。当然，这并不是说可以不顾及成本，如果产品价格连成本也不能补偿，显然企业是无法接受的。需求导向定价法主要有下面三种类型。

1. 需求差别定价法

需求差别定价法是指对于同一产品或劳务，根据不同市场、不同顾客、不同时间、不同地点分别制定不同的价格的方法。

2. 倒推定价法

倒推定价法指根据国外市场需求及顾客可以接受的价格，而不是产品的成本来定价的方法。即使产品成本一样，只要需求强度不一样，就可以制定不同的价格。按照这种定价方法，企业先分析国外市场的供求关系，估算出本企业产品在国外市场上的零售价格，然后扣除中间商的利润、关税、运费等，反推出产品的出厂价及离岸价。

3. 认知价值定价法

认知价值定价法并非以企业产品成本为基础，而是一种基于消费者对产品价值认同程度的定价方法。在此方法中，认知价值指的是消费者主观上对产品价值的认可，而非产品的客观实际价值。顾客对产品价值的感知并非主要由产品成本决定。因此，企业可采用多样化的营销手段，来影响国外消费者对产品的感知，引导他们形成有利于企业的价值观念。随后，企业可依据产品在消费者心目中的价值来设定国外市场价格。认知价值定价法的核心在于，企业需要精确计算产品所具备的全部市场认知价值，过高或过低的估值均会对定价效果产生不利影响。

（三）竞争导向定价法

竞争导向定价法指的是企业积极监控竞争对手的定价动态，并将这些信息作为自身产品定价的核心参考的定价策略。这并不意味盲目跟随，而是强调企业可根据竞争者的价格定位，灵活选择设定更高、更低或相等的价格。此策略的特征在于，即便面临成本波动或市场需求变化，只要竞争对手的定价保持稳定，企业通常会维持原价不变，体现了高度的价格联动性与市场响应策略。竞争导向定价法主要有下面三种类型。

1. 随行就市定价法

为减少或规避竞争压力，企业在定价策略上采取了一种稳健的方法，即参照本行业在特定目标市场上的价格水平来确定自身产品的价格。针对某些大宗商品，如粮食、茶叶、咖啡、石油等，由于其世界市场价格具有广泛认知且基本为流行价格，企业通常会选择跟随市场定价，以维持价格的稳定性和市场竞争力。

2. 密封投标定价法

这种定价法主要用于企业参加国际招标订货，企业预计竞争者的报价，并以比其更低的价格报价，以便能够中标。企业利润和投标中标率成反比，投标者需要协调好这两方面的关系。

3. 正面竞争定价法

该定价方法并非简单地追随竞争者的价格，而是依据企业自身产品的实际情况及与竞争对手产品间的差异化状况来精准制定价格。对于那些具备雄厚实力或产品特色鲜明的企业而言，在特定时期的某一市场中，若主要目标在于击败某些竞争对手，其便能够凭借低于竞争对手的价格优势迅速进入市场，进而夺取市场份额。在同类产品供应企业众多、市场份额相对分散的市场环境下，规模较大的企业往往采取此种策略，以逐步侵蚀相对弱小企业的市场份额。

三、国际市场产品定价策略

（一）新产品定价策略

新产品的价格水平，既要有利于其扩大市场占有率，也要能够起到避免竞争的作用。新产品定价策略包括撇脂定价和渗透定价。

1. 撇脂定价策略

撇脂定价策略指的是在新产品进入目标市场之初，设定较高价位，以期在竞争对手推出类似产品并以较低价格竞争之前，迅速实现利润最大化，从而有效回收产品开发的成本与投资。

这种定价策略有如从鲜奶中撇取奶油一样，因而将其称为撇脂定价。企业能够这样做，是因为新产品刚刚推出时，市场上缺乏有力的竞争产品，又由于是新产品，价格缺乏可比性，产品需求弹性小，而有些购买者可能主观上认为这类商品具有较高的价值。撇脂定价策略的优点在于新产品投入期内，竞争的产品种类少，价格远远高于其价值，企业将能够较快地收回投资费用；如果将高价向下调整，在竞争时价格将更有优势，消费者更易接受。

许多企业采用撇脂定价策略取得了成功。苹果公司的 iPod 产品是 21 世纪前十年最成功的消费类数码产品，2001 年一推出就获得成功，第一款 iPod 零售价高达 399 美元，即使对于美国人来说，它也属于高价位产品，但是仍有很多“苹果迷”花钱购买。苹果的撇脂定价取得了成功，但是苹果公司认为还可以“撇到更多的脂”，于是不到半年又推出了一款容量更大的 iPod，当然价格也更高，零售价为 499 美元，仍然卖得很好。苹果的撇脂定价策略大获成功。

撇脂定价策略的缺点在于，高价会吸引竞争者进入市场；另外，由于新产品刚投入国际市场，声誉尚未树立，实行高价不利于开拓市场和吸引收入较低的消费者进入消费领域。从国际营销实践看，具备如下条件的企业可以采取撇脂定价策略：

（1）市场有足够的购买者，且需求缺乏弹性，即使把价格定得很高，市场需求也不会大量减少，或高价带来的利益高于高价造成的需求量下降而带来的损失。

（2）有专利保护或是有技术诀窍的产品，抑或是独家经营，没有竞争者。

（3）商品价格与产品质量相称，企业旨在通过设定较高的产品价格，塑造高档产品的品牌形象。

2. 渗透定价策略

渗透定价策略，指的是企业在将新产品推向国际市场之际，采取相对较低的价格定位，旨在吸引广大顾客群体并快速占领市场份额。此策略旨在短期内获得较高的市场占有率，有效排斥竞争对手，进而确立企业在市场中的领先地位。渗透定价策略的优点是能够促使消费者尽快接受新产品，从而打开产品销路，使产品迅速占领国际市场，并有效地阻碍新竞争者的进入，有利于企业保持和扩大现有市场份额。其缺点是，企业将新产品定价压低不利于投资的尽快收回，以后因各种因素需要提价时，很难得到消费者的理解，销售量会减少。从国际营销实践看，企业采取渗透定价策略需具备以下条件：

（1）产品价格需求弹性较大，较低价格会带来销售量和利润的较快增长。

（2）该产品呈现出显著的规模经济效应，具体而言，随着销售量的逐步增加，企业的生产成本和经营费用将呈现下降趋势。

（3）产品的低价不致引起竞争者的报复和目标市场国政府认定倾销。

（二）心理定价策略

企业在决定对外销售产品的价格时，除了考虑消费者需求外，还要考虑消费者的心理价格。心理定价策略是指根据消费者不同心理需求及特点制定不同价格的策略。这种策略主要有以下几种类型。

1. 声望定价策略

声望定价策略就是指企业凭借企业或商品在消费者中的声望，制定大大高于其他同类商品价格的策略。在国际市场上有许多商品在消费者心目中有极高的地位，如名牌工艺品、名牌高级汽车等，多数消费者购买这些商品，目的在于通过消费此类产品而获得极大的心理满足。他们重视的是商品的品牌及企业的声望，重视商品能否显示他们的身份与地位，对价格不是非常敏感，可以为此支付高昂的代价。另外，有时消费者无法对产品质量进行实际的鉴别，往往以价格判断质量，认为高质高价。这种定价策略也适用于非生活必需品及具有民族特色的手工产品，这类产品采用极品价格形象，注重产品品牌打造，具有上乘的质量和独特性，高度满足消费者精神上的需求。利用企业和产品品牌在市场上已经获得的声望，将产品定成高价必须做到价格真正与声望和质量相符，否则就会导致产品滞销和声望丧失。

2. 尾数定价策略

尾数定价又称零头定价或奇数定价，是指企业把价格定为非整数价格，而且常常以奇数作尾数的定策略。这是利用消费者追求实用价值和低廉价格的心理而采取的一种定价方式，即设定带有零头的尾数价格，营造出商品价格更为经济实惠的印象，从而激发购买意愿。例如，标价 99.9 元的商品和 100 元的商品，虽然仅相差 0.1 元，但前者给消费者的感觉是不到 100 元，而后者却使人觉得是 100 多元。同时，带有尾数的定价可以使消费者认为商品定价经过了非常认真、准确的计算，分角不差，更容易产生信任感。

3. 整数定价策略

与尾数定价相反，整数定价策略是取整不取零的定价策略。在整数定价方法下，价格的高并不是绝对的高，而是凭借整数价格产生高价的印象。这种定价策略主要用于名优产品、流行品、高档消费品或礼品等，能给消费者带来一种高档优质的感觉。如女装可以定价 1799 元，采用整数定价就可以改为 1800 元。

4. 招徕定价策略

招徕定价策略指将产品的价格定得较高或较低，引起消费者的好奇心吸引其前往购买，连带性销售其正价产品，通过其他商品销售获取利润的定价策略。百货商店、超市、专卖店等常采用此策略。招徕定价分为高价招徕和低价招徕两种。一般低价招徕更为常见，将少数产品的价格定得较低，在吸引顾客购买低廉产品的同时购买其他价格正常的商品，最终达到扩大销售的目的。

5. 习惯定价策略

习惯定价策略是指按照消费者长期习惯购买的价格进行定价的策略。许多日常消费品长期按固定价格出售，在消费者心目中逐渐形成了习惯接受的价格，如啤酒、香烟、饮料、香皂，食用盐等。当企业以高于此价格水平出售产品，可能就会引起消费者的不满而抑制购买，所以需要谨慎提价。

（三）折扣定价策略

企业为了鼓励顾客及早付清货款、大量购买或者淡季购买，可以酌情降低其基本价格，这就是折扣定价策略。这种价格调整叫做价格折扣或折让。折扣定价策略主要有下面几种情况。

1. 现金折扣

现金折扣是指企业针对在规定期限内提前支付款项或选择现金支付方式的客户所提供的价格优惠。此举旨在优化企业现金流状况，有效减少销售费用支出，并进一步降低利息负担及财务风险，从而提升企业的整体运营效率与经济效益。

现金折扣一般应在合同的付款条件上注明，国际最常见的现金折扣用语是“2/10，net/30”，即买方若在成交后 10 天内付清货款，则给以 2%的折扣，全部货款最迟也要在 30 天付清，否则就是违约。

2. 数量折扣

数量折扣是企业根据顾客购买数量的多少而设定的一种优惠政策，旨在激励顾客增加购买量。具体而言，购买数量越多，所享受的折扣幅度越大。数量折扣主要包括两种形式：累计数量折扣和一次性数量折扣。累计数量折扣，即在规定的时间范围内，顾客购买商品若累计达到一定数量或金额，将根据其总量给予相应的折扣优惠。而一次性数量折扣则是指顾客在一次购买某种产品时，若数量达到一定标准，即可享受相应的折扣优惠。通过实施数量折扣政策，企业不仅能够有效鼓励消费者进行大批量购买，从而扩大销售量，同时也能够降低企业在订货、运输、搬运等方面的成本支出。

3. 功能折扣

功能折扣是企业针对处于不同渠道的中间商或同一渠道中不同环节的中间商，根据其在渠道中所承担的功能和所发挥作用的不同，在交易过程中给予相应折扣的优惠方式。此举旨在充分发挥中间商的潜在功能，以达到渠道最佳使用效果的目标。通常情况下，该折扣率保持相对稳定，其制定基础在于确保买卖双方均能获得合理的平均利润。

4. 季节折扣

季节折扣是企业给那些购买季节性强的商品或服务的顾客的一种折扣方式，有些商品的生产是连续性的，而其消费却具有明显的季节性。为使企业的生产和销售在一年四季保持相对稳定，企业便会采用这种折扣方式。

5. 折让

折让作为一种促销手段，其形式包括但不限于以旧换新、回扣及津贴等。其中，以旧换新是指在顾客选购新产品之际，允许其将先前购买的同类型旧产品按一定价格折算，并从新品的应付价格中予以扣除，顾客仅需支付余额部分。此举旨在激发消费者的购买欲望，推动产品升级换代，进而扩大新一代产品的销售规模。回扣，作为间接折扣的一种表现形式，指的是在购买者依据价格目录全额支付货款给销售者之后，销售者会根据事先约定的比例，将货款的一部分返还给购买者。这一措施有助于维系与客户的长期合作关系，提升客户满意度。而津贴则是企业出于特定目的，针对特定顾客群体所采取的一种价格补贴或其他形式的补贴。津贴的发放有助于企业在激烈的市场竞争中吸引和保留优质客户，提升品牌影响力和市场份额。

（四）差别定价策略

国际营销时企业可以根据顾客需求特征的不同，制定差别的定价策略。差别定价策略主要有下面几种类型。

1. 顾客差别定价

顾客差别定价是指同一产品针对不同身份、行为、心理的顾客制定不同的价格。例如，某商品卖给新顾客 50 元，卖给老顾客或贵宾顾客 47 元；乘坐交通工具时儿童票是成人票的半价等。

2. 时间、季节差别定价

时间、季节差别定价是指同一种商品随时间、季节的不同制定不同的价格。比如，景区门票在旅游淡季时，为了刺激消费，会做较大幅度下调，旅游旺季时价格会适度上调。

3. 产品形式差别定价

产品形式差别定价指的是企业在销售过程中，针对不同型号或形式的产品，分别设定各异的价格。然而，这种定价方式的一个显著特点在于，不同型号或形式产品之间的价格差异，与其所对应的成本费用差异并不呈现直接的比例关系。

4. 出售位置差别定价

出售位置差别定价是指产品成本相同，但是会根据产品所出售位置的不同制定不同的价格。例如，饮料在大型超市、便利店、自动售货机、火车站、机场等不同的地方出售价格会有差异。

（五）产品组合定价策略

产品组合定价策略主要有下面几种类型。

1. 产品线定价

产品线定价是指利用顾客对产品线系列产品的价格的理解来定价。对产品线内的不同产品，要根据产品的质量和档次、顾客的不同需求及竞争者产品的情况确定不同的价格。如服装商店对男士西服定价 220 元、650 元、1100 元三个价位，顾客自然会以三个质量等级来对应选购三种价格的产品。营销人员的任务就是使顾客确信本企业是按质论价，“一分钱，一分货”。但是，企业在进行产品线定价时应该注意，产品线中不同产品的价差要适应顾客的心理需求，价差过大，会诱导顾客趋向于某一种产品，价差过小，会使顾客无法确定选购目标。

2. 任选品定价

任选品是指企业在提供主要产品的同时，还会提供一些与主要产品密切相关的选择品。这些任选品的定价合理与否，可能会直接影响到主要产品销售。企业为任选品定价有两种策略可供选择：一种是为任选品定高价，靠它来赢利；另一种是定低价，把它作为招徕顾客的项目之一。例如，有的饭店的饭菜定价较低，而酒水、饮料等任选品定价很高；而有些饭店，酒水、饮料等任选品定低价，而饭菜定高价。

3. 附属产品定价

有些产品需要附属产品或补充产品，如剃须刀片和胶卷。企业常常以较低价销售主产品来吸引顾客，以较高价销售备选和附属产品来增加利润。例如，惠普打印机价格很低，但原装硒鼓价格却和打印机一样高，连续不断地使用打印机，硒鼓的消费会连续不断，从而实现高额的利润。采用这种策略的条件是附属产品具有不可替代性，如某种型号的剃须刀片是其他刀片不能替代的。

4. 副产品定价

在生产加工肉类、石油产品和其他化工产品的过程中，常常有副产品。如果这些副产品对某些客户群具有价值，必须根据其价值定价。副产品的收入多，将使公司更易于为其主要产品制定较低价格，以便在市场上增强竞争力。因此，生产商需寻找一个需要这些副产品的市场，并接受任何足以抵补储存和运输副产品成本的价格。

5. 分部定价

分部定价是指企业在其产品组合内实行分段或分部分定价。此方法在服务行业常使用，服务型企业常收取一笔固定费用，再定期收取可变使用费用。例如，移动电话的花费一般由基本的月租费，再加上用户每月不同使用程度的通话费用组成。

6. 捆绑定价

捆绑定价是指将两种或两种以上的产品捆绑打包出售，并制定一个合理的价格，通常以低于分别销售时支付总额的价格销售。例如，航空公司对往返机票的定价；饭店将几种不同的菜搭配成一份套餐进行定价；银行对其提供的一整套不可分的服务进行定价；旅行社对整个旅行线路进行定价。这种定价方法也常常出现在信息商品领域，例如，微软公司曾将 IE 浏览器与 Window 操作系统捆绑，并以零价格附随出售。

（六）地理定价策略

地理定价策略是一种根据商品销售地理位置不同而规定差别价格的策略。地理定价策略主要有下面几种类型。

1. FOB与CIF

FOB，即“Free On Board”，指的是在原产地进行定价的方式，也被称为离岸价。在此价格体系下，生产企业负责将产品运送至指定的运输工具之上，如卡车、火车、船舶或飞机等，完成交货义务。一旦产品成功装载至运输工具，其所有权便随即转移至买方手中。在此之后，运输过程中的所有相关费用及保险费均由买方承担。这种定价方式对于生产企业而言，具有操作简便、成本节约及风险较低等优势。然而，它也可能对销售扩张产生一定的制约影响。

CIF（Cost，Insurance and Freight）是指一种价格条款，涵盖了成本、保险费和运费等要素，亦被称为到岸价。与离岸价相较，到岸价的形成涉及出厂价格，以及从产地至目的地所产生的各项手续费、运费和保险费等费用。在此价格模式下，出口企业需承担海外运输与保险的责任，虽然涉及的程序较为烦琐，且卖方所承担的费用和风险相对较高，然而此举有利于拓宽产品销售渠道，促进市场扩张。

2. 统一交货定价

统一交货定价是指不论消费者的地理位置远近，企业均提供统一的商品价格，并负责将商品送达顾客所在地的一种定价策略。这等同于到岸价加上一个根据平均物流成本计算的固定运费，旨在均衡各地顾客的花费，尤其是减轻偏远地区消费者的负担，同时营造出免费配送的增值服务印象，激励购买行为。该策略简化了价格管理体系，有利于全球范围内价格信息的一致性传播，对于提高远离生产地市场的占有率尤为有利，但也可能导致附近地区的市场份额流失。它最适合应用于体积小巧、重量轻便或运输成本占总成本比例不大的商品类型。

3. 分区定价

分区定价，也称区域定价，指卖方根据顾客所在地区距离的远近，把销售市场划分为若干区域，在每个区域内实行统一价格，这种价格介于产地交货定价和统一定价之间。比如，出口到美洲各国用一种价格，在欧洲各国用另一种价格，在亚太地区用第三种价格。产品在同一地区的价格相同，在不同地区价格有差异，离企业较远区域的产品价格略高一些。采用分区定价有利于企业在同一个大的市场区域内保持价格的一致，同时在不同的大区域之间体现价格差别。但是企业采用分区定价要注意以下问题：在同一价格区域内，有些顾客距离企业较近，有些顾客距离较远，而采用同一价格会有失公平；处于两个价格区域交界地的顾客，虽相距不远，却要按高低不同的价格购买同一种产品，可能导致中间商随意跨区域销售，不利于企业对区域价格的控制。

4. 基点定价

基点定价是企业选定某些地点作为基点，然后按一定的价格加上从基点地区到顾客所在地的运费来进行定价。不少货物，如钢铁和木材，由于产地比较集中，企业会先把它们集中到某个固定的地点，再从那里向各地区运送。这样的固定发货地点称为

“基点”，而货物在基点的发货价叫“基点价”。接着，当货物从基点运送到各地后，要加上相应的运费，才成为当地的售价。一般而言，离基点较近的地区，售价就较低；离基点较远的地区，售价就较高。采用这种方法，减少了顾客购买价格的差异，有利于统一产品的市场价格。企业可以选定多个基点，按照顾客离得最近的基点计算运费。例如，企业出口产品到欧洲，可将产品先运输到荷兰的港口，然后通过集装箱将产品运到欧洲各地。

5. 运费免收定价

运费免收定价策略，旨在弥补原产地定价策略的局限性，降低买方在运输过程中产生的额外费用，如运费和保险费等，从而减轻其经济负担。根据此策略，企业将承担全部或部分实际运费，以体现对客户的关怀与支持。此举不仅有助于缓解边远地区顾客面临的运费压力，还有助于企业稳固市场地位，并进一步拓展新的业务领域。

（七）跨国公司转移定价策略

转移定价指在跨国企业体系内，母公司与子公司，以及子公司之间开展产品购销、商务合作、技术许可及资金借贷等活动时所制定的内部交易价格。此类价格的设定，并非依据市场供需变动及独立竞争机制，而是基于跨国公司或企业集团的总体战略规划及整体利益最大化的考量，由总公司高层决策者根据人为因素进行确定。跨国公司采用转移定价的方法一般有以下几个目的。

1. 逃避关税

一些国家征收较高的关税，这就增加了子公司进口原材料和零部件的费用，由此将削弱子公司产品在市场上的竞争力。通过转移定价就可减轻关税（主要是进口税）负担，从而减少公司总体的税额。

世界经济区域化的发展为跨国公司利用转移定价避税提供了新的途径。如欧盟规定，若商品是在欧盟国家以外生产的，由一成员国运往另一成员国，必须缴纳关税；但如果该商品价值的一半以上是在欧盟成员国家内增值的，则可以在欧盟成员国间自由运销，免征税赋。因此，假设一家美国的跨国公司将一批半成品运往其德国子公司，制成成品后欲在欧盟国家内部销售，它就可以先将半成品低价出售给设在德国的子公司，在德国制成成品，这样所形成的价值一半以上是在德国增加的，便可在欧盟国家间自由运销而无需缴纳关税。

2. 减少税负

转移定价可以合理避税。跨国公司分布于世界各国及地区，各国国际税收政策有较大的差别，故所得税税率高国家的子公司，高价从所得税税率低国家的子公司购买生产资料和产品，或低价向其他子公司出售生产资料和产品，即可将利润尽可能转移到低税率国家的子公司，进而从总体上减轻公司所得税负担。

3. 调节利润

国际企业为了使它新建的子公司在竞争中具有较高的信誉，易于在所在国销售证券或取得信贷，往往通过转移定价使它的子公司显示出较高的利润率。反之，如果一家子公司在所在国获取的利润较高，容易引起所在国政府和居民的反感，国际企业又可利用转移定价来降低这家子公司的利润率。

4. 避开外汇及物价管制

实行外汇管制的国家往往会对外国公司汇出利润有时间和数量限制，跨国公司通常采取提高进口货价的办法，增加向国外汇款，并在预测东道国政局不稳、政策变化、汇率变动时也可用同样的方法抽回资金和利润。此外，当一国货币即将贬值时，设在该国的子公司尽力提高转移定价以利于利润和其他现款从该国转移到国外。当一国实行物价管制时，跨国公司通过操纵调拨价格，以达到抬高价格增加利润的目的。

5. 规避各类风险

跨国投资时时刻刻都面临着各类政治或经济风险，如战争、政局动荡、政府征用、没收、外汇管制、通货膨胀、银根紧缩等，可通过转移定价，转移公司利润，避免风险。

四、国际市场产品调价策略

由于国家营销环境的变化，国际企业必须对产品的现行价格进行适当的调整。企业利用自身的产品或成本优势，主动对价格予以调整，称为主动调整价格。如果竞争对手主动调价，企业为了应对竞争对手而调整价格，称为被动调整价格。无论是主动调整还是被动调整，都包括提价和降价两种形式。

（一）国际市场产品提价策略

企业提高产品价格，能够增加企业利润，但却会引起消费者和国外中间商的不满，导致竞争力的下降。通常，导致企业提高产品价格的情况有以下几种。

1. 成本上涨

鉴于原材料价格的提升及人工费用的增长，企业在生产过程中不得不实施提价措施。为确保稳定的利润及生产的可持续性，提价策略成为必然之选。

2. 通货膨胀

在经济全球化背景下，持续的通货膨胀导致消费者实际购买力下滑，企业成本负担日益加重，利润的实际价值亦呈现下降趋势。为有效减少损失，众多企业不得不提高产品定价，将通货膨胀所带来的压力转嫁给中间商及终端消费者。

3. 供不应求

当企业产品面临供不应求的市场状况且生产规模扩张受限，难以充分满足广大顾客的需求时，针对部分热销产品，企业可通过提价手段控制需求增长，同时实现较高的利润回报。

（二）国际市场产品降价策略

在多种因素的相互作用下，企业的价格调整策略不仅涵盖提价，也涉及降价，下面的场景可能导致企业选择调低产品售价：

1. 过剩产能导致的供大于求

当国际市场上的商品供应过剩，企业面临库存积压难题，且通过增强营销活动或其他措施无法有效提振销量时，降价成为刺激消费、缓解库存压力的必要策略。

2. 竞争白热化下的市场保卫战

遭遇激烈的市场价格战，若企业市场份额缩水，为稳固阵地并遏制对手进一步侵袭，降价促销成为一种常见防御手段。例如，中国轿车市场曾一度被桑塔纳、捷达、夏利等品牌主导，这些轿车虽品质平平，但价格高昂，后来，奇瑞、吉利、长城等本土品牌凭借亲民价格迅速扩张，迫使大众、通用等国际巨头采取降价及新品发布等策略予以回应。

3. 借助成本优势实施价格战略

若企业在国际市场的运营成本较竞争对手低，这就为其提供了调价的灵活性。此时，企业可能利用成本优势，通过适度降价来拓宽市场版图、提高市场占有率，并对竞争者形成挤压。尤其在消费者对价格变动敏感的市场环境中，合理降价往往是快速吸引顾客、提升市场份额的有效手段。

（三）消费者对价格变动的反应

企业在提高产品价格时，可能会抑制需求导致销售量下降，但消费者也可能基于其他因素选择购买。部分消费者认为提价意味着市场需求旺盛，或认为提价后产品更具价值。不同价值定位的产品在发生价格变动时，消费者对其敏感度各异。高价值且为必需品的商品发生价格变动，消费者敏感度高；低价值且不常购买的商品发生价格变动，消费者关注度低。当产品降价时，通常销量会增加，但也可能因顾客误解而减少销量。例如，消费者可能认为产品即将被替代、存在缺陷、企业财务困境或降价会继续。不适当的降价可能导致销售量减少。

（四）竞争者对价格变动的反应

企业在考虑调整价格时，还必须考虑竞争者对价格变动的反应。缺少这一过程，调价策略往往难以成功，很少会取得满意的效果。首先，企业要明确竞争者的营销目标。如果竞争者的目标是实现企业的长期最大利润，那么对于其他企业降价，其一般不会随之降价，会加强在其他方面的优势，如增加广告宣传、提升产品质量和服务水平、优化售后服务等，而对于其他企业提价，其往往采取跟进上调；如果竞争者的目标是提高市场占有率，对于其他企业下调价格，其往往会跟进，而对于其他企业提价，其往往会较为谨慎相应地调整价格。除此以外，企业要调查、研究竞争对手目前的财务状况、销售和生产能力、顾客忠诚度及企业其他内部资料等，判断竞争对手的反应，以便采取适当的对策。

（五）企业对竞争者价格变动的反应

当竞争者的价格先变动时，企业的反应会因市场的不同而有所不同。在同质产品市场中，竞争者降价，企业必须随之降价，否则大部分顾客将转向价格较低的竞争者；但是，如果竞争者提价，企业可以跟进，也可以暂且观望。如果大多数企业都维持原价，最终可能迫使竞争者把价格降低，使竞争者涨价失败。在异质产品市场中，由于每个企业的产品在质量、品牌、服务、包装、消费者偏好等方面有着明显的不同，面对竞争者的调价策略，企业有更多的选择自由。例如，企业可以加强非价格竞争、加强广告攻势、增加销售网点、强化售后服务、提高产品质量，以及在包装、功能、用途等方面对产品进行改进。

任务三　国际市场营销渠道策略

一、国际市场营销策略概述

（一）国际市场营销渠道基本结构

由于社会分工的存在，产品在由国内生产者向国外最终消费者或者用户转移的过程中要经过各种各样的中间环节。产品的特性、企业的指导思想等方面的差异导致了产品的国际市场营销渠道的不同。综合起来，产品的国际市场营销渠道可分为两个部分，一部分是产品在出口国市场的营销渠道，另一部分是产品在进口国市场的营销渠道。产品在出口国市场的营销渠道主要有两种形式，而在进口国市场的营销渠道主要有四种形式，两两对应，这样产品在国际市场上的营销渠道形式共有八种，如图 6－3 所示。

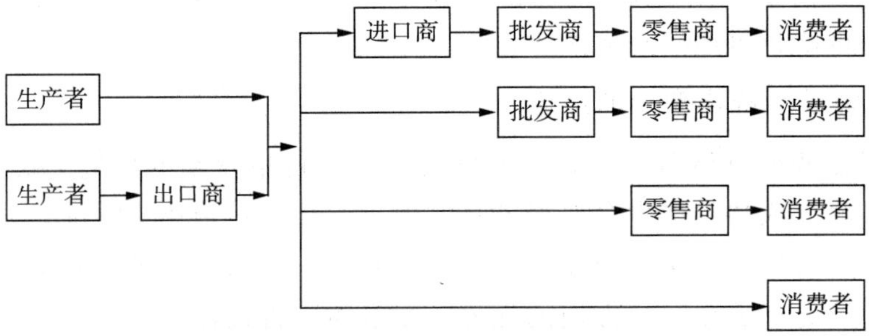

图 6－3　国际市场营销渠道的基本结构

（二）国际市场营销渠道的发展趋势

营销渠道中的渠道成员和渠道的构成不是一成不变的，随着经济的发展、消费行为的改变、物质条件的改善、市场结构的变化，商业业态和渠道组织都在不断变化。20 世纪 70 年代以来，由于全球经济一体化和企业竞争国际化的发展，大型跨国公司日益成为国际市场竞争的主体。跨国公司凭借其雄厚的资源，在国际市场经营过程中往往综合运用产品、价格、渠道、促销策略，对营销渠道拥有比较大的控制权，上述因素导致了营销渠道的联合化趋势。

（三）影响国际市场营销渠道设计与选择的基本要素

国际市场营销渠道设计是企业国际市场营销中的一项重要活动，其是从生产者的角度为企业规划跨越国境的营销网络，它的中心问题是确定到达国际目标市场的最佳网络途径。选择国际市场营销渠道要求企业对各种不同的环境因素进行综合分析，包括顾客因素、产品性质、中间商因素、竞争因素、企业因素、环境因素和渠道成员彼此的权利与义务等。

1. 产品特性

不同产品由于其各自的特点不同，所以对渠道有不同的要求。如鲜活易腐产品、生命周期短的产品和时兴产品显然应采取最直接的渠道；体积大、分量重、技术性强的专用产品适用于尽可能短的渠道；单价高、需较多附加服务的产品多由生产企业直接销售或只经过一道中间环节；产品越标准化，越为顾客所熟悉，渠道越可以长而宽。新产品尚未被市场接受、需求不稳定时，通常要由生产企业自己派人直接从事推销和市场开拓，随着市场接受程度的提高，渠道也可以随之改变。例如，一种运动果汁饮料刚开始只供应运动队、体育馆和健身俱乐部，随着接受者范围的扩大，开始进入超级市场、便利店和快餐店。

2. 市场特点

市场潜量大，越需要利用中间商；市场潜量小，企业可以考虑直接利用推销员推销。个人消费者市场较为分散，购买商品频繁且数量少，要求就近方便买到，如果采用“生产者—零售商—消费者”的短渠道，势必因订货频繁、运输存储工作量大而增加流通费用，所以生产厂家和零售企业，特别是中小企业，宁愿在批发企业的协助下组成长渠道或利用批零合一的连锁店。顾客购买商品的频率高，可以选用较多的中间商；顾客集中、大批购买可少用中间商而直接销售，如产业用户因其购买批量大而集中，更希望与供货厂家直接交易，以节约流通费用。出于同样的目的，大型零售商也力图绕过批发商，寻找最短的进货渠道。对于高新技术产品和特种制品，因用户需要复杂、系列化的服务，不宜广泛使用中间商。

3. 中间商的特点

一般而言，不同中间商在促销策略、谈判技巧、存储管理、交际能力及信用状况等方面均展现出不同的专业能力。例如，专业进口商凭借丰富的经验和深厚的市场认知，能够熟练掌握本国市场的营销渠道，并对各类进口规定有深入的了解，因此尤其适用于那些对东道国市场不甚熟悉的外国企业。而直接经营进口商品的零售商则通常设有专门的进口部门，以便准确掌握市场动态；批发商则以其大批量采购的能力见长。

4. 环境特性

在国际市场上，企业大多尽量避免使用与竞争对手相同的营销渠道，但有些企业常常采用与竞争产品同样的渠道。如生产购买者卷入程度小、品牌差别却较大的产品如食品等的企业，希望将自己的产品与竞争对手的产品摆在一起卖，以供消费者选择。企业利用营销渠道不仅受到竞争者所使用的渠道的制约，同时还需要了解市场上各中间商的规模、承担各种职能任务的优势和弱点。如在某一市场上，大型零售商较多，进货批量大，足以和生产企业的产量相匹配，在这种情况下，企业就可以将产品直接卖给零售商，而不需要批发商转手，渠道就会较短；相反，如果中小零售商数目多，竞争激烈，则通过批发商的长渠道才能取得较好的营销效益。

5. 企业特性

那些不仅规模大、名气大，而且资金雄厚、产品优良、优势卓著的企业，在选择营销渠道和中间商时会有更大的主动权，甚至可建立自己的销售公司，其营销渠道会短而宽。此外，企业的“产品组合”情况亦影响其营销渠道的选择，如产品组合广，与顾客直接打交道的能力强，渠道可短而宽；如产品组合深，则适于窄渠道。同时，企业的营销策略也会影响其渠道设计。如一家汽车制造商打算为顾客提供及时的维修服务，势必要建立众多的服务维修网点和广泛分布的备件存储点，或者是配备速度更快的运输工具。另外，企业本身控制渠道的愿望也有不同，有的制造商为了控制产品的营销渠道，明知成本较高，也愿意采取短渠道销售，因为这样可以增强推销力量、保持产品存货的新鲜度及控制零售价格等。如果生产企业希望完全控制其产品的市场定位、价格和形象，就要建立专卖店或专卖专柜，反之则可以通过较多的中间商销售，而控制能力薄弱的企业只有依靠中间商提供销售服务，营销渠道相对长些。

6. 渠道成员彼此的权利和义务

在确定国际市场营销渠道的模式和选定合适的中间商后，企业务必明确渠道中各成员之间的权利与义务，以确保利益关系的妥善处理并加强渠道成员间的合作。渠道成员间的权利与义务，应围绕核心利益展开，涵盖价格政策、交易条件、中间商的地域权限及各方提供的特定服务内容等方面，以确保渠道运作的规范性和有效性。

在价格政策上，生产商要制定一个价格目录，明确规定对不同类型的中间商或不同的购货数量所给予的不同折扣或价格优惠。

在买卖条件上，对于提前付款或按时付款的中间商，生产商应该根据其付款的时间给予不同的折扣，这样既可刺激中间商的积极性，同时又利于生产商的货款回收，加快资金的周转速度。

在中间商的地域权限上，生产商应该对中间商在地区划分、覆盖范围、权利和责任方面进行明确的规定。例如，特许经营权的发放范围、管辖区域及其责任和报酬都应该在特许经营权协议中明确地予以规定。这样做一方面可以减少不必要的争执和冲突，另一方面可以最大限度地调动中间商的积极性。

在各方应提供的特定服务上，生产商和中间商在广告宣传、资金投入、人员培训等方面可能存在利益上的争执，因而最好的形式就是用协议或合同的方式加以明确规定。例如，各方订立一个协议，规定如果中间商为产品提供广告宣传，生产商可以让利5%，并在资源紧俏的时候优先供应进行了广告宣传的中间商，这样就能起到鼓励中间商承担其职能的作用。

二、国际市场营销渠道成员

国际市场营销渠道成员指那些在商品国际市场营销流通过程中扮演重要角色的各类中间商。这些中间商可根据其地域分布划分为两大类别，即国内中间商与国外中间商。

(一) 国际市场营销渠道成员（中间商）的基本类型

在企业的国际市场营销过程中，中间商承担了重要的中介和桥梁作用，因而需要进一步将中间商进行分类，以便掌握不同类型中间商的特点，充分发挥各类中间商在国际营销渠道中的作用。

1. 出口中间商

出口中间商是设在生产企业本国的专业中介，协助生产企业与国外客户进行交易，根据是否拥有商品所有权，可将其分为出口经销商和出口代理商。出口经销商拥有商品所有权，自主买卖运营；出口代理商则以受托人身份代表委托方进行买卖活动，收取佣金，但不拥有商品所有权。这种分类有助于生产企业了解不同出口中间商的角色与运营模式，做出明智选择。

(1) 出口经销商

出口经销商包括出口公司、出口直运批发商、出口转卖商、外国进口商和国际贸易公司五种类型。

① 出口公司。在本国市场上买进商品后再转卖给外国客户，这样经营出口业务的企业称为出口公司。出口公司实质上是在国外市场开展业务的本国批发商，其基本职能与本国的一般批发商相同，区别是面对的是国外客户。出口公司从众多的生产企业手中购买商品，然后将商品运至国外，开展国际经营活动，并对其销售商品负全部责任。一些大的出口公司往往还能给国外客户提供资金上的融通，并能在海外市场进行商品宣传。出口公司有专业化的发展趋势，一般来说，它们都趋向于专门在一个方面经营，并能向国内生产企业提供大量的、与本行业有关的国际市场信息。

② 出口直运批发商。出口直运批发商主要经营大宗商品和原材料，与出口公司在业务方式上有所不同，它们一般只根据国外客户订单所指定的商品品种、规格和数量向国内生产企业采购，当采购数量达到订单数量时，就直接运给国外客户，自己并不保有存货。

③ 出口转卖商。出口转卖商是一种专门经营低价低档商品的中间商。它们努力寻找降价求售的商品、生产过剩的商品、过时商品或其他廉价商品，然后转卖到需要这些产品的国外市场。

④ 外国进口商。外国进口商实际上就是国外购买者设在出口国的常驻采购商。它们所采购的货物一般都是该进口国所需的。对于出口国的生产企业来说，只需要在本国与外国进口商联系、洽谈和成交，整个销售过程实际上是在出口国国内进行的。商品的运输和国外市场上的销售由外国进口商全面负责。对于那些希望涉足国际市场但又缺乏国外实际销售经验与能力的生产企业来说，利用外国进口商也是一种可行的经销途径。

⑤ 国际贸易公司。国际贸易公司是国际贸易发展的重要中介。相对于专业的出口公司，国际贸易公司往往既从事国际贸易，又从事国内贸易，甚至还有一些生产、金融方面的业务。它们对生产企业的服务是全方位的，既包括销售渠道服务，又承担提供信息甚至为生产企业采购原材料等职能。

（2）出口代理商

出口代理商与出口经销商的主要区别在于，出口代理商通常不以自身名义购买商品，而是代表委托人（卖主）开展出口业务，并不拥有商品所有权，仅在交易成功后获得佣金。在国际市场上，出口代理商主要有销售代理商、厂商出口代理商、出口国际经纪人和出口佣金商等，这些代理商可以是组织机构或自然人。

① 销售代理商。销售代理商与生产企业间是委托代理关系。代理商不拥有商品所有权，需遵循生产企业决策，但其通常控制出口价格、销售渠道和促销方式，全面承担销售业务。这种设置旨在保障销售活动顺利进行，促进企业与市场对接。销售代理商比其他的出口商提供更多的服务，如负责在国际市场上的全部广告宣传，派员开展推销活动，设置商品陈列处，召开订货会、展销会和参加国际展销会，开展国际市场调研，提供咨询和产品售前、售后服务等。

② 厂商出口代理商。厂商出口代理商指接受生产企业正式委托，专业从事商品出口经营业务的代理机构，其角色与职能相当于生产企业内部的出口部门，负责执行并推动相关出口业务。在国际市场上，中小企业多使用厂商出口代理商。此外，大企业在开拓新市场、推销新产品或面对的市场潜力不大时，也通常使用厂商出口代理商。使用厂商出口代理商的缺点是市场活动范围有限，影响生产企业开发国际市场的速度。

③ 出口国际经纪人。出口国际经纪人是指经营出口业务的经纪人。这种代理商只负责给买卖双方寻找客户，不持有存货，也不办理商品进出口的具体业务，其与进出口双方一般没有长期固定的关系，职能是联系买卖双方达成交易。出口国际经纪人可同时充当出口商的国外销售代理人和进口商的国外采购代理人。出口国际经纪人可以专营一种或几种商品，甚至专营几个国家的产品。

④ 出口佣金商。出口佣金商是代办出口业务并收取佣金的代理商。其核心业务包括代表国外买主采购商品并出口至海外市场，同时协助国内厂商销售产品至国外。在代表买主办理采购业务时，出口佣金商要遵循买主订单或委托购货书的要求。双方达成协议后，出口佣金商按条件采购商品并确保安全、准时运送至指定地点，买主支付

佣金，并承担风险和费用。

2. 进口中间商

进口中间商是指从事进口业务的中间商和销售进口商品的中间商，主要有进口经销商和国外进口代理商两种。

（1）进口经销商

进口经销商是直接向国外购买商品并在国内市场销售的贸易企业，拥有商品所有权并承担进口到卖出的风险。其职能与批发商相似，但进货对象是国外企业。经营方式包括先进口再转售给国内批发商、零售商或工业用户，或先根据样品与国内买主成交再向国外进货。经营的商品多样，倾向于利润大、周转快的商品。部分进口商也接受国外出口商的代理委托。

① 进口公司。进口公司是一种既拥有商品所有权，又持有实际商品的独立中间商。它们同出口国制造商有着密切的合作关系，是出口国生产企业的固定客户。它们从国外购进商品，再转售给批发商、零售商等中间商，或直接出售给消费者与工业用户，自负盈亏，经营方式灵活。进口公司在主要的供货国家设立购买中心，有利于提高效率，特别适合所采购的对象是一些较小的、不成熟的生产企业。例如，西尔斯公司是美国采用进口公司形式的代表，它在国外设有许多采购中心。

② 进口批发商。进口批发商是一种既拥有商品所有权，又持有实际商品的独立批发商。按照其经营的商品范围来划分，一般分为普通商品批发商、单一种类商品批发商和专业批发商。普通商品批发商经营普通产品，如食品、化妆品、药品、家具、电器等，品种繁多，范围广泛，其客户主要是普通商店、电器商店、药房等。单一种类商品批发商经营的商品仅限于某一类商品，且品种、规格、花色齐全。在消费品市场，单一种类商品批发商的客户主要是食品杂货、药品、小五金等行业的独立零售商。在工业品市场，这种批发商的客户主要包括大、中、小型工业用户。专业批发商的专业化程度较高，专门经营某一类商品中的某种商品，如食品行业中的专业批发商专门经营罐头食品，这种批发商的主要客户是专业商店。

③ 国外零售商。国外零售商是国际营销渠道的最后一个环节，直接面对用户或消费者。国外零售商形式多种多样，如专业商店、百货商店、超级市场、廉价商店、连锁商店、特许经营商店、方便商店、超级商店、邮购商店等。从国际营销渠道的角度来说，小型零售商较多地从进口商、批发商那里进货。现代大型零售商如百货公司、超级市场、邮购商店、连锁商店、购书中心等，则较多地从国外制造商那里直接进货。

（2）进口代理商

进口代理商接受外国卖主的委托，处理进口业务。它们负责安排销售活动并提供服务，收取佣金，但不承担风险且不拥有商品所有权。其主要职能包括代办进口业务、代理销售寄售商品和代理销售商品。进口代理商类型多样，包括国外进口代理商、进口佣金商、进口国际经纪人及融资经纪商等。

① 国外进口代理商。凡进口国的企业接受出口国制造商的委托，双方签订代理合同，为出口国制造商推销商品并收取佣金的称为国外进口代理商。这种代理商因身居当地市场，熟悉当地市场情况，能利用各种机会针对不同对象进行销售，同时能向生产企业提供市场信息，提出改进产品、提高质量等方面的有益建议，使产品能不断适应进口国市场的需要。

② 进口佣金商。进口佣金商的主要任务是代理国内买主办理进口，并收取佣金。进口佣金商可以同时接受多个委托人的委托，还可以兼作互有竞争的委托人的代理，有时也可以代国外卖主销售商品，但主要代表国内买主办理进口，这是进口佣金商与国外进口代理商的区别所在。进口佣金商的业务有不少是由进口经销商兼营的。它们利用与国内客户的联系和熟悉国外市场的优势，也从事一部分代理业务。因此，进口经销商与进口佣金商之间也存在着矛盾与竞争。

③ 进口国际经纪人。进口国际经纪人是进口国的国际经纪人，其职能与出口国的国际经纪人基本相同。它们代办的主要是进口国的大宗商品，经营额较大。由于它们对国内、国外市场都比较熟悉，与客户能保持良好持久的关系，能以较低的成本使商品迅速地渗透到整个目标市场，因而出口国的制造商或出口商也利用进口国际经纪人来推销商品。对于出口国的制造商或出口商来说，要想利用进口国际经纪人来达到推销商品的目的，就必须选择一个能够全面覆盖出口企业目标市场的国际经纪人。

④ 融资经纪商。融资经纪商突出国际市场营销中信用的重要地位，这种代理商除具有一般经纪商的全部职能外，还为销售交易筹措资金，承担着在产品制造、再加工或组装的各个阶段筹措资金的责任，可以使交易双方免遭信用风险，具有特殊融资保障功能。

从国际市场营销的角度来分析，国际营销渠道中的中间商不仅包括以上所述的出口中间商和进口中间商，还包括一些其他类型的中间商。此外，出口国制造商自设出口机构和在国外的销售机构，这也应属于国际营销渠道的一部分。

（二）国际市场营销渠道成员（中间商）的选择

在企业确定国际营销渠道时，国际中间商的选择对于营销渠道的运营效率及市场整体营销计划的实现具有至关重要的影响。因此，在选择国际中间商时，企业必须着眼于长远的发展规划，并确保这一决策建立在对国外市场的深入调研和全面了解的基础之上。国际中间商的选择标准一般包括以下几个方面。

1. 目标市场的状况

企业选择中间商作为合作伙伴，旨在将产品引入国外市场，方便国外用户购买和体验。为达到此目的，企业在筛选营销渠道时，需考察中间商在目标市场的销售网络是否完善，包括分店、子公司、会员单位或二级分销商等，并确认其是否拥有稳定的销售场所。通过这些考量，企业可确保产品顺利进入目标市场，提升消费者购买的便利性。

2. 地理位置

在国际商业活动中，国际中间商应拥有优越的地理位置，与生产商的产品、服务及其目标市场相匹配。批发商应位于交通便利之地，确保产品顺畅仓储与高效运输；零售商则应选址于客流量大、消费者集中、交通便捷的区域，以最大化吸引和服务目标客户。

3. 经营条件

国际中间商应当具备优质的经营条件，这些条件包括但不限于适宜的营业场所和完备的营业设备。具体而言，以零售商为例，其营业场所的灯光设施应当完备，柜台等设备也应齐全，以确保其业务运营能够高效且有序地进行。这些经营条件的完备性，对于保障零售商业务的顺利开展具有重要意义。

4. 经营能力与业务性质

中间商的经营能力涵盖管理能力、推销能力及客户服务能力等多个方面，其水平高低对于国际营销的成功与否起着至关重要的作用。同时，中间商的业务性质亦不容忽视，它涉及中间商的经营范畴、对目标市场的覆盖广度与深度等方面，因此需要对其进行全面而细致的考察。

一般而言，专业性的连锁销售公司在面对高价值、高技术性、强品牌吸引力及售后服务需求多的商品时，往往展现出较强的营销能力。而各类中小百货商店和杂货店则在经营便利品及中低档次选购品方面具备显著优势。

在评估中间商的经营能力时，企业需关注以下具体指标：

(1) 经营历史。国际中间商应具备较长的经营历史，并在顾客群体中树立良好的声誉和形象。

(2) 员工素质。国际中间商的员工需具备较高的专业素养，能够有效运用各种促销方式和手段，积极推动产品销售；同时，他们需要拥有丰富的产品知识、销售经验和技巧，以及高水平的服务意识，能够随时解答顾客疑问并提供如安装、维修等附加服务。

(3) 经营业绩。国际中间商应展现出良好的经营业绩，在经营收入、回款速度、利润水平等方面均应有完善的规章制度和显著的成效。

5. 中间商的资信条件

中间商的资信条件涵盖了其财务状况、经营作风及商业信誉等多个方面。针对尚未充分了解其资信条件的新客户，企业必须保持审慎态度，以防范潜在的风险和避免遭受欺诈。在国际商贸领域，中间商应当具备较高的声望与良好的信誉，以赢得顾客的信赖，并构建长期稳定的业务关系。具有较高声望和信誉的中间商往往是目标消费者或二级经销商愿意光顾甚至愿意在那里出较高价格购买商品的中间商，这样的中间商不但在消费者的心目中具有较好的形象，还能够帮助生产商树立品牌形象。

6. 合作态度

生产企业在筛选中间商时，需审慎分析中间商的营销合作积极性和协作关系，确保选择具备潜力的合作伙伴。营销渠道成员通过协同合作和共同创造价值实现利益一体化，只有成员间具有共同目标和合作精神，才能建立有效的营销渠道。因此，所选中间商应符合营销渠道功能要求，愿意与生产商合作，共同承担营销职能。良好的合作关系对生产商、消费者和中间商均有利。

三、国际市场营销渠道决策

国际市场营销渠道决策是企业依据自身目标、能力条件、产品特性及目标市场营销渠道的结构特性等多重因素，对不同方案进行审慎分析和评估，从而选定适合本企业在目标市场中的营销渠道模式的重要活动。这一过程主要涵盖三个方面的核心内容：首先，关于营销渠道的长度与宽度决策，即确定渠道的层级和覆盖范围；其次，关于营销渠道的标准化与差异化决策，即决定在多大程度上实施统一标准或根据不同市场特性进行差异化布局；最后，关于新建渠道与利用现有渠道的决策，即评估是否需要构建全新的营销渠道或有效利用现有渠道资源。

（一）营销渠道的长度和宽度决策

营销渠道长度，即产品从生产领域流转至消费领域所历经的买卖环节数，反映了中间商层次的深浅；而营销渠道宽度，则指企业在特定市场环节中对中间商数量的运用情况。一个高效且全面的国际产品营销网络，必然涉及对渠道长度与宽度的深思熟虑。其中，长度由中间商的层级结构所决定，而宽度则取决于每一层级中运用的中间商数量。

1. 关于营销渠道长度的决策

这一决策核心在于确定是否引入中间商，以及采用何种形式的中间商层次结构。若企业选择直接营销模式，可精简或完全剔除中间商环节，从而增强对渠道的控制力，优化信息反馈机制，更好地满足消费者需求，并在市场规模较大时实现经济效益最大化。然而，在面对市场规模较小且消费者分布广泛的情境时，直接营销可能显著增加企业的营销成本。

反之，若企业决定采用间接营销策略，借助中间商进行市场推广，则面临三种主要的营销系统组合选择：一是构建独家控制型营销系统，实现对整个渠道体系的独占；二是通过协议形式建立契约型营销系统，实现渠道成员间的紧密合作；三是选择传统的松散型营销系统，灵活利用独立中间商的资源。

（1）独家控制型营销系统，即由单一企业或商号主导并控制的营销网络。例如，西尔斯公司作为零售商，同时拥有批发和配送中心，并通过股权控制生产厂商，形成对整体营销渠道的独家掌控。这种系统赋予厂商对渠道的全面控制权，有助于提升服务质量和实现规模经济。然而，它要求企业投入大量资源，且在应对市场变化时可能缺乏灵活性。此外，某些国家法律也可能限制单一企业对营销渠道的垄断或控制。

（2）契约型营销系统则是通过签订契约将渠道成员联结在一起的协作体系。这种系统可由制造商主导，也可由零售商或批发商牵头组织。特许经营是契约型营销系统中最常见的组织形式，其在美国市场得到了广泛应用，显著推动了销售额的增长。

（3）传统松散型营销系统则依赖于独立的中间商来完成各项营销任务。在这种模式下，中间商作为独立的渠道成员，其营销效率往往高于生产商自行营销。生产商无需投入大量资金与人力资源，且能更快速地应对市场变化。然而，如何激发中间商的营销积极性及确保渠道的顺畅运行，成为生产商需要面对的挑战。

2. 关于营销渠道宽度的决策

这一决策聚焦于确定各层级所需的中间商数量。企业在制定渠道宽度策略时，通常面临以下三种选择：

（1）广泛分销，即采用密集型分销策略，使产品通过众多愿意合作的中间商进入市场。这种策略适用于消费品中的便利品和产业用品中的供应品等，以确保消费者和用户能够随时随地购买到所需产品。

（2）选择营销，即在一定市场范围内挑选合适的中间商进行产品推广。这种策略适用于消费品中的选购品和特殊品等，通过精心挑选的中间商可以提升品牌形象和市场覆盖率。

（3）独家分销，即在特定市场区域仅授权一家中间商进行产品营销。双方通常签订独家经销合同，以确保经销商不经营竞争产品，从而实现对经销商业务的有效控制和激励。这种策略在汽车等特殊品市场较为常见。

在国际营销活动中，企业对营销渠道宽度的选择受到不同国家或地区市场环境的深刻影响。例如，在小型零售商主导的市场中，企业可能更倾向于采用广泛分销策略；而在消费者需求主要集中于高收入群体的市场中，选择营销策略可能更为合适。此外，目标市场国家的法律法规也可能对企业的渠道宽度选择产生限制，如独家分销策略在某些国家可能因违反公平竞争原则而受到限制。

（二）营销渠道的标准化与差异化决策

在构建企业在特定市场的营销体系时，营销渠道的长度和宽度决策起到了至关重要的作用。而营销渠道的标准化与差异化决策，则关乎企业在多国市场是否应统一营销手法，或是针对各国特色制定不同的营销策略。企业在海外市场的标准化或差异化营销抉择，应基于各国市场的营销特色、消费习惯、竞争态势，以及企业自身和产品特点来综合考虑。

1. 营销渠道的标准化

营销渠道的标准化，指的是企业在海外市场采用统一的营销手法。这种策略的主要依据在于需求的趋同现象，随着全球经济一体化的深入，这一趋势愈发明显。尽管面临多种限制条件，但众多工业品或某些消费品的营销方式已在多个国家或地区呈现出统一化和标准化的态势。

采用标准化营销策略，可以有效利用营销人员的经验积累与效率提升所带来的“经验曲线效应”，进而实现规模经济效益，为企业带来诸多益处。对于跨国流动的消费者而言，标准化营销的最大吸引力在于能够依托固定的购买模式与营销渠道，在不同国家或地区购买到他们所熟悉的产品或服务。然而，鉴于各国市场环境各具特色，统一的营销策略可能无法在所有目标市场实现有效的产品推广。因此，一些企业更倾向于实施营销渠道的差异化策略。

2. 营销渠道的差异化

营销渠道的差异化，亦称多样化，意味着企业会根据目标市场的具体情况灵活调整营销手法。在国际营销实践中，多数企业倾向于采用差异化营销策略，主要原因有以下几个方面。

（1）营销环境的地域差异。不同国家或地区的批发商和零售商在数量、规模及服务能力上存在差异，商品存储和运输条件也千差万别，这些差异导致企业在不同市场需采用不同的营销策略。以百事可乐公司为例，其在目标市场国家设厂进行瓶装生产，并通过卡车运输至各零售点，但在偏远且交通不便的地区，卡车运输成本高昂，因此公司需调整营销策略以适应当地条件。

（2）消费习惯与购买模式的国别差异。对于同类产品，不同国家或地区的消费者往往拥有独特的消费习惯和购买模式。他们倾向于通过熟悉的特定渠道进行购买，因此企业在选择营销策略时必须充分考虑这些差异。

（3）企业进入方式的差异。企业进入目标市场的方式会影响其对国际营销渠道的选择。例如，在出口模式下，无论是间接出口还是直接出口，企业对于进口国国内的营销渠道通常缺乏控制权，只能接受中间商安排的渠道。而在许可贸易或合资经营等模式下，企业对营销渠道的选择则可能受到受许方或合资方的制约。即使企业以相同的方式进入不同的目标市场，由于当地市场的销售潜力和竞争状况不同，企业采取的营销策略和选择的营销渠道也可能不尽相同。

（三）新建渠道与利用现有渠道的决策

1. 新建渠道的优劣考量

新建渠道，即企业在进入新市场时，专为产品营销设立新的销售路径或网络。与利用现有渠道相比，新建渠道具备以下显著优势：

（1）显著提升市场知名度，助推产品销售增长。企业通过在海外设立独立的营销机构，能够更专注于推广自身产品，进而有效开拓新市场、提高品牌知名度。相比之下，国外一般营销商通常代理多种产品，难以对某一特定产品给予足够关注，这对新产品特别是刚进入新市场的产品来说，不利于迅速打开销路和提升品牌影响力。

（2）增强对市场的掌控力。首先，新建营销渠道使企业能够构建更为完善且合理的产品线，加强产品销售计划的执行与监控，同时丰富产品的款式和价格层次。由于国外营销商往往倾向于推销热销和高利润产品，这可能导致企业全线产品的销售受到制约。而新建营销渠道则能确保企业全系列产品得以销售，市场覆盖面更广。其次，新建渠道有助于企业更直接地获取产品质量反馈，进而优化产品质量控制，确保产品在营销过程中始终保持高品质。最后，新建营销渠道还能加强对产品价格的控制力，减少中间环节，有效避免因中间环节过多而导致的价格失控问题。

（3）提供卓越的服务体验。企业在海外设立营销机构，不仅能够加强对特定产品的营销力度，还能为客户提供更加完善的售后服务。相比之下，国外中间商由于代理产品种类繁多，可能难以专注于某一特定产品的市场拓展和售后服务。

（4）积累宝贵的国际营销经验。对于初涉国际市场的企业来说，新建营销机构有助于企业更深入地了解目标市场，开展有针对性的营销活动。同时，通过新建渠道，企业能够熟悉国际市场开拓的全过程，积累丰富的国际营销经验，为未来进一步拓展国际市场奠定坚实基础。

然而，新建渠道也存在投入大、成本高、风险高的问题。因此，这种策略通常更适合规模较大、实力雄厚的企业。

2. 利用现有渠道的利弊权衡

利用现有渠道，即企业在目标国家市场借助当地已有的中间商进行产品营销。在国际市场中，由于资金或其他因素限制，许多企业选择通过当地中间商进行产品推广。这种策略具有以下优势：

（1）降低成本。利用现有渠道，企业无需投入大量资金建立自己的营销子公司，仅需支付代理费等相对较低的费用。相较于自建营销网络的高昂成本，利用现有渠道可有效降低产品营销成本。

（2）快速进入市场。当地中间商通常对目标市场有深入了解，并已建立较为完善的销售网络。通过他们，企业产品能够迅速进入市场，缩短上市时间。相比之下，新建营销机构需要投入大量时间和资源，且市场进入过程较长。

（3）降低风险。利用现有渠道可以降低企业在国际市场的风险。一方面，借助当地中间商的市场经验和资源，企业可以更有效地应对市场变化和挑战；另一方面，避免因新建营销机构而可能带来的运营风险和资金压力。

然而，利用现有渠道也存在一些潜在问题。例如，中间商可能对企业的产品推广不够重视，导致市场表现不佳；中间商也可能要求较高的代理费用，影响企业的利润空间。因此，在选择利用现有渠道时，企业需要谨慎评估中间商的实力和信誉，以确保合作顺利进行。

3. 选择新老渠道的策略

在决定采用新渠道还是老渠道时，需要综合考虑以下多个因素：

（1）市场营销环境的考量。当目标国家拥有完善的市场体系和健全的分销网络，且分销商条件优越时，企业无需自行构建新的分销体系。相反，若目标国家市场体系不健全，难以找到理想的分销商，企业则需自行构建分销网络，以确保市场的顺利开拓。

(2) 政策与社会文化背景的影响。在某些国家，由于政府规定或文化习俗等因素，产品必须通过本国的中间商进行分销。企业在进入这些国家时，自行建立分销渠道和网络的可能性较低。

(3) 市场竞争态势的评估。在目标国家市场，若竞争者众多且占据了有利的分销渠道，企业为了与竞争者抗衡，可考虑新建分销渠道。而在市场竞争不激烈的情况下，企业可选择与适合的当地分销商进行合作。

(4) 企业自身条件的限制。由于新建渠道需要投入大量资金，因此，资金实力雄厚的企业更有可能考虑新建分销机构。反之，资金有限的企业则可利用当地现有的分销网络。

(5) 产品特性的分析。对于产品线丰富、技术性强的企业而言，新建渠道可能更为有利；而对于产品品种较少、技术性不高的企业，则可能无需新建分销机构。

(6) 成本与效益的综合权衡。在决定利用现有渠道还是新建渠道时，企业需进行成本与效益的比较分析，综合考虑两者的利弊，从而做出明智的决策。

四、国际市场营销渠道管理

国际市场营销中的国际营销渠道复杂多变，因而对国际营销渠道的管理就成为一个重要课题。因为国际营销渠道主要由中间商构成，所以支持中间商的工作，对他们的业绩进行有效的评估，减少渠道成员之间的冲突，促进渠道成员的合作，从而提高渠道经营的效果，就成为渠道管理中的主要内容。

(一) 支持国际中间商

企业往往在国际市场的营销目标、产品组合、促销活动、销售报酬及服务顾客等方面与国际中间商存在分歧，抱怨中间商不能较好地与自己保持一致，不能积极主动地配合自己的统一发展战略。为了建立通畅的国际营销渠道，企业要认真分析分歧产生的原因，并采取有效的措施对中间商予以支持，激发国际中间商的积极性。对国际中间商的主要支持措施有以下几个方面。

1. 促销服务支持

企业可通过合作广告、商品陈列、产品展览和操作表演、新产品信息发布会等形式协助中间商进行促销活动，调动中间商的积极性，促进国际营销渠道的顺利运转。

2. 资金待遇支持

企业可以给予国际中间商在付款上的优惠措施，以弥补中间商的资金不足，如允许国际中间商分期付款、延期付款等。但是在风云变幻的国际市场，企业采用分期付款、延期付款的措施虽然可以调动中间商的积极性，达到激励的目的，但同时也加大了自身的风险。因而企业应该对国际中间商的信用情况有详细的了解，只有确信可以收回货款，才可以采用资金支持的方式。企业还可通过提高佣金、增加折扣或者利用特殊津贴等措施解决中间商经营成本过高的困难，或者增加中间商的经销利润，以调动中间商的经销积极性。

3. 管理支持

企业可以协助国际中间商进行经营管理，培训营销人员，提高营销的效果。管理支持对一些需要技术支持的机械设备产品、高科技产品，以及一些需要规范和标准化的服务行业尤其重要。企业还可以通过精神鼓励和物质奖励的方法支持中间商，比如定期召开经销商会议，表彰经销业绩突出的中间商，并给予一定的奖励或提供免费旅游的机会。

（二）评估国际中间商

企业定期对国际中间商进行考核与评价，了解他们的活动是否符合企业的营销目标和利润计划，是保证企业的营销体系畅通、高效的前提。

1. 评估标准的重要性

在评估国际中间商时，确立明确的评估标准显得尤为关键。具体而言，国际中间商的评估标准主要包括以下几个方面：

（1）销售业绩。主要考察其是否达到了预定的销售量或销售额目标，并深入分析销售量或销售额中新旧业务的比例，以全面评估其销售表现。

（2）市场拓展能力。关注其是否具备市场开拓能力，以及市场占有率的提升情况，从而判断其是否有助于拓展和巩固市场份额。

（3）存货管理水平。考察其存货水平及存货管理能力，确保存货水平既满足销售需求又不造成过多的库存积压。

（4）货款回收效率。分析其交回货款的及时性，以及拖欠货款的时间和数量，以评估其资金回笼能力和信用状况。

（5）促销合作与支持。观察其对生产商促销活动的合作程度，以及主动开展促销活动的热情和能力，从而判断其是否能够有效推动销售增长。

（6）客户服务质量。评估其提供给客户的服务项目及服务水平，以衡量其在客户关系维护方面的表现。

（7）特殊事件处理能力。考察其对特殊事件（如破损、遗失货物等）的处理能力，以判断其应对突发事件的能力和效率。

通过对以上多方面的评估，企业可以全面、客观地评价国际中间商的综合表现，为后续的合作提供有力支持。

2. 评估方法

明确了评估标准之后，企业就需要采用一定的方法对国际中间商进行评估。对国际中间商进行评估的方法通常有横向比较法和纵向比较法两种。

（1）横向比较法。以整体绩效上升比率作为衡量标准，对各国际中间商进行比对，以判断其业绩是优于还是低于平均水平。对于销售业绩超出平均水平的国际中间商，应采取激励措施，以鼓励它们持续提高业绩；对于业绩未达到平均水平的国际中间商，需深入分析主客观原因，并为其指明改进和提升的方向；对于个别表现不负责任的国际中间商，应采取适当的惩罚措施。

（2）纵向比较法。将每个国际中间商的销售业绩与上一期进行对照，观察其销售业绩的升降情况。对于业绩提升显著、位居前列的国际中间商，应给予奖励；对于销售业绩上升缓慢甚至下滑的中间商，则需深入分析原因，必要时可采取惩罚措施。

（三）调整国际营销渠道

随着时间的推移，企业会对国际市场的营销渠道进行调整与优化，这源于多重因素的综合考量。原有营销渠道绩效低迷时，需调整或更替以提升效率与效益。随着企业在国际市场卷入程度加深，分销模式需顺应市场趋势，满足市场需求。国内外营销环境变化亦对渠道结构与分销模式提出挑战，企业需灵活调整渠道策略以适应新环境。

在营销渠道调整中，企业可能微调渠道宽度，如增减中间商数量以优化资源配置；也可能调整渠道长度，如增减渠道层次以构建高效灵活的分销网络。其中，对国际中间商的调整是渠道调整的重要环节，调整国际中间商主要涉及以下三个方面的考量。

第一，针对渠道中的个别国际中间商进行增减操作，需根据企业整体战略规划及对国际中间商的评估指标进行审慎决策。对于无法完成分销定额、缺乏合作积极性、影响企业市场形象的个别国际中间商，应及时终止购销关系；同时，通过细致评估，积极吸纳积极性高、业绩优异、形象与信誉良好的国际中间商。在某些情况下，基于营销渠道评估结果，企业需将业绩低于一定控制线的国际中间商从渠道中剔除，以提升营销渠道的整体业绩水平。

第二，随着企业国际市场卷入程度的不断加深，分销模式亦需相应调整以适应市场变化。例如，从间接出口逐步过渡至直接出口，从单纯的产品出口拓展至海外投资，从许可贸易发展至独资经营，企业对国际市场的深入参与要求不断提升渠道结构层次。

第三，国内外营销环境的变化亦促使企业必须对营销渠道及分销模式进行适应性调整。例如，随着零售行业大型化与国际化趋势的加剧，许多生产商已改变原有的间接分销模式，转而采取直接向大型零售商分销的策略。又如，在发达国家，人员推销成本费用的显著增长已促使众多生产商从直接派员推销模式转向间接分销模式。以日产汽车公司为例，其原先采用上门推销模式，但随着日本经济的增长和人员推销成本的大幅增加，以及国内合格推销人员的短缺，公司不得不转向由经销商设置陈列室进行推销的模式。

营销渠道的调整可能涉及渠道成员的更换或整个渠道模式的重构。例如，汽车制造商为增强对渠道的控制力，可能将原有的独立代理商制度变更为直接设立销售分支机构。然而，这些调整或改变过程往往面临渠道成员的反对或抵制，因此可能是一个复杂且困难的过程，需要付出较高的经济成本。特别是考虑到许多国家通过法律法规保护本国中间商的利益，制造商在终止与海外中间商的经销或代理关系时，可能需要经历复杂的法律程序，甚至可能需要给予中间商一定的补偿。因此，在进行分销渠道调整时，无论是部分调整还是整体重构，都应从经济效益、渠道控制及环境适应性等多方面进行权衡分析，既要立足当前，又要展望未来，既要考虑局部利益，又要兼顾全局发展，从而作出审慎的决策。

（四）消除渠道冲突

在国际营销中，渠道成员往往由多种类型的中间商组成。这些中间商作为独立的经营实体，拥有各自的经营目标、利益追求和营销策略，同时由于跨越国界，成员之间客观上也存在社会文化、政治法律等方面的差异，因此渠道成员间的矛盾和冲突在所难免。

1. 冲突的类型与成因分析

渠道成员间的矛盾和冲突可能发生在生产商与中间商之间，也可能发生在不同中间商之间，或是同一层次的不同中间商之间。这些冲突的产生原因多种多样，涉及多个方面。

生产商对国际中间商的不满主要源于以下几个方面：中间商提供的服务质量不足；双方信誉交流不畅；中间商越权管理导致混乱；付款不及时及回扣和付款争议；产品运输过程中的损失和损坏；广告费用分配不均；中间商的市场渗透策略不利；不执行生产商的销售政策等。

国际中间商对生产商的不满则主要集中在以下几个方面：产品缺货；新产品开发滞后；交流无效导致问题解决缓慢；产品质量问题或缺陷；销售预测错误；包装不当导致的产品损坏；淡季财务负担过重等。

2. 销售渠道冲突的解决策略

为确保销售渠道的和谐畅通，从而给所有渠道成员带来利益，企业需及时应对并解决营销渠道中的矛盾。

首先，从思想观念上，生产商和国际中间商应充分认识到合作的重要性及战略意义。渠道作为一个整体体系，只有各方共同努力，保持渠道体系的流畅运作，才能为每一个渠道成员带来长期利益。同时，也应认识到适度的矛盾和冲突在某种程度上可以推动渠道竞争与创新。

其次，渠道成员应深入分析冲突产生的根源，明确各自在渠道中的角色定位，避免角色冲突。同时，加强信息沟通，确保信息的及时、准确传递。此外，还应强化服务意识，改进供应或服务的方式与方法，提升客户满意度。

最后，通过建立一套完善的渠道运行制度来规范各方行为。通过签订经销协议或代理合同等形式，明确约定中间商的责任和义务，约束其完成渠道功能并达成分销目标。这些协议或合同应包含对经销商或代理商工作的评估标准或必须达到的指标限额，如最低包销数量或金额、目标市场渗透程度、广告促销投入比例、市场信息反馈要求及顾客服务水平等，以确保渠道成员在今后的活动中能够有章可循，共同推动营销渠道的健康发展。

任务四　国际市场营销促销策略

一、国际市场促销的含义和促销组合策略

（一）国际市场促销含义

企业在实施精准的产品策略、合理的定价策略及有效的分销策略时，其核心目标在于成功推动产品的销售，而实现这一目标的关键环节便是促销。促销实质上是企业与消费者之间的桥梁，它涵盖了企业面向现实及潜在消费者所开展的一系列活动，旨在影响并引导消费者的购买行为。

在这一过程中，企业积极传播产品或服务的相关信息，旨在加深消费者对商品或服务的认识，揭示其潜在利益，从而激发消费者的需求与购买欲望，并最终促成购买行动，达成销售目标。

当前，国际市场的竞争日趋激烈，这种竞争不仅涉及产品质量、价格及服务等传统领域，更在信息传播层面呈现出白热化态势。当商品在性能、价格、服务等方面表现相近时，信息沟通的成败，即促销活动的成功与否，往往成为决定企业在国际市场上竞争力强弱的关键因素。可以说，那些在信息沟通上取得显著成效的企业，往往能在销售上获得决定性优势。

在国际营销活动中，促销环节与文化因素的关联尤为紧密。由于各国市场环境存在显著差异，特别是文化背景和价值观念方面的不同，制定一套真正具备国际普适性的促销方案颇具挑战。因此，如何使企业的促销战略能够灵活适应不同国家市场的文化差异，成为国际市场营销人员面临的一项复杂而重要的课题。

（二）国际市场促销组合策略

一个企业的信息沟通方式总和，被统称为促销组合。在国际市场上，促销方式主要可归为两大类：一是销售人员与目标顾客进行面对面的直接交流；二是借助特定媒介实现与目标顾客的间接但更为广泛的沟通。人员促销（Personal Selling）是指销售人员亲自传递商品信息，并引导顾客完成购买行为的一系列营销活动；而非人员促销则是通过媒介传递商品信息，激发顾客购买意愿的活动。非人员促销主要包含三种形式：广告（Advertising）、公共关系（Public Relations）及营业推广（Sales Promotion）。每种形式都具备独特的功能，并且三者之间紧密相连，共同构成一个协调统一的整体。

二、国际市场人员促销策略

（一）国际市场人员促销的特点与人员构成

在国际市场营销领域中，人员推销指企业派遣专职或兼职的推销人员，直接面向国外消费者及用户，通过接触、洽谈、宣传及介绍商品与劳务的方式，旨在达成销售目标的系列活动。这种推销方式虽然比较古老，但在目前的国际市场营销中，尤其是在工业用品的出口中仍然十分有效。因为在现代市场营销中，大多数最终达成的交易都是在推销人员与用户面对面的接触中实现的。

推销人员是企业与消费者或用户之间的独特桥梁，他们是实现促销目标的关键，也是人员推销活动中的主要角色。国际市场营销中人员推销的根本任务可以归结为三个方面。一是促成实际交易行为的发生和实现，达到市场营销的基本目标，实现市场营销的业绩。二是建立与顾客的良好关系，长期的顾客联系就是企业盈利的源泉，在突出关系营销的时代，这种关系在企业国际市场营销中尤为重要，这是企业形象的体现，也是企业赖以生存的基础。三是国际推销工作本身还包含着收集国际市场信息，从而为企业进一步的市场营销规划提供科学依据。

1. 国际市场营销中人员推销的特点

人员推销同其他促销方式相比，有其特有的优势，主要体现在以下四个方面：

（1）人员推销作为一种直接且效果显著的营销方式，其优势在于可现场进行产品的示范使用，从而增进购买者对产品规格、性能、用途及语言文字等方面的认知。同时，人员推销能够有效消除因社会文化、思想观念、审美观和风俗习惯等差异所产生的各种疑虑，对于深入理解顾客购买动机、激发其好奇心及消除陌生感和恐惧感等，具有直接且显著的作用。

（2）人员推销还具备信息沟通的双向性和快速性特点。一方面，推销人员能够直接、准确地将企业、产品或服务的信息传递给购买者或潜在购买者；另一方面，他们又能当面听取购买者和潜在购买者的意见和建议，以及其他有价值的信息，并及时将这些反馈意见报告给企业决策者。决策者依据这些反馈信息，可以对企业的经营方案进行必要的补充和调整，从而确保营销策略的针对性和有效性。

（3）较强的选择性和伸缩性。推销人员可以根据自己的知识、经验和对市场的调查研究，选择具有较大购买可能的对象进行推销，这样推销人员可以在较短的时间内促成购买，提高效率。推销人员通过人员促销的选择功能，在掌握了潜在顾客的购买意愿之后，还可以针对不同顾客的特点作出有针对性的说明，从而及时调整推销方式，促成交易。

（4）利于建立长期的业务关系。通过推销人员的长期登门服务和采取的各种灵活的推销技巧，推销人员可以与购买者、潜在购买者之间建立良好的关系，从而有利于巩固和争取更多的购买者，建立起长期、稳定的业务关系。

此外，人员推销作为一种促销方式，尽管具有其独特优势，但同样存在一些明显的不足之处。首先，在覆盖面上，推销人员难以全面覆盖整个目标市场，往往只能针对特定区域或客户群体进行试点性的推销活动。其次，从成本效益的角度考虑，人员推销的成本相对较高，这增加了企业的销售成本，进而可能导致商品价格的上升，从而削弱了企业在市场上的竞争力。最后，在国际市场营销环境中，推销人员需要面对不同国家、不同文化背景的工作场景，这就要求推销人员具备较高的综合素质和个人能力，以适应复杂多变的国际市场环境。然而，企业在寻找具备这些条件的国际推销人员时，往往面临一定的困难。

2. 国际市场营销中推销人员的构成

在国际市场营销领域，为确保企业能够建立起一套完善且高效的人员推销网络，必须对国际推销人员的构成进行科学且系统的规划。国际市场营销中推销人员的构成主要分为三类，即母国推销人员、目标市场国的当地推销人员和第三国推销人员。就某个企业而言，也许三种类型的人都包括，也许只有其中的一两种类型。企业对推销人员的构成进行决策的主要依据是企业的要求、推销人员的可获性与合格性等方面的条件。随着国际经济全球化步伐的加快和企业国际化程度的加深，推销人员的构成也在发生着变化，母国推销人员所占的比例在下降，而目标市场国的本地推销人员所占的比例在上升。

（1）母国推销人员。在涉及高科技产品或需要详尽信息的销售场景下，选择本国推销人员作为国际市场的推广者，仍旧是权衡利弊后最为适宜的决策。母国人作为国际推销人员具有的主要优势是具有更好的技术训练，更了解公司及产品生产线，更强的独立工作能力和更高的工作效率，有时在外国消费者心目中更具有权威性。当然，母国人作为国际推销人员也存在某些劣势，主要是存在文化和法律等方面的障碍，愿意到海外长期生活的人较少，能力强的人更是缺乏。

（2）目标市场国的当地推销人员。雇佣当地人作为推销人员具有诸多显著优势。首先，他们在文化和法律方面拥有天然的优势，能够轻松跨越这些障碍，避免在市场推广过程中可能出现的误解和冲突。其次，由于他们对当地市场和消费者习惯有着深入的了解，因此能够更精准地把握市场需求，提高销售效果。最后，通过雇佣当地人作为推销人员，企业能够更好地融入当地社会，与当地消费者建立起长期稳定的良好关系，为企业的长远发展奠定坚实基础。此外，从费用角度而言，雇佣当地人节省了旅费、补贴及其他相关费用。企业雇佣当地人的趋势非常明显，一项研究表明，美国在海外子公司担任管理和技术职务的人员比例已经从高于85%降低到45%左右，更多的公司在依赖当地人才。

（3）第三国推销人员。企业的国际化使第三国人员担当推销人员的情况也越来越多。通常第三国人员的国籍与为哪个国家的企业工作及到哪个国家去工作的关系不大，如一名德国人在阿根廷为美国企业工作。过去本国人员和第三国人员到外国长期工作的情况是很少见的，但是现在出现了一批“全球经理”。这种现象的出现不仅反映了企业国际化的趋势，同时表明了人才并不属于某一个国家。雇佣第三国人员的优势在于他们通晓多种语言，对某一行业或某一国家非常熟悉。越来越多的企业开始认识到应该以才选人而不是以护照或国籍。

（二）国际市场人员促销的组织模式

国际市场上的人员推销一般采用下面四种组织模式。

1. 地区型推销组织模式

地区型推销组织模式指企业依据地域分布来配置推销人员。此模式下，推销人员的职责清晰明确，有利于深入掌握所负责地区的顾客需求和市场状况，进而制定有针对性的推销策略。同时，此模式也有助于建立与顾客的长期稳固关系，并减少不必要的旅行成本。然而，该模式较适用于在同一地区销售产品种类较少的企业。若同一地区的产品种类繁多且技术复杂，则可能影响推销人员对产品性能、结构及特点的深入了解，进而妨碍有效的咨询及维修服务开展。在国际市场上，企业通常会选择将产品交由代理商负责某一国家的销售工作，从而使负责某一类产品国际营销的专业人员能够同时管理多个国家的推销活动。

2. 产品型推销组织模式

产品型推销组织模式是指以企业外销产品类型为依据来分配推销人员。在此模式下，推销人员专注于某一类或少数几类产品的推销工作。此模式适用于产品类型丰富且技术含量较高的企业，尤其适用于产品间关联度较低的情况。然而，该模式的缺点在于地域跨度较大，可能导致较高的旅行成本。此外，同一市场内可能存在多名负责不同产品的推销人员，不利于制定统一的促销策略。

3. 顾客型推销组织模式

顾客型推销组织模式是指根据企业顾客类型来划分推销人员的工作范围。在此模式下，推销人员针对特定类型的顾客群体开展推销活动。顾客的分类标准可包括职业、产业特征、规模大小及职能状况等。此模式的优势在于推销人员能够深入了解所负责顾客群的消费心理及习惯，从而有针对性地开展推销工作。然而，若顾客分类标准不够严格，可能导致推销对象重叠或模糊，同时也可能产生与产品型推销组织模式类似的问题。此外，当顾客群体较为分散时，推销成本可能相应增加。

4. 混合型推销组织模式

混合型推销组织模式结合了上述三种组织模式的优点，以适应企业规模较大、产品种类多、市场范围广且顾客分散的复杂情况。在此模式下，企业可根据实际情况灵活采用两种或三种组织形式的组合，以实现不同地区、不同顾客类型及多种产品的有效推销。通过综合运用各种组织模式的优势，企业能够更有效地提高推销效率，满足市场多样化需求。

（三）国际市场人员促销的管理

1. 国际市场营销中推销人员的招募

经营的国际化使企业对海外推销人员的需求不断增加。与此同时，由于海外推销人员的素质与积极性直接影响促销的效果和企业的声誉，因此国际推销人员的选拔和招聘是一个非常关键的环节。

（1）国际市场营销中推销人员的基本素质要求

一个合格的国际推销人员必须具备一些基本的素质条件，主要包括以下几个方面。

① 机敏干练，善于应对。推销人员一般是独立工作，所以要具有较强的应变能力，不仅能够筹划推销中的各种活动，善于应对环境的差异和变化，应付各种意外情况，而且能够与各种人打交道，有较强的沟通和说服能力，勇于积极地创造销售机会。

② 态度友善，仪表修养好。在业务交往中，推销人员的仪表和态度会对顾客产生极大的心理影响，并在很大程度上反映了企业的风貌。因此，国际推销人员必须态度友善，真诚待客，以消除顾客的偏见，推动成交。

③ 语言能力强。推销人员应掌握一门或多门外语，特别是要掌握推销所在国的当地语言，能够用当地语言熟练地与推销对象交流和沟通。即使是目标市场国当地的推销人员，也要掌握外语，以便于与公司的其他外籍员工交流，这对国际推销的成功至关重要。

④ 有进取心，有坚韧不拔的毅力。推销人员必须具有一定要超过别人、不达目的誓不罢休的成功欲望；必须具有果断、坚毅、忍辱负重、不怕困难和挫折的良好心理素质；具有强烈的内在驱动力，去挑战和完成各项推销任务。

⑤ 对企业和工作忠心耿耿。国际市场营销中，推销人员的流动性很大，特别是来自母国的推销人员，跨越国界，企业很难直接控制他们，而且许多企业的业务关系都是靠推销人员维系的，一旦他们“背叛”了企业，就会给企业带来很大的损失。因此，推销人员必须忠诚，积极负责，能主动地与整个企业的经营工作相配合，保持企业与顾客的牢固联系。

⑥ 善于收集和分析情报。一个优秀的国际推销人员应当对国际市场机会有敏锐的嗅觉，善于收集和分析各种情报，并及时提出建议。

⑦ 有较为广泛的对外关系。在其他条件相同的情况下，人际关系在业务往来中起着重要的作用。良好的人际关系能够沟通信息，融洽气氛，促进交易。因此，在选拔推销人员时，应当了解他们的人际关系，最好选拔那些对外联系较广的人员。

⑧ 遵纪守法。一个合格的推销人员首先必须是一个好公民和好职工，能维护国家、企业和顾客的利益，能遵守各项法律法规。国际市场营销中，各国的法律存在较大的差异，推销人员要熟悉当地的法律法规，以保证推销工作顺利进行。

⑨ 具备一定的业务知识和推销技巧。虽然一个熟练的推销人员必须经过培训和锻炼，但在选拔时，应当优先考虑那些已经具备一定业务知识和推销技巧的人员。

⑩ 要有广博的知识。推销人员要善于和不同国家的顾客及其他人员交流，掌握当地的风俗习惯、宗教禁忌方面的知识。如果是当地人员作为推销人员，其就必须对公司的历史、特色、产品等有充分的了解，能够准确地向推销对象介绍产品及企业。

实践证明，虽然国际推销人员在性格、表达能力、仪表风度、教育程度等方面存在着较大的差异，但他们都可以通过不同方式取得成功，这说明推销的成功是多种因素综合作用的结果，并不存在一个固定的模式。各企业都应当根据自己的具体情况建立合适的选拔标准。

（2）国际市场营销中推销人员招聘的途径

国际市场营销中推销人员的招聘途径主要有以下几种。

① 教育机构。大中专院校等教育机构，作为企业吸纳应届毕业人才的主要渠道，在推销人员招聘中发挥着不可或缺的作用。这些教育机构能够为社会提供中高级专门人才，而职业技工学校则专注于培养初级技术人才。企业可根据实际需求，有针对性地前往各相关学校举办招聘洽谈会，以便挑选合适的人才。为加深学生对企业的了解，并激发其毕业后加入本企业的意愿，招聘负责人应详尽地向学生介绍企业的概况、工作性质及要求，并通过发放公司介绍手册、录像带或 VCD 光盘等方式，为学生提供更为全面的企业信息。

② 人才交流会。企业可通过在人才交流会上设立展位的方式，以一定的投入吸引求职者前来咨询应聘。这种途径的优势在于时间成本较低，且招聘效果立竿见影。

③ 职业介绍机构。众多企业借助职业介绍所这一渠道，寻找所需的推销人员。为确保招聘工作的有效性和针对性，企业在招聘前需编制详尽的工作说明，并依托职业介绍所的专业顾问进行筛选，从而简化招募流程，提高招聘效率。

④ 各种媒体广告。招聘广告常用报纸媒体，费用低、可保存、发行量大，能吸引众多应聘者但合格者比例低。限定资格可提高合格者比例，节省费用。专门杂志广告专业性强，效果好，能招聘高级销售人员。广播、店头、传单、口碑等广告也常用，企业可根据实际情况组合使用。

⑤ 企业内部员工。员工可自荐或推荐他人，能降低招聘成本，但处理不当易引起纠纷，需固定严格标准。大公司可让内部员工动员亲友加入，此方式的优点是被介绍者了解工作及公司性质，可以减少不安和恐惧情绪，降低流动率，提高凝聚力，但会导致员工关系复杂，需谨慎采用。

⑥ 行业协会。行业组织对行业情况比较了解，可以通过行业协会取得信息，找到合适的人才。

⑦ 业务接触。企业在开展业务过程中会接触到顾客、供应商、非竞争同行及其他各类人员，这些都是推销人员的可能来源。

2. 国际市场营销中推销人员的培训

国际推销人员的培训内容根据培训对象的不同而有所不同。对于来自公司母国的推销人员，由于他们对目标市场国的文化背景和语言习惯等方面缺乏了解，因此就需要着重进行语言、目标市场国的文化背景和在海外工作可能遇到的问题等方面进行培训。对于来自目标市场国当地的推销人员，则应该将培训的重点放在对企业、产品的了解，以及推销技巧的传授和企业文化的认同上。具体的培训方式可以灵活机动，有效配合。

（1）国际市场营销中推销人员培训的内容

国际市场营销中推销人员培训的内容包括以下几个方面。

① 语言能力。这主要是针对来自国外的推销人员。为了适应推销人员直接与顾客接触的工作要求，国际推销人员不仅要能够流利地说当地语言，还要提高语言的表达技巧，增强沟通能力，为推销工作打下坚实的基础。

② 文化风俗差异。国际市场营销中，不同目标市场国的文化和风俗有较大的差异，只有了解和掌握这些差异，才能提高推销成功的概率。例如，一个美国公司的推销人员在日本推销产品时就会发现，向日本人推销产品和在美国本土推销产品的差异很大，日本人在沟通过程中一般很少直接表达自己的看法，更多的是沉默，这与美国人的直抒己见，喜欢用争论表达自己看法的方式截然不同。

【案例 6－1】

不同的国家，不同的文化

美国市场的全球化意味着更多的外籍管理人员来美国生活，他们和到他们国家生活的美国人一样，也存在文化调适问题。

“美国没有小鸡蛋，只有特大的、超大的与中号的。”一个荷兰人这样说，“在这个国度，谦恭不受欢迎。”“如果你没有闯劲，别人就不会注意你，一个外国人要想在美国成功，必须比在本国更有闯劲，因为美国人崇尚个人奋斗。”一位美籍上司对日本青年如是说。在美国，与人交往时的身体姿势和视线接触非常重要，但日本人说话时又恰恰做不到站直、挺胸、正视美国人的眼睛。工作进度和截止日期都要认真对待，完成工作的速度与工作完成的好坏同样重要，而日本人只善于与他人团结合作，在学习积极竞争、勇于开拓和培养领导技能方面有所欠缺，需要帮助。

一个拉丁美洲人在美国得放弃他在自己国家时经常参加的那些社交活动。在拉丁美洲，买卖双方在达成交易之前便已有了默契。“在美国不需要默契，”他说，“你甚至可以跟你不喜欢的人做生意。”他对一见面便谈生意的做法仍然感觉不适应。但如果美国人认为自己在浪费时间，就会觉得非常沮丧。

美国人常说：“什么时候过来玩？”但在有过一次令人尴尬的拜访之后，外国人知道这实际上不是邀请。

（资料来源：陈文汉，甄冰．国际市场营销理论与实务（第 2 版）[M]．人民邮电出版社，2017.）

③ 企业知识。国际推销人员需全面了解企业的历史沿革、公司使命及战略愿景、企业文化精髓、生产过程细节、技术实力优势、组织架构设置、产品发展方向及各项规章制度等核心内容，从而深入把握企业整体情况。

④ 产品与技术知识。作为熟练的国际推销人员，他们应熟练掌握产品的品种分类、主要用途、价格定位、包装设计、使用说明、操作维修流程及制造过程等关键知识。

⑤ 市场知识。国际推销人员需深入洞察市场行情动态、竞争态势、需求分布状况、国家相关政策法规及地区特色等因素，并能够准确预测未来市场的变化趋势。

⑥ 顾客知识。国际推销人员需深入了解顾客的购买动机、消费习惯、需求特点、采购系统运作、所属部门架构、管理机构设置等信息，以便能够精准把握推销过程中的关键点，提高成交率。

【案例 6－2】

肥皂与轿车——在日本上门推销

可口可乐是美国在日本盈利水平最高的公司，那排名第二的又是哪家公司呢？不是 IBM，不是麦当劳，也不是 Microsoft，而是安利公司。这多少有些令人吃惊。安利公司每年通过直销方式在日本销售价值大约 20 亿美元的肥皂与其他产品。安利公司于 1971 年开始进军日本市场，通过提供商店购物的替代方式——邮购与安利直销员上门访问（这些直销员与美国本土的直销员一样，通常跟顾客是邻居）绕过了日本效率低下而费用高昂的零售分销体系。

爱子女士并不想要也不需要一辆新车，事实上她从来就没有去过汽车特许经营商店，也未参加过驾驶考试。那她为什么最终还是买了辆车呢？很简单，是因为汽车推销员到她家上门推销的缘故。

如今，在她家的车库有了一辆属于她自己的银色丰田小车。实际上，在日本大约有一半的轿车是通过直销员上门推销卖掉的。当通用、福特、克莱斯勒 3 家汽车公司试图找到在日本销售汽车的方式时，它们不妨借鉴安利的经验以解决这个棘手的问题。

（资料来源：陈文汉，甄冰．国际市场营销理论与实务（第 2 版）［M］．人民邮电出版社，2017.）

⑦ 推销技巧。国际推销人员应熟练掌握一定的推销技巧。这些技巧涵盖多个方面，如识别潜在顾客并主动与其接触；妥善处理与顾客之间的人际关系；克服心理和技术层面的障碍，确保交易的顺利达成；与顾客保持持续联系，进而巩固产销关系等。

⑧ 业务程序与职责。为确保国际推销人员能够高效地完成工作任务，他们必须掌握一系列的业务知识与技能，包括计划制订、时间安排、洽谈技巧、合同订立、结算方式、费用控制、旅行安排等。通过掌握这些知识，国际推销人员能够有效节约费用、避免潜在损失，并推动销售业绩的提升。

（2）国际营销中推销人员的培训方式

合理的培训方式是提高培训效率的决定性因素。国际市场营销中推销人员的培训方式主要有以下几种。

① 短期集中培训。短期集中培训是指在专门的时间内对推销人员进行培训，培训中采取讲授、模拟示范、现场操作等方式，系统介绍企业的历史、产品的构成及特点、业务操作的过程等内容。短期集中培训时间集中，针对性强，可以迅速提高推销人员的业务水平。

② 专项实习。专项实习是针对推销人员的工作特点进行的特殊知识的专门培训，目的是提高推销人员在某一个方面的专门技能。这种培训方式特别适用于让推销人员了解产品的性能，如安排推销人员通过跟班操作了解产品的生产过程，进而深入地了解产品的性能。

③ 委托培训。委托培训是由委托企业提出培训的要求，将推销人员的培训工作交付给专门的机构完成。委托培训可以让推销人员得到系统的推销知识，提高推销人员的整体水平。

三、国际市场广告策略

（一）国际广告的含义和特点

广告作为一种大众传播活动，以付费的方式通过特定的媒体渠道，有策略地向目标受众传递商品、劳务及其他相关信息。广告旨在影响受众的观感和态度，进而促使他们采取购买行为。广告在营销中具有双重作用，既可以用于构建产品的长期品牌形象，也可用于迅速激发消费者的购买欲望，推动销售增长。此外，广告作为一种经济高效的推广手段，能够有效地触及分布在广大区域的潜在购买者，从而实现广泛的市场覆盖。简单地说，广告有如下几个特点。

1. 公开性

所谓广告，就是一种公开的声明，这种公开性表明了企业所提供的产品是合乎标准的、合法的。因为广告是公开发布的，多数人收到的是相同的信息，这使得购买者知道购买该产品能够得到众人的理解和认可，同时也可以对各种同类产品的信息进行收集与比较。

2. 渗透性

由于现代人更多地通过广告做出购买决定，因此企业可以通过多渠道、大规模的广告宣传使自己的产品深入人心，表现企业的规模、名气与成就。

3. 表现力

广告的载体多种多样，表现手法更是丰富多彩，通过对印刷、音响、色彩的巧妙运用，广告能够以戏剧性的手法来表现自己产品和服务的特色。

广告可以在营销中产生重要的作用，但同时也有一些缺点。虽然广告能很快地接触消费者，但终究不是人员促销，很难具有面对面促销的说服力；广告与消费者的沟通是单向的，至于消费者是否注意这则广告却很难控制；广告成本可能很高。

（二）国际广告的限制性因素

1. 产品的特性

一般来说，各国的消费者需求相同的产品，如技术型产品，像计算机、复印机等，消费者需求特征与使用方式比较一致，就可采用标准化策略。对于诸如工艺品、食品及日用品等技术含量相对较低的产品而言，各国消费者之间的需求差异显著，因此，往往需采用差异化策略以满足不同市场的需求。

2. 消费者特点

在不同国家，人们很可能由于极不相同的原因购买同类产品，广告活动就必须考虑以下几个因素。

首先，要考虑购买动机和使用习惯。如果不同市场对同一产品的购买动机十分相似，那么可以采用标准化策略；购买动机不相似，那就应采取差异化策略。例如，美国人在采购食品或日用品时，习惯于一次购买较多数量的同一商品，而西欧国家的消费者则喜欢分几次购买，这就要求相关企业在广告宣传上有所侧重。因此，在美国做广告时应强调产品有较长的保鲜性能，以满足消费者大量购买的需要；而在西欧做广告时则要宣传产品的方便性，引导消费者提高购买频率。

其次，必须深入剖析各个国家消费者对于企业所提供的产品或服务所持有的态度，以及他们在购买时所关注的重点因素。例如，同样是购买食品，有的国家消费者考虑的是食品的营养成分，而有的国家消费者可能更注重食品的口味。美国市场上出售的西瓜标明含糖量，以满足人们限制食糖摄入量的需要，而我国消费者却偏爱糖分高的西瓜。所以，类似这样的产品在广告宣传中就需要注意采用差异化策略。

最后，还应分析不同消费者在文化背景方面的差异。对于文化背景相近的国家可采用标准化策略，譬如在亚洲地区可采用标准化广告策略。如果文化背景相差较远，则应使用差异化策略。

3. 广告对不同国家广告法律法规的适应性

许多国家对广告都有相应的法律法规限制，企业在进行跨国性广告活动时必须对其高度重视，并研究适应性对策。一般说来，对广告活动的法律法规限制主要包括广告费用、广告媒介、广告产品、广告价格、支付方式、广告所使用复制品与插图等材料，以及广告节目的其他方面。例如，在德国，比较性的广告是违法的，广告主不能说自己的产品比其他产品好，更不能说自己的产品是最好的；在科威特，每天只允许播出 32 分钟的电视广告，而且必须在晚上；在我国，法律禁止在主要媒介中刊载、播出烟草广告，对烈性酒广告也有类似的规定。

各国关于广告的法律法规的主要差异体现在以下几个方面：

（1）对各类商品的限制不同。如有的国家禁止播放香烟、酒类、医药等的广告。

（2）对广告内容的限制不同。如有些国家不允许播放恐怖、粗俗的画面。

（3）对广告方式的限制不同。如加拿大要求实施对比性广告，广告人必须能够证明其产品的优越性，否则就视为欺骗，并要负法律责任。

（4）对广告播出时间的限制不同。如有的国家星期六、星期日和假日不允许播放广告，有的国家只允许在每晚6～8点播出广告等。

（5）对广告所征收的税金不同。如在意大利使用各类广告媒介都要交纳税金，从4%～15%不等，而在奥地利广告税最高达30%。

若广告不违反各国的法律法规，可采用标准化策略；若违反某些国家的法律法规，则采用差异化策略。事实上，很多企业都将标准化广告策略和差异化广告策略混合运用。企业将在某些国家和某个地区取得成功的广告创意或广告方案，与将要推出这则广告的国家或地区的其他广告相比较，判断此广告在新的国家和地区是否适宜、能否成功。如果适宜，企业就采用标准化广告策略；如果不是很适宜，就采用差异化广告策略，进行适当的修改，以求更加完美，获得较好的效果。

此外，广告的选题与创意还应该坚持“5P”标准，即令人愉悦（Pleasure），指广告主题要使人精神愉快、心情舒畅；积极向上（Progress），即广告主题应体现积极的、追求进步的精神；解决问题（Problem），即广告应针对顾客的某一需要有针对性地确定主题；保证承诺（Promise），即广告应向顾客做出某一方面的承诺和具有相应的保证条件，它既可以直接表达，也可以间接表达；有潜在吸引力（Potential），即广告主题要有吸引潜在顾客的某种力量。

（三）国际广告决策

1. 国际广告的标准化和差异化策略

在国际广告决策中，一个亟待解决的关键议题便是对广告的标准化与差异化即地域化程度的权衡。若国际广告的国际化程度较高，则意味着其在全球范围内的适应能力较强，能够跨越文化和地域差异，实现统一而有效的信息传递。然而，若国际广告的地域化程度较高，则表明其充分融入了特定地区的文化元素和特色，从而增强了广告的针对性和吸引力。因此，在制定国际广告策略时，需综合考虑标准化与地域化之间的平衡，以实现广告效果的最大化。

对此问题有两种极端的观点：一是绝对的国际化即标准化，就是全球范围所采用的广告均是一样的；二是绝对的地域化，针对不同的国家或地区采用不同的广告。尽管各有其道理，但是通常绝对地采取一种方法是不适用的。国际市场营销专家卡特内认为，最为有效的战略原则应该是计划的国际化加行动的地域化。人们对于一种产品的需求在于其能够提供某种满足人们需要的基本功能，无论对哪一个国家的人来讲，某种产品的这种基本功能是一致的，如照相机能够照相，手表可以计时，汽车是一种代步工具等。但是由于文化等差异，不同国家的人对同一种产品具有不同的需求，比如对照相机的需求，美国人在注重照相效果的同时还要求操作的简便性，因此在美国

“傻瓜相机”的市场很大；在德国和日本，除了照相效果以外，人们还注重照相机外形的艺术性；在非洲，只有少数的家庭拥有照相机，因此照相的概念还有待普及。基于上述原因，计划的国际化加行动的区域化应该是最佳的选择，要在综合分析各种国际营销环境的基础上，将标准化和地域化进行有机的结合。

根据国际广告的标准化和地域化程度的差别，国际广告可以分为全球广告、区域广告和细分广告三种类型。

（1）全球广告，即实施一种旨在实现统一化的广告策略，通过在全球范围内运用一致的品牌形象、设计元素及市场开拓手段，以达成广告效果的最大化。此种广告方式的核心优势在于能够打造国际知名的品牌效应，诸如可口可乐、百事可乐、麦当劳等均是典型的成功案例。全球广告以其高度的标准化特性，成为一种最为规范的广告促销手段。

（2）区域广告，即指在同一特定区域内实施统一的广告战略，并运用相同的广告促销手段进行产品推广。举例来说，“泛欧广告”便是区域广告的一个典型范例。此种方式能够确保在特定区域内实现广告效果的协调与统一，从而增强广告的影响力和传播效果。

（3）细分广告，即指在对全球市场进行有效细分的基础上，针对不同的细分市场制定不同的广告战略。细分市场可以以国别划分，也可以包括不同的国家，主要取决于同一细分市场内消费者的需求、欲望和消费行为方面的共性或相似性程度。例如，宝洁公司就是一个运用大量细分广告战略的企业，它对不同的细分市场设计了不同的品牌及广告概念。

2. 国际广告内容

广告内容设计是一项既需要科学性又需要艺术性的复杂任务，其核心在于紧密结合广告目标，以服务于广告目标的实现。成功的广告设计要求设计者具备高度的创造力和想象力，并能够巧妙地将广告目标融入广告内容之中。广告目标作为广告设计的指导原则，通过广告创意得以传递和体现。在广告内容设计过程中，需注意以下几个重要方面：

（1）关于情感诉求与理性诉求的选择。情感诉求式广告侧重于激发受众的情感共鸣，而理性诉求式广告则更注重通过逻辑和事实来传达信息。两者在诉求方式和侧重点上有所不同，当前许多国际企业倾向于采取情感与理性相结合的策略，其中以某一种诉求为主。例如，宝洁公司在推广浪峰牙膏时，广告语“浪峰牙膏是美国牙医学会推荐产品”既体现了理性宣传的特点，又强调了产品的防病功能，进而引导消费者的情感反应；在国际航空市场的激烈竞争中，航空公司往往通过塑造独特的形象来吸引顾客，其中情感元素的运用尤为关键，如新加坡航空公司通过空中小姐的微笑来营造温馨的服务氛围。

（2）关于对比与陈述方式的权衡。对比广告指通过对比本企业产品与其他同类产品的差异，突出本企业产品的独特之处。然而，由于对比广告具有一定的敏感性，许多国家都制定了相应的法律法规来规范其使用。因此，在运用对比广告时，必须充分了解并遵守目标市场国家的法律法规，以避免可能引发的法律纠纷。同时，根据受众的文化水平和产品特性，可以选择正面叙述或全面叙述的方式。对于文化水平较高的受众，全面叙述有助于提供更全面的产品信息；而对于文化水平较低的受众，则更适合采用正面叙述，强调产品的优点。

（3）关于广告主题的稳定性与变化性。从理论上讲，广告主题的重复播放有助于增强受众的印象。然而，过度的重复可能导致受众产生厌烦情绪，降低广告效果。因此，即使是一个成功的广告主题，也需要根据市场环境和受众反应的变化进行适时的调整。通过灵活地调整广告主题，可以保持广告的新鲜感和吸引力，从而更好地实现广告目标。

综上所述，广告内容设计是一项需要综合考虑多种因素的复杂任务。在设计过程中，必须紧密结合广告目标，根据受众特点和产品特性选择合适的诉求方式、叙述方式和广告主题，以实现广告效果的最大化。

3. 国际广告媒体选择策略

根据广告所使用的媒介，大致可将广告分为以下几类：听觉的，如广播广告；视觉的，如报纸杂志上的广告；视听的，如电视广告。广告的形式多种多样，内容丰富，而且还在不断发展，近年来网络广告得到了较大的发展，还出现了太空广告等形式。

（1）媒体的类型及特点

广告媒体主要有报纸、杂志、广播、电视、网络、户外（标语牌、横幅、显示屏等）、交通工具、店铺和邮寄等，其中报纸、杂志、广播和电视是四大媒体，近些年又出现了互联网媒体。

报纸广告的覆盖面广，读者稳定，对信息的传递及时，能够长期保存，可以形成重复的传播效果，给顾客留下深刻的印象。它的主要缺陷是印刷的质量较低，报纸的读者不一定也对报纸的广告感兴趣。此外，报纸本身的发行范围和阅读对象有较大的差别，因此要依据产品的特点和企业的市场覆盖战略规划报纸广告。

杂志广告印刷精致，有明确的宣传对象，善于表达产品的质地，还可以长期保存，提高了重复阅读率。但杂志广告一般周期长，时效性差，制作的成本比较高。国际广告人使用外国消费杂志的比例比较低，主要是因为发行量大或者能够提供可靠的发行数目的杂志寥寥无几。

广播广告的信息传播及时、迅速，通过语言和音响效果表达了广告的效果，可以给顾客一个清晰的印象。广播广告的局限性主要表现为依靠声音传播的广告信息转瞬即逝，不易保存。此外，仅仅用声音说明和介绍产品往往缺乏直观性，容易造成曲解。

电视广告集声音、影像、音乐于一体，是当今广告媒体中比较重要的一种，它覆盖面广、影响力大、感染力强且及时迅速。它的不足之处是传播的信息转瞬即逝，不易保留，针对性差，费用投入高。由于有较大的娱乐价值，电视广告已在大多数国家成为主要的交流媒介。大多数人口稠密地区都有电视广播设施，如在我国电视广告拥有大量的观众。然而在一些电视机拥有量少、电视发射技术落后的国家，电视广告的传播效果就会大打折扣。

随着信息技术的发展，出现了新的以互联网为媒介的广告，有人称互联网是广告的第五大媒体。电子商务是指买卖双方利用现代开放的互联网络，按照一定的标准所进行的各类商业活动，主要包括电子商情广告、电子选购和交易，以及电子交易凭证的交换、电子支付与结算、网上售后服务等，互联网广告是现代电子商务的一个重要的组成部分。通过互联网开展广告宣传的一般程序是企业先在互联网上建立自己的网站，再通过网站介绍自己的产品和服务，发布各种商业信息。客户可以借助网上的检索工具迅速地找到所需的信息。互联网可以向全球范围发布广告等宣传信息，与其他媒体的广告相比，互联网的广告成本低廉，而提供的信息却十分丰富。企业在国际市场营销中面对的是全球的消费者和用户，互联网广告能够给企业带来更多的机会。

此外，还有一些其他广告媒体。户外广告可以以恢宏的气势表现出产品或企业的形象，其特点是展示时间长，表现手段灵活，费用相对较低。但是，户外广告受到地点的限制，而且除液晶显示广告外，一旦发布，修改的难度较大，时效性差。交通广告是指交通工具内外壁上的广告，它的制作简单，费用低廉。交通工具的流动性，决定了该广告媒体的宣传面较广，但是这类广告一定要醒目，文字说明力求简洁，突出主题。店铺广告是商品销售网点的广告，包括商品销售网点门前及四围的广告和商店内的广告两类。销售网点的广告可以引起顾客即时的消费欲望，烘托销售网点的气氛，但是如果一个销售网点的各类产品的广告太多，就会使消费者产生混乱的感觉，降低宣传的效果。邮寄广告指通过邮寄的方式发放产品的说明书、价目表等，它可以根据产品和目标市场的特点准确地选择广告对象，能够深入地介绍某种产品的特点，而且制作费用低廉，它的不足之处是市场的范围有限。

（2）媒体的组合

将各种广告媒体进行系统、有效的组合可以提高广告的效益，例如，报纸媒体的感染力要低于电视媒体，但是依据广告的具体内容将报纸与电视进行结合，就可以收到良好的效果。在产品刚刚投放市场的时候，先采用报纸媒体详细介绍产品的优点和用途，介绍性广告持续一段时间之后，再导入简短的电视广告，用以加深顾客的印象，从而树立产品的形象。

① 不同媒体之间的搭配。不同广告媒体的作用不同，为了充分发挥不同广告媒体的作用，节省企业的广告支出，要在不同的广告媒体之间进行科学的搭配。

② 不同媒体的时间搭配。依据广告的内容，将不同媒体的广告在时间上进行合理的搭配。如果要求产生轰动效果，希望广告的受众在很短的时间内迅速认识和接受广告，就需要不同的广告媒体在同一时间发布广告；如果要让受众在一个较长的时间内

接受广告，并且降低费用，就需要不同的广告媒体在不同的时间段发布广告。如上所述，报纸和电视媒体的配合就需要安排在不同的时间段，这样既能使广告持续发挥作用，又能节约广告费用。

③ 广告媒体在地域上的搭配。广告媒体的作用地域不尽相同，在不同国家发挥作用的程度也不相同，因此在广告媒体的选择上应考虑地域的因素。例如，在经济发达国家，上网的人数较多，通过互联网做广告会起到良好的效果，而在不发达国家，互联网的覆盖率很低，如果采用互联网广告，则难以达到预期的目的。

（四）国际广告代理机构选择

1. 国际广告代理商类型

国际广告代理商主要有两大类型：本国的广告代理商和国外的广告代理商，它们各自具有不同的形式。

（1）本国广告代理商

① 兼营国际广告业务的本国广告代理商，主要有以下几种：

a. 无国外分支机构的广告代理商。这种代理商必须具有强有力的国际广告策划能力、创作能力和发布能力，否则就无法胜任国际广告业务。

b. 有国外分支机构的广告代理商。这种代理商必须拥有雄厚的资金、人力和设备，而且具有丰富的国际广告经验。

② 本国专业国际广告代理商，主要有以下几种：

a. 部分国际广告业务代理商。这种广告代理商的人员、资金及设备有限，只能承担国际广告中的部分业务，如代购媒体、承担部分广告制作或部分国家和地区的广告业务。

b. 全面国际广告业务代理商。这种广告代理商具有充分的国际广告实施条件、经验和能力，能为企业提供全面的服务。此外，这些代理商多数有国外广告分支机构，并且和国外的广告代理商、经销商有着经常性的密切联系，因而有利于国际广告业务的实施。

（2）国外广告代理商

① 当地广告代理商，主要有以下几种：

a. 部分广告业务的东道国广告代理商。这种广告代理商只能为企业提供部分广告业务服务，如代购媒体、广告设计与制作等。

b. 全面广告业务的东道国广告代理商。这种广告代理商规模大、设备完善、人才多，能为企业提供全面的高水平的服务。

② 合作式的广告代理商，主要有以下几种：

a. 本国广告代理商与专业广告代理商合作。这种广告代理形式是指以本国广告代理商为主体，而国际广告代理商作为本国广告代理商的国外部从事广告活动。这种合作形式既为企业提供了国际广告的专门技术与知识，又可节约广告开支，充分利用了两种代理商的优势。

b. 本国广告代理商与进口国广告代理商合作。这是一种国际广告商间互通有无的方式，两国代理商互相代办各自的广告业务，通过默契达成短期或长期的合作。

c. 本国专业广告代理商与进口国代理商合作。这种合作方式适用于专业广告代理商无国外分支机构或国外分支机构不够健全尚需进口国代理商配合的情况。但是，目前即使是具有强大的分支机构的国际广告代理商，也多与进口国代理商合作，以制作高水平的广告。

2. 选择国际广告代理商应考虑的因素

选择国际广告代理商需考虑以下因素：

（1）广告代理商的作业能力需进行全面评估。作业能力涵盖设备配置、人力资源、创意构思、制作水平、执行效率及调查测定等多个维度。作业能力作为广告公司的核心支撑，是广告主支付费用所期望获取的关键要素。为深入了解广告代理商的作业能力，便捷的途径是通过对现有广告客户或广告媒体进行调研。

（2）广告代理商的经验与实绩亦需细致考察。口碑良好的广告代理商通常具备丰富的成功案例。然而，仅凭名气评判广告代理商尚显片面，需探究其过往客户背景、行业熟悉程度、经办产品类型，以及广告经验与实绩是否契合本企业广告代理活动的需求。

（3）广告代理商规模的大小亦需根据实际需求进行考量。若广告项目众多且要求严苛，则需寻求具备相应规模的广告代理商；反之，若项目较少且规模有限，则不必拘泥于大型代理商，小型代理商的重要客户可能优于大型代理商的次要客户，且小商品亦无需进行过度广告宣传。

（4）广告代理商的资金实力亦是评判其是否合适的重要因素。规模较小的代理商可能难以向广告主提供优质的服务。因此，企业在选择广告代理商时，应优先考虑那些资金雄厚、经营稳健的机构。

此外，还需关注广告代理商的收费标准和收费方式。各广告代理商的收费标准与方式存在差异，企业应事先进行调研和对比，以选择最合适的合作伙伴。

四、国际市场营业推广策略

国际市场营业推广，系指企业在国际目标市场中，为激发市场需求、促进销售增长而采取的具备迅速激励作用的促销举措。此项策略位于广告与人员推销之间，旨在弥补二者的不足。国际市场营业推广策略主要是针对国际目标市场中某一特定时期的特定任务而实施的短期、特殊的推销方法与手段。作为促销策略的一种，营业推广以其快速见效的特点，能够在短期内有效刺激目标市场需求。其目的主要有二：一是诱导消费者尝试新产品或新品牌；二是削减库存积压，提升现有产品销售量，实现资金回笼。

（一）国际市场营业推广的影响因素

1. 法律法规

由于各国法律规定不同，许多国家对营业推广方式的限制也有很大差异。例如，欧洲有的国家要求企业若想使用优惠券、抽奖、免费样品等促销方式，就必须保持整年政策一致；北美一些国家要求诸如特殊赠品和象征性优惠券之类的促销方法要在得到政府机构批准后才能使用。

2. 文化差异

文化差异使得不同地区的消费者对营业推广工具的偏爱有所不同。例如，有的国家消费者偏爱买一送一和优惠券的促销方式（如法国），而有的国家消费者更喜欢现金折扣的促销方法（如英国）。因此，营业推广策略的使用要多借鉴目标市场国零售商的经验，促销包装的设计及赠品、优惠券的使用方法等应更适应目标市场消费者的消费习惯。

3. 经销商

当地经销商或中间商的支持与协助对于企业海外推广的成效也有重要影响。企业在目标市场的交易发运处理、现场展示或商店陈列等都需要当地零售商的协助。企业要想在海外打开市场，好的渠道合作伙伴非常重要。

4. 竞争者

竞争对手在促销方面的措施同样会直接影响企业的营业推广活动。企业在海外目标市场的营业推广活动，可能遭到当地竞争者的模仿或阻挠。竞争对手新的促销举措可能会吸引更多的顾客，导致企业失去更多消费者。因此，企业海外目标市场的营业推广活动需要了解竞争对手的措施，并加以应对。

（二）国际市场营业推广的方式

在国际市场营业推广的广阔天地中，除了人们熟知的一些常见的赠送样品、优惠券、包装促销、有奖销售、现场演示等推广方式，还有一些新颖且富有创意的方法正在逐渐崭露头角。这些方法不仅拓宽了市场营销的渠道，还为企业带来了更多的机遇和挑战。

首先，社交媒体营销在国际市场营业推广中扮演着越来越重要的角色。随着社交媒体的普及，企业可以通过 Facebook、Twitter、Instagram 等平台，与全球范围内的消费者进行实时互动，传递品牌信息，推广产品和服务。这种营销方式不仅成本低廉，而且效果显著，能够帮助企业快速扩大市场份额。

其次，跨境电商平台的兴起也为国际市场营业推广提供了新的途径。通过亚马逊、速卖通等跨境电商平台，企业可以便捷地将产品销往全球各地。这些平台拥有庞大的用户群体和完善的物流体系，能够为企业带来更多的曝光和销售机会。同时，跨境电商平台还提供了丰富的数据分析工具，帮助企业更好地了解市场需求和消费者行为，为营销策略的制定提供有力支持。

此外，内容营销也是当前国际市场营业推广的一种重要方式。通过撰写博客文章、制作视频、发布社交媒体动态等方式，企业可以向潜在客户提供有价值的信息和娱乐内容，从而提高品牌知名度和美誉度。内容营销需要企业具备较高的创作能力和市场洞察力，但一旦成功实施，将为企业带来长期稳定的回报。

总之，国际市场营业推广方式多种多样，企业应根据自身特点和市场需求选择合适的策略。同时，随着科技的不断进步和市场环境的变化，新的营业推广方式也将不断涌现，企业需要保持敏锐的洞察力和创新精神，不断探索和实践新的推广方法。

（三）国际市场营业推广策略

企业国际市场营业推广策略涉及一系列问题，如企业营业推广的规模、营业推广的时间、营业推广的对象、营业推广的费用等。

1. 营业推广的规模

企业营业推广首先要考虑营业推广的规模。规模过低，不能刺激消费者、中间商和推销人员的积极性，达不到推广效果；但规模过高，又会使企业推广成本上升。因此，营业推广的规模必须适当。

2. 营业推广的时间

营业推广的时间包括确定营业推广的开始时间及营业推广的持续时间。在确定营业推广开始的时间时，要考虑企业的整体营销战略。市场竞争激烈的产品、质量差异较小的同类产品、老产品、刚进入国际市场的产品、滞销产品等，多在销售淡季或其他特殊条件下运用营业推广策略。

3. 营业推广的预算

企业在执行营业推广策略前，还需确定营业推广的总体预算。通常有两种方法可用来确定营业推广的费用。第一种是根据总促销比例来确定营销推广的费用，再将预算分配到每个推广项目上；第二种是先估算每种营业推广所需的费用，再相加得出总费用。

五、国际营销公共关系策略

国际营销公共关系是指企业在跨国经营和参与全球市场竞争过程中，为了塑造和维护其国际形象，提升品牌知名度与声誉，与不同文化背景下的公众、媒体、政府机构及其他利益相关者建立和维持良好关系的一系列策略性和传播性活动。企业开展国际营销公共关系的直接目标有两个，一是树立企业形象，提高信誉；二是协调和改善企业与媒体、消费者及政府的关系等。

（一）国际营销公共关系的活动方式

1. 国际媒体公共关系

国际媒体公共关系主要指企业利用国际化的新闻媒体、广告媒体和自控媒体，向目标公众传递企业或产品信息，使消费者了解企业的经营理念、产品特色、品牌价值、企业动态等，创造有利于企业的社会舆论环境。常用的方法有新闻发布会、国际宣传图册、影视作品等。

2. 征询型公共关系

征询型公共关系是指企业为自我生存与发展而收集社会舆论和民意，也包括对市场、社会情况及公众意向等信息的收集与整理，其目的是为企业的经营管理决策提供依据，加强与公众的双向沟通。常用的方法有建立信访制度、市场调查、民意调查等。

3. 服务型公共关系

服务型公共关系是指企业通过向消费者提供优质服务而获得公众的一致好评。常用的方式有提供售前咨询、售后服务、免费安装、上门维修、热线指导等。

4. 社会活动型公共关系

社会活动型公共关系是指企业利用举办社会性、公益性的活动来展现企业的社会责任。常用的方法有赞助各项文体赛事、参加公众公益活动、赞助社会福利事业和慈善事业、推动公共服务设施的建设等。

5. 交际型公共关系

交际型公共关系是通过人际交往直接接触他人并建立感情，达到建立良好关系的公共关系活动方式。交际型公共关系活动是一种不借助任何媒体的方式，常用的方式有举办招待会、茶话会、座谈会等。

（二）国际营销公共关系策略的基本原则

对于如何开展国际营销公共关系，有关学者提出了一些见解，如要聘用和培训当地人、熟悉所在国的风俗习惯等；要充分了解作为公共关系营销对象的消费者的需要和习惯；将海外的公司交由当地人管理；随时按照子公司所在国的特点修改有关的政策措施；像对待本国同事一样平等地对待外国同事及一切有商务来往的人士。不过需要注意的是，企业在国际营销实践中还需因地制宜，灵活变化。企业国际营销公共关系策略的基本原则主要有以下几个方面。

1. 服务性原则

企业国际营销公共关系的目的是使企业与公众相互了解与适应，并且获得社会的认可。而企业在追求自身利益的同时更加要认识到服务社会和公众才是企业的根本。企业要提高参与社会的自觉性与主动性，增强社会责任感，真诚地服务于社会，这对提高企业的知名度、增加经济效益是很有作用的。

2. 诚信原则

诚信是国际营销公共关系原则的基本要求，也是国际营销公共关系活动的主要影响因素。企业的诚信可以体现在多种方面，如公共关系活动中的承诺是否兑现，企业对于公众和消费者的承诺是否真实等。真实与信用共存，企业若失去真实就没有了信用，企业为了持久发展必须以诚信为基础，树立良好的形象和信誉。

关键术语

产品标准化、产品差异化、国际产品生命周期、成本导向定价法、需求导向定价法、竞争导向定价法、撇脂定价策略、渗透定价策略、地理定价策略、转移定价、国际市场营销渠道、垂直营销系统、水平营销系统、进口中间商、出口中间商、广泛分销、独家分销、选择分销、营销渠道的标准化、营销渠道的差异化、新建渠道、国际市场人员促销、国际市场广告、国际市场营业推广、国际营销公共关系

项目实训

【实训情境】

我国陶瓷产品进入欧美市场应该如何开展宣传。

【实训任务】

1. 依据学生个性特征，将全班同学划分为若干小组，并明确每组所承担的不同职责与任务。

2. 选定国内某知名陶瓷生产商作为研究对象，指派其中一组同学负责深入调查该企业的相关情况，并撰写详细的调查报告，重点聚焦其中高端欣赏类陶瓷产品的生产与销售状况。

3. 指派另一组同学负责调研中高端欣赏类陶瓷产品在国外市场的行情动态，特别关注欧美市场的发展趋势与需求特点，并形成一份全面的市场调研报告。

4. 基于对企业实际经营状况的深入分析及欧美市场需求的准确把握，选择适宜的营销策略，以提升该企业在国外市场的竞争力与品牌影响力。

章节练习题

1. 影响国际广告媒体选择的因素有哪些？它们是如何影响国际市场广告策略的？

2. 国际市场广告的现状和特点是什么？

3. 如何管理国际市场推销人员？

4. 国际市场营业推广影响因素有哪些？

5. 国际市场营业推广方式有几种？请简述各自特点。

第四单元

国际市场营销的计划、执行与控制

第七章　国际市场营销计划

学习目标

1. 了解国际营销计划的含义
2. 了解国际市场营销计划的制订过程
3. 掌握国际营销执行与国际营销控制的主要内容

项目引例

中国惠普完成架构重整　划分为四大业务集团

搜狐 IT 2013 年 3 月 29 日消息（刘瑞刚），中国惠普已完成了新一轮的组织架构调整，整个中国惠普由三个大的业务单元调整为四个业务单元，中国惠普的四大业务单元采用了垂直汇报的形式，各单元负责人不存在业务上汇报关系。

1. 中国惠普完成大调整，业务单元三变四

搜狐 IT 发现，很多人对中国惠普的业务划分存在误区，认为中国惠普由两大业务单元组成（PPS 和企业集团），实际上中国惠普在 2012 年下半年完成了业务调整。中国惠普现在的四大业务单元分别是惠普打印与信息产品集团（Printing and Personal Systems，PPS）、惠普企业集团（Enterprise Group，EG）、惠普企业服务集团（Enterprise Service，ES）和惠普软件集团（Software，SW），各业务板块领导分别是仪晓辉、符标榜、William 和于志伟。仪晓辉和符标榜是名义上的中国总裁，但他们并不具备对其他业务单元的管理职权，各大业务板块垂直向亚太汇报。这点和戴尔有点类似，各大业务单元垂直汇报，区别是戴尔是按照客户来划分集团板块。

“整个工作在 2012 年底完成调整，各个部门之间相对独立，会有一些协作关系，比如打包拿订单，绝大多数时候各大业务板块独立运营，单独汇报，只有个别业务线仍然在一块，如涉及公共关系这一块，企业集团、企业服务集团和惠普软件集团使用同一个团队。”一位惠普的内部人士称。举个例子，惠普在海南搭建云计算平台，就是由符标榜所带领的企业集团牵头来做，但是仪晓辉带领的打印与信息产品集团会参与其中，获得一些基础架构设施采购的订单。

2. 惠普未来猜想：个人计算机业务有点尴尬，重心向企业级业务转型明显

调整背后，我们可以看出，来自高利润的企业级业务和软件业务得到了进一步的垂直细分。而在惠普战略中多次游走在“拆分和合并”边缘的个人计算机（PC）业务则被打包带进了打印与信息产品集团。原因是个人计算机业务的营业利润率为2.7%，而企业集团和惠普软件集团的利润率都在15%以上。个人计算机业务利润率低只是个表象，其实质的问题还在于中国惠普的个人计算机业务和全球有点脱轨，“有点像傲慢的苹果，不重视中国市场，但惠普消费类产品又不像苹果一样不可替代。”一位分析人士称。一个有名的例子就是，惠普在全球推出了低价平板和低价手机，这在注重性价比的中国市场理应是受到欢迎的，但中国惠普并没有引入这些产品。

整个大环境是由个人计算机向移动互联网转型，所以，卖计算机的联想发力手机，并进行了大规模的智能手机组织架构调整，以期获得更多的市场。而惠普的移动互联产品，却很少进入中国，在卡位市场上显得并不积极。新的调整使惠普企业级业务的重要性得到进一步凸显。从利润构成来看，惠普企业集团和惠普软件集团的利润率高达15%以上。此外，惠普在这两个领域的竞争优势还是比较明显的，比如，针对大数据分析的“Autonomy”就隶属于惠普软件集团。在企业业务这一块，惠普的服务器销售在全球处于领先位置。未来，惠普由个人计算机企业向企业级解决方案提供者转变会越来越明显。

3. 结构调整不是灵丹妙药

需要特别指出的是，在惠普的历史上经历了多次架构调整，甚至于惠普的内部人士也在抱怨，说惠普的调整过于频繁，他们自己也难于梳理最近十年的惠普架构变化。比如，最近几年就发生过几次大调：2004年惠普进行了大调整，将企业系统集团（ESG）、惠普服务集团（HPS）、个人系统集团（PSG）、成像打印集团（IPG）调整成用户系统集团（CSG）、技术系统集团（TPG）、个人系统集团（PSG）；2005年再度对架构进行大调整，CEO卡莉·菲奥莉娜于1月提出将打印与个人计算机业务合并；半年后赫德再度大规模调整，挥刀拆分惠普个人计算机和打印业务。可以看出，架构调整并没有真正解决惠普中国业务发展问题，反倒是让内外都不断陷入混乱中，不断的架构调整也让惠普中国陷入“无头”的部门纷争中。有业内人士认为，惠普不断的架构调整是在用一个错误纠正另一个错误。

（资料来源：搜狐网）

启示：

调整企业国际市场组织结构是企业在国际化经营中的一项重要任务。国际市场组织结构调整是现代企业实现国际市场战略目标，应对国际环境变化的重要手段之一。企业管理者必须清楚地意识到组织结构调整是一项复杂的系统工程，而不是简单更改业务名称，组织中任何一个变量发生变化都会引起其他变量的变化。企业国际市场组

织结构调整不是单一的变革，而应该是系统的、连续的变化。企业国际市场组织结构调整必须适应目标市场的发展需求，必须与企业国际市场营销总体战略相一致。

任务一 国际市场营销计划的制订

一、国际市场营销计划概述

（一）国际市场营销计划的含义

国际市场营销计划是国际企业对未来经营活动的设计与决策。企业通过国际市场营销计划确定预期的营销目标，并在搜集、分析资料及预测成本费用的前提下，规定实现其目标的步骤、措施和具体要求。

由于不同的企业在经营观念、营销战略、组织体制等方面存在着差异，国际市场营销计划在不同的企业居于不同的地位。有些企业的营销计划仅是企业整体计划的一部分，而有些企业，尤其是高度贯彻市场导向观念的企业，营销计划本身就是企业的整体计划。

（二）国际市场营销计划的类别

不同的国际企业，由于其产品、市场、营销活动的先后次序和侧重点不同，因此营销计划也不同。然而，一般来说国际市场营销计划有下面几种。

1. 短期计划

短期计划又称年度计划，包括年度营销目标、地区营销目标、产品营销目标，以及实现上述目标的方法与手段。短期计划主要由国际企业高层、中层管理者及计划部门共同制订，并由他们负责执行和监控。随着国际市场不断拓展及竞争日益加剧，为了能在多变且充满挑战的国际营销舞台占据先机，企业必须具备前瞻性的视角，这就催生了对长期营销规划的需求。

2. 长期计划

长期计划又称战略计划，可分为 5 年计划、7 年计划、10 年计划，甚至 20 年计划。长期计划包括长期营销目标、成长计划、竞争计划等，以及实现方法与手段。长期计划一般由高层管理人员和计划部门制订，执行者与控制者一般也是上述人员和部门。

3. 产品营销计划

产品营销计划即产品所要达到的目标、产品策略、产品预算等。

4. 投资计划

投资计划包括新产品开发计划、建立新企业计划、购买企业计划等。

5. 执行方案计划

执行方案计划主要指上述各种计划的执行时间表，它较详细地叙述了实现计划的方法和手段。

（三）国际市场营销战略计划

国际市场营销战略计划是指系统地评估企业本身的资源状况、基本任务和目标，对应不同的、变化的国外环境，采取必要的政策和行动以达到企业目标的一项工作。企业的营销战略计划的内容十分丰富，制定和选择最佳的市场营销组合是战略计划的核心内容，4P 相互配合，以达到最佳化，营销战略计划和 4P 的关系如图 7－1 所示。在运用市场营销策略组合时，企业根据各策略的特点，结合营销战略的需要，往往会突出营销策略组合中某一个或两个因素，兼顾其他因素。例如，一家仪表制造厂可能特别强调它的产品技术先进，而同时也以折扣销售产品。一个企业在营销战略计划中突出什么策略，兼顾什么策略，要根据企业内外环境做出抉择。这就是营销战略计划需要讨论的核心内容，企业以此为核心，进而制定市场细分策略、目标市场策略、市场定位策略、市场进入方法策略和市场进入时间策略等。

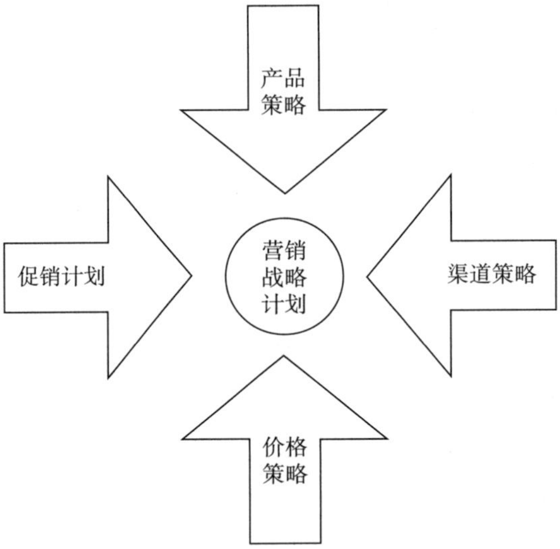

图 7－1　营销战略计划和 4P 的关系示意图

制订并实施科学、严密的营销战略计划，可以使企业增加利润，树立起良好的企业形象，使企业在变幻莫测的市场中维持生存和发展。具体来说，营销战略计划在营销活动中起到的积极作用有以下几方面。

1. 增强企业内部各部门工作的协作意识

运用市场营销战略计划，会使各部门增强整体观念，形成一个整体工作系统，彼此相互分工协作，共同满足目标市场的需求，努力实现企业的整体目标。在这个过程中，市场营销战略计划应成为指导和协调各个部门工作的核心。

2. 为改进管理创造条件

营销战略计划会使高层决策者从整体利益、全局利益出发，高瞻远瞩、细致周全地考虑问题。对企业可能遇到的各种情况进行预测并制定相应措施，有助于企业对实际发生的变化做出合理、有效的反应。此外，制订营销战略计划，还可以加强企业各部门之间的信息沟通，减少摩擦和矛盾冲突，促进企业整体利益的实现。

3. 减少管理者的盲目性

营销战略计划促使营销主管必须仔细观察、分析市场动向并对其未来的走向做出评价，从而有利于明确和决定未来的行动方向，大大减少盲目性。

4. 缓解意外事件的影响

制订营销战略计划，可以对意外事件留有一定余地，减轻或消除预料之外的市场波动对企业的影响，避免可能出现的混乱。例如，近年来，我国许多生产资料价格上涨，供应不稳定，打乱了许多企业的生产经营活动，如果企业事前有一个考虑周全的战略计划，就不会手足无措而十分被动。

总之，制订营销战略计划，可以明确任务，统一思想和行动；能够增强营销活动的目的性、预见性、有序性和整体性；可以提高企业竞争能力和应变能力。企业要得到生存和发展，就必须善于不断发现良机和及时调整营销战略计划，使公司的经营管理与不断变化的经营环境相适应。

（四）国际市场营销经营计划

国际市场营销经营计划是具体实施国际市场营销战略计划。企业开展国际市场营销的经营计划，一般都要明确规定应干什么、由谁干、如何干、何时干。国际市场营销的经营计划通常包括下列具体作业计划。

1. 产品管理计划

产品管理计划主要规定一个特定产品或产品种类的销售目标和指标，由产品经理编制。

2. 品牌管理计划

品牌管理计划规定一个产品类别中某个品牌的销售目标和手段，由品牌经理编制。

3. 细分市场计划

细分市场计划是为某一地区或细分市场制订的经营销售计划，说明在这一市场中企业应采取的战略和战术，由市场经理编制。

4. 分销渠道计划

分销渠道计划是指确定企业在某一市场对渠道的选择及扩展方案，包括渠道的长度、宽度，经销、代理或设立销售公司，以及对中间商的选择和训练计划。

5. 国际定价计划

国际定价计划指根据公司的竞争战略和市场战略，确定每个市场是采用高价或低价、价格的调整和变化，以及每个市场价格制定的基础和方法。

6. 国际促销计划

国际促销计划规定了各促销手段中广告预算、广告计划、营销推广计划、人员推销计划等。

二、国际市场营销计划的制订

（一）确定企业国际市场营销目标

国际市场营销计划规定的目标包括两层含义：一是选择特定的国家并确定特定的市场，即选择目标市场网；二是确立特定的经营销售目标，即数量、效益指标。选择目标市场就是对要进入的国家进行分析和筛选，包括对有关国家的市场特性、营销结构（包括分销系统、沟通媒介、市场研究服务）、法律、产业结构、政府的政策和法规、资源禀赋（包括人力资源、资本禀赋等）及融资环境进行分析，要特别注意国别市场的强制性因素，如各国的“关税”“配额”“禁运”“外汇管制”及“非关税壁垒”等限制因素。在确定了目标市场之后，企业便要确定经营销售目标。其是量化了的多项指标体系，如市场占有率、销售额增长率、企业利润率等。目标只有量化，才能变成明确的计划，各种活动的组织和评价就是通过目标差这个量化标准进行的。

（二）确定具体的营销策略

策略是企业用来击败竞争者、吸引顾客及有效地利用资源的原则。国际营销策略常由一系列协调决策构成，主要包括目标市场策略、营销组合策略和营销费用策略三个部分。

1. 目标市场策略

由于不同的国际细分市场在顾客需求、市场对企业营销反应、获利能力及企业能够提供的市场满足的程度等方面各有特点，企业应从最佳竞争观点出发，在精心选择的目标市场中慎重地分配自己的营销力量和精力。实行于每一个目标市场的营销策略应具有个性。

2. 营销组合策略

企业针对其选择的国际目标市场，制定产品、价格、分销渠道和促销等营销组合整体策略。企业针对某一目标市场确定一种营销组合时，通常有多种不同水准的方案可供选择，对此，经营人员要辨明主次，选出最优方案，以达到预定的目标。营销组合策略包括以下几个方面：

（1）产品策略，根据各个市场的需要，制定在设计、性能、包装和商标上适应国际市场需求的产品生产方案。一般由产品经理制定。

（2）渠道策略，根据东道国消费者的习惯和要求、中间商的分销网络和组织结构的特点来制定国际市场分销渠道的方案，包括渠道长度与宽度、代理、设立销售公司及对中间商的选择和训练。

（3）定价策略，根据公司的竞争战略、市场战略、成本及市场需求的特性，制定每个国际目标市场价格的策略，并根据市场变化不断调整该方案。

（4）促销策略，根据企业的产品、销售技术、国外市场特点来制定促销预算和促销活动的方案，包括广告预算、广告计划、营业推广计划和人员推销计划等。

3. 营销费用策略

编制营销费用策略的目的在于能够带来具有最佳利润前景的销售费用预算。虽然较高的营销费用可以带来较高的销售额，但是当销售额达到某一水准时，销售额的进一步提高可能无法使利润提高，反而会损害利润，所以有必要仔细研究企业执行各种营销策略所需的最适量的营销预算。

（三）国际市场营销计划编制

国际市场营销计划的编制过程，实质上是将外部不可控因素对企业资源、实力任务和目标的影响纳入管理轨道的过程。它是输入因素（包括市场营销目标、高层管理者的价值观与信念、企业优劣势及内外部环境与机会等），通过计划的编制（确定企业目标、制定战略或策略），然后在组织因素（人力、物力和财力）的控制下，产生计划的输出（投资计划，产品组合计划，执行计划的原则、程序、结果衡量等）的过程。国际市场营销计划的编制过程如图 7－2 所示。

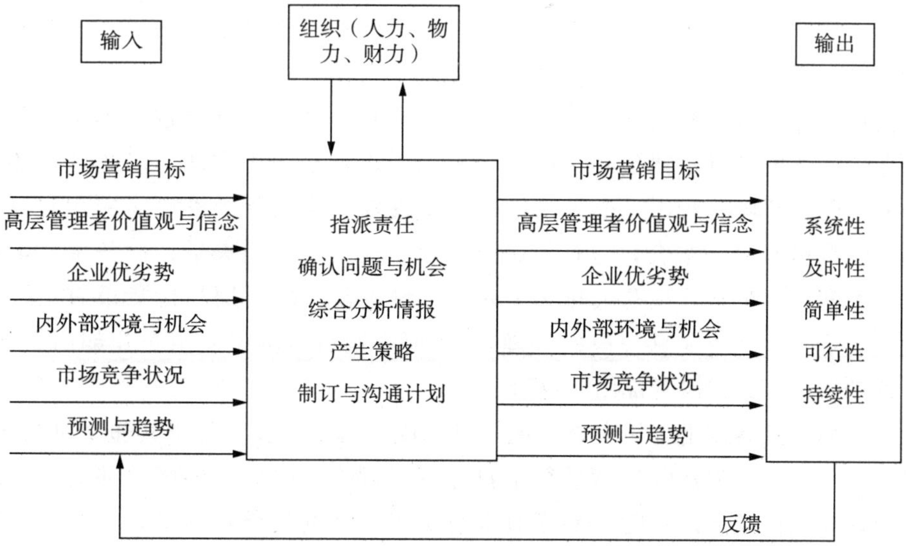

图 7－2　国际市场营销计划的编制过程

三、母公司与子公司的营销计划

国际市场营销计划的制订应涵盖母公司和子公司或分公司两个层次的管理活动，更进一步的计划还应该涉及具体的战略事项和经营业务。当前国际市场的激烈竞争要求跨国公司更系统地制订其营销计划。跨国公司应对未来的政治、社会和经济环境，以及所处行业的发展前景加以预测，并据以制订适当的长短期战略或经营计划。公司营销计划包括母公司层次的营销计划与分公司或子公司的营销计划。

（一）子公司营销计划的确定

跨国公司海外分支机构营销计划的编制应包括短期经营计划和战略计划两个层次。

1. 子公司的经营计划

可操作性的短期经营计划是子公司的主要营销计划。不同的国际企业，其子公司制订的短期经营计划内容和范围会有所不同：海外只有少量投资，海外子公司少且小，未能实现全球一体化经营的国际企业，其海外子公司的经营计划就有较强的独立性；海外已有大量投资，子公司广布世界各地，经营实现全球一体化（包括纵向或横向一体化）的大型跨国公司，由于具有明显的“交易内部化”特征，某一海外子公司在制订经营计划时，必须充分注意与母公司及海外其他子公司在业务方面的衔接。换言之，大型跨国公司的海外子公司无法独立制订和执行经营计划。

母公司在子公司制订经营计划过程中处于十分重要的地位。从经营计划制订的流程看，子公司的经营目标是其经营计划的灵魂或轴心，但子公司的经营目标必须服从总公司的整体经营使命与目标；同时，母公司为实现其总体目标，必须规定包括全部子公司在内的总体计划制度及相应的一系列计划指标和衡量标准。子公司的经营计划必须纳入总计划，并按照统一标准进行设计，充分考虑上级下达的指标。此外母公司还要为子公司经营计划的制订提供大量信息。

销售计划是经营计划的核心。经营计划的制订从回顾、分析过去的销售开始，然后对未来销售做出判断，即预测。销售预测除了以过去销售实绩为基础外，还应充分注意企业内外部环境的变化。未来销售量的实现取决于实际的策略实施和财务预算的支持。实际策略即营销组合，包括产品、价格、促销与分销渠道；财务预算则包括营业收入、毛利、销售和管理费用开支等内容。财务预算既要用当地货币表示，又要用母国货币表示（以便接受总公司的管理）。因此，销售预测必须由企业部门会同财务、生产、营销、人事、调研等部门一起进行。

经营计划一旦通过子公司审查，便得以形成，而下一步则是将其递交母公司审查。母公司要对各子公司的经营计划进行全盘考虑。对于一些设立地区总部的大型跨国公司，子公司在制订经营计划时，地区总部将提出一系列的修正意见；一旦得到母公司批准，子公司应在下一年度贯彻执行。

在最理想的情况下，子公司短期经营作业计划应由子公司的管理部门提出。这些短期作业计划也应和子公司的战略计划、整个公司的战略保持协调一致。可是在实践中，由于计划制订的复杂性和困难性，必要的数据信息及适当的管理导向的缺乏，这种理想的状态难以达到。例如，采用“本国中心主义”的企业往往倾向于用母公司的方法来制定战略，从而忽视了当地的环境因素。

2. 子公司的战略计划

在实践中，只有很少的跨国公司分支机构制订营销战略计划，原因有以下两个：

(1) 战略计划的制订需要一定的技术，而这种技术在子公司是缺乏的；

(2) 许多跨国公司想当然地认为，制订战略计划是母公司的事，不需要子公司的参与。由母公司制订的战略计划倾向于认为，整个世界是同质的，从而为全球市场设定同样的战略方案。但越来越多的事实表明，各国市场的差异较大，子公司有必要根据当地情况，参与本单位战略计划的制订。

世界市场是异质和分化的，母公司无法为每一特定的市场制订适当的战略计划。制订营销战略计划的两个基本要素是市场和竞争，其他要素包括与各特定市场相联系的社会文化、技术、政治及法律、法规等各方面。营销战略计划的制订始于消费者分析，子公司在制订过程中应充分地考虑各环境因素的影响，以制订出不同的营销计划，以满足不同消费者的需求。在对消费者需求进行了充分的分析和预测之后，子公司需要制订相应的研究发展计划和新产品营销计划。一旦母公司批准了这一营销战略计划，便进入实施过程。营销战略计划的实施可能需要数年。

(二) 母公司营销计划的确定

在母公司，营销计划的制订主要包括指导、协调及批准子公司的营销计划，并制订整个计划的战略计划。子公司的营销计划一般来说是未来 12 个月或 15 个月的短期作业计划，而不涉及长期的战略计划。这种计划通常采取由下至上的方法制订，因而充分考虑了特定产品或市场所面临的环境因素。母公司在子公司营销计划的制订过程中起如下作用：

(1) 帮助子公司建立完善的计划作业系统；

(2) 为子公司提供指导宗旨和有关环境分析的信息；

(3) 帮助子公司设立营销目标；

(4) 为子公司提供国际营销战略的战术技巧和诀窍。

母公司扮演着两个与计划制订有关的角色。首先，它为子公司营销计划的制订提供信息输入，并负责审查和批准它们的营销计划。其次，它制订整个公司范围的战略计划，这个计划可以是一个覆盖国内和国际市场的全球营销战略计划，也可以是为国内和国际市场分别制订的两套不同的战略计划。营销战略计划只是母公司战略计划的一部分。营销战略计划的实质在于以有利于企业的方式对竞争者的行为和市场的演进施加影响，换句话说，制订营销战略计划的目的在于改变竞争环境。一个营销战略计划应包括：对于将要达到的新的竞争均衡状态的描述；达到这种状态的原因和后果；为达到这种状态需采取的战略步骤。

跨国公司国际营销战略计划重要性的上升取决于两个因素：一是对于那些国际业务量和利润占整个企业份额较大，并将国际市场作为主要的业务扩展方向的企业来说，必须利用成功的国际营销战略计划来达成其营销目标；二是在 20 世纪 70 年代之后，国际市场的竞争态势变化十分激烈，国际营销战略计划是跨国公司在海外市场上维持竞争力和战略地位的关键手段。

跨国公司母公司国际营销战略计划的制订过程如图 7 - 3 所示。这个过程始于企业对国际经营活动的参与。一个企业进入海外市场是以谋求长期利润的增长为目标的，当国内市场的发展前景不被看好时，转向国际市场发展成为大多数公司的战略选择。企业是否选择加入国际市场经营应当考虑以下因素：企业的使命和目标、海外市场长期的机会和威胁、企业的优势和劣势、国内市场的机会，以及企业进入国际市场的财务能力等。企业在决定进入某特定外国市场之前，应对东道国的经济、文化、政治及商业环境进行详细的考察。一般来说，跨国公司倾向于选择和本国市场环境类似的国家作为目标市场，这样可以大大减少环境分析的工作量。

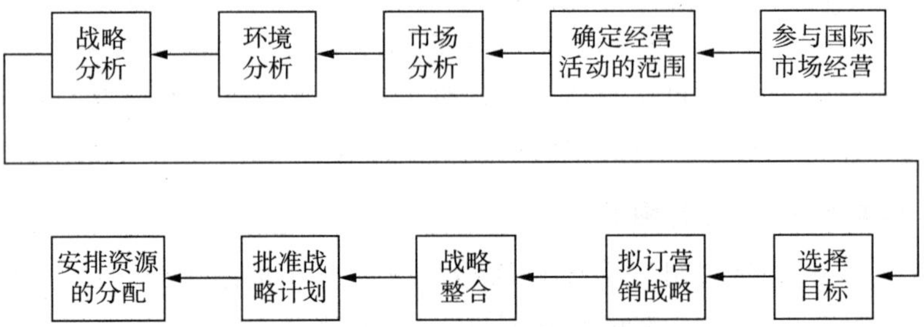

图 7 - 3　跨国公司母公司国际营销战略计划的制订过程

确定了海外经营的产品和目标市场之后，下一个步骤就是组合合适的战略中心或战略业务单元（Strategy Business Unit，SBU）来从事国际经营。战略业务单元是一个自成一体的业务单元，它需要满足以下五个条件：

（1）该单位有一项具体任务，而且是一项或多项相关业务的组合；

（2）该单位可由一个或多个相关单位组成；

（3）该单位的外部竞争者可以明确定义；

（4）该单位有一位专门负责的管理者，而且自主制订和实施本单位的战略计划；

（5）该单位的赢利情况可用实际收入，而不是用分支机构代表转移支付的名义货币来衡量。

战略业务单元要对其控制范围内的产品或市场组合做机会分析，以确定其战略。一旦适当的战略业务单元建立起来，母公司就应任命主管负责其工作。以上的战略计划的制订步骤都是在公司的高级管理层进行的，更进一步的工作则需要战略业务单元内部完成。

组建 SBU 是实现企业战略目标的有效途径，它可以摆脱企业行政机构的限制，将企业第二层次的战略目标落实到各 SBU，从而可以适时调整和灵活管理企业的战略目标。

知识链接

战略业务单元的特征

一般而言，战略业务单元具有以下三个主要特征：

1. 它是一项独立的业务或相关业务的集合体，而且在计划工作时能够与该企业经营的其他业务分离开来而单独编制计划。

2. 它有自己的竞争对手。

3. 它有专门的经理人员负责战略计划、利润业绩，而且该经理可以控制对利润产生影响的大部分因素。

任务二　国际市场营销计划的执行

一、营销计划的分解

（一）营销计划的分解是确保计划有效执行的关键途径

（1）营销计划因其全面性，往往需要细化以明确业务重心，从而指引计划的精准执行。例如，若计划侧重增强零售终端的市场推广，通过细分不同终端类型、开发进度及推广手段，可分阶段集中力量，确保推广活动有的放矢。

（2）为持续激发执行动力，需让营销团队直观感受进展成效，这意味着计划需被分解为可追踪的小目标。

（3）将计划分解还有助于前线销售人员快速抓住核心任务，在各推广阶段专注于单一、明确的目标，避免多头并进造成的精力分散，确保计划自上而下顺利实施至基层。

（4）及时评估营销计划至关重要，过长的评估周期可能导致过程监管缺失及业绩反馈延迟。通过对计划进行分解，不仅能够密切监控执行进程，还能迅速评价销售人员的工作表现，确保计划调整的时效性与针对性。

（二）营销计划按时间分解

1. 周计划

执行到销售代表层面，对最基层的销售问题进行反映。这个层面的计划由各区域销售主管把握，主要反映计划执行中最直接的效果。

2. 月计划

执行到销售主管和地区经理层面，主要对各区域及整个地区的销售状况进行反映。

执行月计划一方面便于地区经理对本地区销售态势的掌控，另一方面便于总部对地区分部执行计划状况的掌控。

3. 季计划

执行到地区经理和总部层面，主要是对计划执行成效的阶段性反映。对计划做一个阶段的整体性评估，可以避免营销重点过于集中于短期，同时对整个市场形势进行整体判断，并对销售人员工作成效进行指导。

（三）营销计划按阶段分解

1. 按市场生命周期（导入期、成长期、成熟期、衰退期）

依据市场导入、成长、成熟及衰退各阶段特性，灵活调整计划策略，以期最大化市场适应性。

2. 按季节性（淡季、旺季）

针对销售淡旺季，采取差异化策略，如淡季强化市场基础建设，旺季则侧重于维护与稳定，确保计划高效执行。

（四）营销计划按项目分解

1. 按项目种类分解

计划最终要落实在具体项目上，如广告、促销、铺货等，因此按项目分解有助于把握实施重点。比如，广告计划可分解为媒体广告和广告活动，促销可分解为消费者促销和渠道促销。

2. 按项目重点分解

将计划中的重点项目和常规项目分离出来，比如对终端推广而言，货架陈列是常规工作，而堆头陈列和特价销售则是关键性推广，这样有助于营销费用的有效使用。

（五）营销计划按产品分解

1. 按产品类别分解

每类产品的计划重点不同，因此同样的要求在具体实施时差异性可能较大，尤其是对于实施品类管理模式的企业。比如同样是实施深度分销计划，功能性食品的分销可以直接深入零售终端，而饮料类产品则适合通过覆盖批发商来间接达到对零售终端的辐射，因此具体操作方式不同。

2. 按产品销量比例分解

这主要是把握 80∶20 原则，对各类产品在销量或是利润上的贡献进行衡量，将有限的资源尽量倾斜于能产生更大效益的产品类别。

3. 按新老产品分解

这种分解方式的关键在于区别产品延伸的问题。一般而言，老产品占据了最大的销售比例，可能最赚钱，但其发展趋势是下滑的，而且竞争环境恶劣。这种情况下企业必须扶持有市场潜力的新产品，在计划执行时要分别确定新老产品的推广重点，在维护老产品市场份额的同时，尽快将新产品推入市场并站稳脚跟。

（六）营销计划按渠道分解

1. 按渠道类别分解

批发渠道和零售渠道有较大区别，在计划执行中对其的利用也不同，对批发渠道注重经销商利益，而对零售渠道则注重消费者利益，因此对两种渠道要区分计划实施重点，以实现不同的营销目标。

2. 按渠道性质分解

营销渠道可分为专业渠道、商业渠道、特殊渠道等，不同特性的渠道有不同的市场地位，要求不同的营销工作重点。什么渠道应该成为计划的重点，应在具体执行过程中根据市场竞争形势和资源状况合理安排。

二、营销计划的目标管理

（一）目标管理是营销计划有效执行的良好工具

1. 使计划评估具体可行

评估的一个重要标准就是计划的目标，如果将目标从结果转变为过程中的一个环节，企业就能客观、准确评估计划实施效果。

2. 使计划执行成效得以控制

透过对目标的管理，企业能把握计划执行的重点，并掌握评估的依据，使目标成为指导计划执行或调整的方向。目标管理作为有效的工具，与计划的分解相结合，配合对分解计划的评估，使计划执行过程得到控制。

（二）目标的分类管理

1. 硬性目标

硬性目标包括销量目标、占有率目标、费用目标、利润目标、铺货率目标等，这些目标有的能反映结果，有的能反映过程。良好的目标管理关键在于对目标进行综合评估，但许多企业只关心销量目标，相应地引导了销售人员只看重销量而忽视其他目标的实现，最终无法实现计划效果。

2. 软性目标

软性目标包括管理制度、客情关系、价格体系、市场秩序、信息分析等，这些目标是达成硬性目标的保障。如果说硬性目标是结果，那么软性目标就是过程，企业只有将过程管理起来才能确保结果的有效达成。

（三）目标的绩效管理

1. 对目标结果的绩效管理

这里衡量绩效的重点是将结果与目标对比，通过差异来判断目标完成程度。如果营销目标包含了结果型和过程型两种，那么这种差异可以反映出一定的原因，但是如果只采用结果型目标，那么就无法反映真实的状况。

2. 对目标过程的绩效管理

这里衡量绩效的重点是将过程与目标对比，考察计划要求的工作有无做到位，有什么因素影响了硬性目标的实现。这种软性目标的绩效考核能够比较真实地反映实际状况，但在促进销售人员动力方面不如硬性目标直接，因此最好将其与硬性目标绩效考核结合起来。

（四）目标的细分管理

1. 分阶段目标管理

根据计划的阶段分解实施过程，依据计划的要求设置相应目标，并规定完成的时间进度。阶段可以按市场发展阶段分解，也可以按市场推广阶段分解，目的在于使各阶段衡量标准能够统一。

2. 分时期目标管理

将计划目标的完成分成不同时期，在每个时期设定相应标准，如月度目标和季度目标，然后对这些目标进行管理和评估。

3. 分项目目标管理

分项目是指设置一些项目类型，如费用和销量项目、广告和促销项目，对每类项目的目标完成状况进行整理统计，分析各项目在整个计划中所占比例是否合理，以及是否满足了计划的要求。

4. 分产品目标管理

对产品实行类别目标管理，衡量每类产品为企业带来的利益，可以按新老产品分类，也可以按产品性质分类，衡量的目标有销量、利润、费用、时间、完成率等。

5. 分渠道目标管理

对不同性质的渠道实行分类管理，衡量不同渠道为企业带来的效益、评估各种渠道的价值，为制定渠道开发策略和管理政策提供依据，同时也为计划有效实施提供工作指导。

三、区域营销计划的执行

（一）区域营销计划执行管理要求

1. 编制区域营销计划书

区域营销计划主要业务内容是营销推广、客户开发和渠道管理，要提高营销计划的整体执行效果，必须对区域营销活动有系统的考虑，要在整体计划目标下结合本区域的特点，制订出更具体的营销计划，以此提高营销活动的系统性并推动整个销售队伍的销售效率，同时也能提高区域的营销推广技能，加强销售人员的营销素质。

2. 定期提交市场评估报告

此举的目的在于将计划实施过程管理起来，对计划执行效果、目标完成状况进行综合评估，了解计划与实际的差异，把握营销推广重点，保持对市场的动态反应。

（二）对区域营销计划的分解

1. 对下一级区域的计划分解

一般来说，企业会在较大的行政区域市场设一个点作为区域分支机构，负责该区域市场的开发和管理，因此公司总部的营销计划传达到这个层面后，还必须继续在更小级别行政区域进行进一步分解，直至分解到每一个销售人员身上，这样才能使计划落到实处；而且在分解过程中，每个层面的销售人员都能清楚了解各自工作重点，从而使计划的核心思想真正得以贯彻。

2. 对下一级区域的目标分解

目标分解是为了配合计划分解后的有效执行，对每个层面、每个阶段、每个时期，都应设置相应的目标体系，并对整个计划完成情况进行总结分析，掌握目标与实际运作状况之间的差异程度，然后进一步分析造成这种差异的原因，商讨对策加以改进。

（三）对区域营销计划实施的过程监控

1. 对目标的监控

对目标的监控包括对整体目标、硬性目标和软性目标的些控，其能够使整个计划平衡开展，而不是仅仅为了提高销量而采取短期的推广方式。通过对目标体系的综合评估，企业可以掌握计划落实程度，并通过调整目标结构引导销售人员的行为模式。

2. 对工作方式的监控

工作方式也可以理解为行为模式。实际运作中每个销售人员对计划的理解和认同程度是不同的，执行也各有各的方法，这样就很容易造成执行效果不统一。因此，企业要尽量形成规范化的工作程序和步骤，增强计划执行效果。

3. 对销售信息的监控

销售信息是对市场实际状况的最直观反映，能够表现计划执行过程中的各种问题，因此企业必须将其纳入统一的管理规范，通过整理分析使其成为分析问题、发现问题乃至解决问题的切入点，从而对计划执行效果进行动态跟踪，保障计划与市场现状的适应程度。

4. 对工作重点的监控

这是对计划核心思想和关键内容有无真正落实的监控。销售人员对计划认同度不同及不同区域间存在较大的差异，造成对计划执行的不同，企业必须判断这种不同或者调整是否合理，是销售人员意识上有问题还是计划本身存在问题。通过这种动态的监控，不至于到问题已经很严重时企业才发觉。

5. 对市场分析的监控

市场分析是对计划进行检验的重要环节，也是计划调整的重要依据，企业必须要求销售人员加强这一工作环节；同时这也是要求销售人员在进行判断时必须有可靠的依据。通过强化市场分析，销售一线人员可以提高对市场的掌控程度，使计划执行更加有效。

【案例 7－1】

联合利华公司组织结构

联合利华公司是一家国际食品和家庭及个人卫生用品集团。该集团在 20 世纪 90 年代经过了彻底重组。在过去，联合利华是高度分权化的，各国的子公司均享有高度的自治权。在 20 世纪 80 年代后期至 90 年代初，公司开始引入新的创新和战略流程，同时清理其核心业务。然而，1996 年启动的杰出绩效塑造计划造成了公司结构的实质性改变。

直到 1996 年，由荷兰和英国的董事长及他们的代表组成的一个特别委员会和一个包括职能、产品和地区经理的 15 人董事会一直独揽着公司的决策大权，整个结构是矩阵式的，其中产品协调人（经理）负有西欧和美国的利润责任，地区经理则负有其他地区的利润责任。责任经常是模糊不清的。其内部报告曾指出："我们需要明确的目标和角色，董事会使自己过多地卷入了运营，从而对战略领导造成了损害。"

杰出绩效塑造计划废除了特别委员会和地区经理这一层级，代之以一个 8 人（后变为 7 人）的董事会，由董事长加上职能和大类产品（即食品、家庭和个人卫生用品）的经理组成。向他们报告的是 13 位（后来是 12 位）负有明确盈利责任的业务集团总裁，后者在特定地区对其管理的产品类别负有完全的利润责任。全球战略领导被明确于执委会一级，运营绩效则是业务集团的直接责任。

在这种正式结构调整之后，国际协调是由许多正式和半正式的网络促成的。研究和发展由国际网络创新中心负责实施，其领导责任通常属于中心的专家而不是属于英国或者荷兰的总部机构。产品和品牌网络——国际业务小组在全球范围内协调品牌和营销。同时，职能网络也开展一系列计划以便就一些关键问题，如录用和组织效能，实现全球协调。所有这些网络均大大依赖于非正式的领导，同时也依赖于电子邮件和内部网络。是否参与这种协调在很大程度上由业务集团确定并资助，而非公司总部。

（资料来源：朱金生，张梅霞．国际市场营销学（第二版）［M］．南京大学出版社，2019.）

任务三 国际营销活动的控制

一、国际营销控制的含义和内容

（一）国际营销控制的含义

国际营销控制就是把企业的国际营销活动维持在营销目标允许的范围内。任何营销控制都包含三个基本环节：设定控制标准、衡量执行情况、纠正偏差。国际营销控制是国际市场营销管理的关键职能。

国际营销控制与组织和计划密不可分。企业对其国际营销活动制定了长期和短期的目标及规划，建立与之适应的组织形式，而之后实现营销目标的关键就在于协调和控制。审慎的、有计划的协调及周密计划的控制体系，既可以使营销工作适合于各个具体目标市场的特殊情况，又可以使规划、战略及营销方案在不同程度上实现标准化，使之适应全球市场的需要。

在企业的营销控制上，由于沟通上的隔阂，国际市场营销比国内市场营销困难很多。世界各地的时差、文化差异、通信的延误及各个国别市场上的不同营销目标，对国际营销控制应变能力的要求也高于传统的控制方法。

（二）国际营销控制的内容

1. 销售额控制

销售额控制具有十分重要的意义。由于销售是企业经营活动的中心，销售额的大小反映了企业的经营发展规模，销售额的增长是企业经济效益提高的前提，因此，国际营销控制首先要对销售额进行控制。销售额的控制主要是通过将每周、每月或每季度的销售数字汇总，与预期指标进行比较，以判断各因素对销售量的影响。从销售量的差异中，可以找出造成差异的原因，以便对症下药；从各国市场的销售差异中，可以辨别出哪些市场对公司的发展有利；从各类产品的销售差异中，可以找出公司扩大生产能力的方向。销售额的大小取决于在市场营销方面的努力程度，因此可以从销售额的大小来确定营销开支和推销程度是否与潜在的收益相称。有关销售额的详细报告应当列举大量采购的数字和市场份额的信息，从而使管理部门在实施控制时不仅促进本公司的销售，而且也了解本公司相对于竞争对手所处的位置。如果市场份额下降，即使销量增加也说明公司营销不佳。

知识链接

销售差异分析

企业销售差异分析，就是分析并确定不同因素对销售绩效的不同作用。例如，假设某企业年度计划要求第一季度销售4000件产品，每件售价1元，即销售额为4000元。在第一季度结束时，只销售了3000件，每件0.8元，即实际销售额为2400元。那么，销售绩效差异为1600元，或者说完成了计划销售额的60%。显然，导致销售额差异的，有价格下降的原因，也有销售量下降的原因。问题是，销售绩效的降低有多少归因于价格下降，又有多少归因于销售数量的下降。可做如下分析：

因价格下降导致销售额的差异为：(1－0.8) ×3000＝600 (元)。

因销量下降导致销售额的差异为：1× (4000－3000) ＝1000 (元)。

由此可见，没有完成计划销售量是造成销售额差异的主要原因，企业须进一步分析销售量下降的原因。

2. 价格控制

国际市场产品价格控制标准较确定，因此，企业要将注意力集中于控制不同国别市场和销售产品的赢利状况，可以为各子公司规定一个价格范围，要求各子公司根据这一标准来定价或变动价格。

3. 产品控制

产品控制至关重要，因为在竞争空前激烈的今天，产品质量的高低、款式是否新颖、售前售后服务是否周到往往决定着企业的生死存亡。

国际企业的产品控制主要包括：建立统一的产品质量标准，要求企业必须严格参照执行；公司、地区或产品总部必须设立质量控制部门，定期或不定期对国内外市场进行产品质量检验；监控中间商的服务质量，各特约经销商必须提供完善的售前售后服务，根据需要公司还可以增设服务点；各控制管理部门必须建立完善的信息反馈系统，及时了解消费者对产品的意见。

4. 促销控制

促销控制主要是控制人员的推销目标、广告目标及其他促销形式的目标，以确保各子公司的业务遵循公司统一的国际营销目标。

5. 分销渠道控制

分销渠道控制主要是对中间商代理销售、供应订货、售后服务等功能的执行情况，以及渠道的销售额、售后服务的效率进行控制。

6. 人员控制

国际营销的人员控制是指对下属机构的经理人员进行控制，人员控制主要包括：

聘任的经理人员必须经过严格的考核，必须定期对下属机构的经理的工作进行考核检查，并做出评价。企业必须奖惩严明，对工作积极、业绩较好的经理人员应给予奖励，工作不努力者应给予必要的批评与警告，对不称职者应及时撤换。

7. 投资控制

海外直接投资是跨国经营的基础和基本特征。由于海外投资前景具有较大的不确定性，因而必须进行严格控制。一般而言，海外直接投资应采取直接控制的办法，即公司总部高层负责人应直接参与海外直接投资的项目选择、可行性研究和重要的项目谈判。投资项目需经总经理的审查方能执行。项目开始执行后，公司总部高层负责人须密切关注其进展情况，并及时了解投资回收和投资报酬的情况。

8. 利润控制

国际企业的利润控制有两个方面内容：第一，要控制企业的赢利水平。为此，公司要分析各海外子公司的损益表，以便了解它们的成本支出、经营状况及当前的国外市场形式。第二，作为国际企业（主要是跨国经营企业）必须控制利润的来源国别。按照“责任中心”管理制度的要求，各海外企业分别建立各种中心，如成本中心、销售中心、投资中心、利润中心等。为了保证企业利润总水平的提高，各中心必须各司其职，而不能从局部利益出发，片面追求自己的利润水平，当然公司总部必须对各种中心规定不同的考核标准。

9. 销售能力控制

销售能力控制主要是对不同产品、不同市场的销售，老客户与新客户的比例，新产品与老产品的比例及市场份额等进行控制。

二、国际营销控制程序

国际营销控制程序主要包括七个步骤：

（1）设定营销控制目标；

（2）选择营销控制方法；

（3）设立营销控制标准；

（4）分配责任，指定具体责任人员；

（5）搜集有关资料并建立国际营销信息反馈系统；

（6）评估审查结果；

（7）及时纠正偏差。

国际营销控制是一个动态的运行过程。上述七个步骤按照顺序不断重复进行，当然每次重复都在一个更高层次上进行，都有更新的内容。

（一）设定营销控制目标

控制目标有两层含义。第一层含义是指控制自身的目标，即企业对经营活动进行控制的目的何在。控制自身的目标是保证企业制定的方针、政策得到贯彻、执行，促使企业经营有效运转。但是在不同时期，面对不同的环境，控制自身目标的具体内容也会有所不同，如有时加强控制是为了促使企业提升规模，有时是为了克服某些薄弱环节，有时则是为了应付面临的各种机会和挑战，等等。控制目标的第二层含义是指被控制对象应实现的目标，即一定时期内企业经营应达到的目的。这里所说的控制目标是其第二层含义。

目标既是控制的核心，也是控制的起始点，即有了目标才能开始进行控制；它还是控制的归宿，因为唯有目标实现的程度才能说明控制是否有效。因此，确定目标是控制程序中一个十分重要的步骤。

控制的目标就是企业计划的目标。控制目标与计划目标内容是一致的，但控制目标具有两个特征：其一，控制目标必须是具体的、可操作的；其二，控制目标是比较详细的，不仅企业各个层次、各个部门（单位）的目标必须明确无误，而且各项目标的种种细节也应指明。

但刚刚开始从事国际营销活动的企业往往缺乏明确的市场目标，这对企业参与市场竞争及其长期发展极为不利。企业的管理者在进入国际市场之前，必须明确企业目的及其国际营销活动的短期和长期目标，进而设定企业营销控制目标。

（二）选择营销控制方法

国际营销的控制方法主要有两种：一是直接控制；二是间接控制。

(1) 直接控制就是企业总部有关管理人员直接参与下属机构的经营管理。例如，总公司上层领导以股东身份直接参与选择中间商或制定某项产品的销售价格等。

(2) 间接控制则是指企业总部有关管理人员通过各种杠杆机制干预调节下属机构的经营活动。间接控制包括下达各种指令性或指导性指标，以及制定和宣布一整套完善的规章制度。

这两种控制方法各有优点和不足。直接控制的最大优点就是能够直接把握下属企业的发展方向，但会降低下属企业的经营积极性，而且其适用的范围十分有限。当企业规模较大，尤其是海外业务已有相当发展时，总部要进行直接控制显然很困难。间接控制具有明显的灵活性，因此比较适合国际企业的管理，但是开展间接控制的难度比较大。一般而言，国际企业应该根据不同情况，在不同的时候采取不同的控制方法。

（三）设立营销控制标准

控制的衡量标准与目标的指标是一致的。在确定国际营销的控制衡量标准时，一般要注意三点：一是数量化，金额或数量要明确，并要确定相应的等级范围；二是要充分考虑国外企业在当地的经营环境，如不同的币种与汇率，以及当地政府的税收、价格、金融等方面的政策；三是要顾及某些抽象目标，如进入某一国家或地区市场对企业全球战略的意义。

（四）分配责任及指定具体责任人

1. 分配责任

国际营销因其组织的复杂性，难以分配海外营销活动的具体责任，任何一件营销活动都可能需要多方人员的合作。母公司各不同部门都必须密切关注其他部门正在进行的活动。采用产品性组织的跨国公司在国际市场上需要比在国内市场上更加密切地进行合作，采用地区性组织的跨国公司需要在各不同地区的子公司之间进行紧密合作。

2. 指定责任人

指定责任人对于建立控制系统也具有十分重要的意义，因为从某种意义上讲，控制系统本身就是由人组成的。控制系统的责任人基本分三个层次：公司总经理及中央各职能部门是最高控制者，为第一个层次；国际事业部或地区总部，抑或产品部的副总经理，其既是总经理及中央职能部门的被控制者，又是下属子公司的控制者，为承上启下的第二层次；子公司或其他下属机构的经理及其职能部门则是最下层的被控制者，为第三层次。

指定责任人最关键的一点是必须遵循责权利三者结合的原则，即无论是控制者还是被控制者，都必须有明确的责任、权力和利益。首先要明确各自的责任。控制者要清楚自己对哪一方面进行控制，职责范围是什么，如下达命令，提出有关建议和警告，审查上报请示和计划，等等；被控制者要清楚自己就哪些方面向谁负责，具体应该做些什么，等等。无论是控制者还是被控制者，没有完成自己的任务就是失职。其次，权力是尽责的前提。如果控制者没有足够的权力，那他们的命令、建议、警告、批示等便失去了应有的效力；一切听命于上层，那也不应让他对自己的工作负责。最后，对于尽心尽力的责任者必须给予相应的利益。当然这种利益应该包括精神和物质两个方面，不给予利益就不能激励责任者不断努力工作。

（五）搜集资料并建立国际营销信息反馈系统

国际营销信息反馈系统是跨国公司的中枢神经系统，对于及时有效地搜集和传递信息起着至关重要的作用。它主要是将企业在国际市场开展营销的各种信息，包括顾客信息、产品销售和服务信息、各地区和各子公司的营销活动信息、竞争者的信息、市场环境信息等，在系统中进行分类、处理和存储，从而获得目标营销控制的基础数据。

这一系统是由一个互相关联的人员、设备和程序所组成的复合体，它与一般的营销信息系统不同体现在：第一，范围不同，它不只涉及一个国家（地区）的市场，而是包括了许多国家和地区的市场。第二，层次不同，该系统分为两个层次，一是国别（地区）层次，各国（地区）信息分系统彼此间可能有显著差别；二是全球层次，它包括整个国际业务。在国际营销信息反馈系统中，各国（地区）都有国别分系统，负责搜集、整理和存储企业在该国别市场进行营销活动的信息。每个国别分系统向该市场营销信息反馈系统提供信息。整个国际营销信息反馈系统汇总各个国别市场分系统的信息，为公司总部的国际营销控制提供信息。由于公司总部以各国（地区）系统所提供的信息作为决策依据，因此在建立跨国国际营销信息反馈系统时，应当先在每个国家（地区）设立能全面反映企业营销活动信息的反馈系统。各国（地区）市场情况、企业的国际营销活动状况千差万别，所以各国（地区）的营销信息反馈系统也各有不同的需求，在各国（地区）的反馈系统设立之后，再着手设计为整个公司国际营销控制服务的国际营销信息反馈系统。

（六）评估营销活动的结果

评估就是在占有详尽资料的基础上，依据制定的标准，将被控制单位的经营业绩与公司的有关目标进行比较，再对被控制单位的工作做出评估。评估应该严格依据既定标准，确定被控制单位的业绩是否达到预期的水平，同时应充分考虑当地的经营环境，如当地汇率变化、通货膨胀、经济不景气、政府政策变动都会对企业的经营绩效产生重大影响。评估应遵循实事求是的原则。评估的过程同时又是分析的过程，尤其是被控制单位工作未能达到既定目标时，必须分析其原因，并提出相应的改进措施。

（七）进行必要的纠正

企业必须将所搜集的信息与事先确定的控制标准加以对照，如果不符，就必须采取措施纠正不正确的营销活动，或是对控制标准加以修正。纠正偏差、防止失误是控制的直接目的，因而它是控制的最关键环节。国际业务单位相距遥远，文化背景不同，组织复杂，纠正的实际操作难度较大，但是考虑到纠正的效果，纠正的操作必须及时，这就要求控制部门必须建立比较完善的纠正机制和充分利用当今发达的国际通信设备。由于国际营销控制是一个周而复始的循环过程，因此纠正既是上一控制周期的终点，又是下一控制周期的起点。

三、国际营销控制系统

任何一种营销控制系统要发挥作用，均有两个先决条件：控制计划；控制系统组织结构。国际营销控制过程的第一步是明确预期目标，因此必须先有控制计划，然后才能着手建立控制系统。此外，为了实施营销控制，必须由专人负责在营销活动“失控”而需要纠正时采取措施，应明确组织内的权限划分和职责分工。

为了确保国际营销控制的有效性，必须建立有效的控制系统，以确保各个分支机构按照公司战略计划去实现企业的目标。由于海外市场的每个子公司的环境条件不同，因此不能使用一个完全标准的评估系统。有效的控制系统要全面、综合地衡量、评价各种不同的因素，以便真实地确定各海外子公司的国际营销绩效，同时还要能制订和贯彻公司的国际营销战略计划。为了确保对各海外子公司的绩效进行有效的监督和评估，一家跨国公司的营销控制系统应当满足下列要求：

（1）每一个海外子公司应当具有现实的目标，这些目标应考虑每个子公司的内部和外部环境；

（2）应当使用财务和非财务资料来分析分支机构的绩效；

（3）控制系统应当在海外子公司执行计划发生偏移之前就能察觉并提出报告；

（4）评价海外子公司营销绩效的领域应当限于直接控制下的那些领域，应当考虑那些对海外子公司绩效有影响但海外子公司极少能或不能控制的因素；

（5）控制系统不应一成不变，而应当按照海外子公司环境变化的需求做出修正和论述；

（6）各海外子公司的经理应参与控制系统的程序和技术的制定，并能够理解和接受整个控制过程；

（7）在控制系统中，应当由最高管理层和各海外子公司的经理参与评价过程；

（8）公司总部必须将报酬与绩效联系在一起，对于突出的业绩，必须给予实质性的奖赏；

（9）控制系统的购买成本及其他运营成本等，至少应能与该系统产生的利益平衡。

一个典型的国际营销控制系统在营销信息反馈系统中的控制流程如图 7－4 所示。

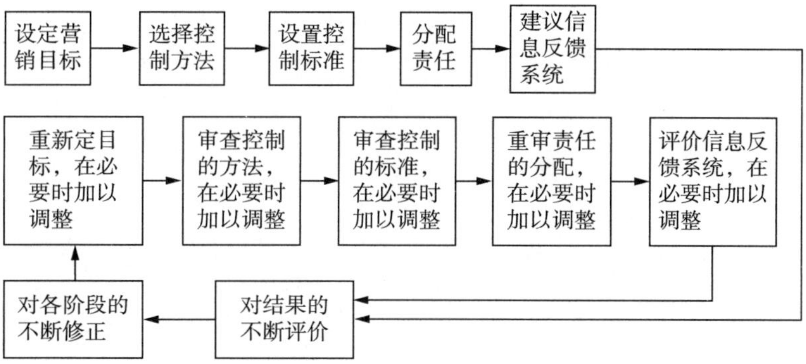

图 7－4 国际营销控制系统在营销信息反馈系统中的控制流程

关键术语

国际市场营销计划、国际市场营销计划的执行、国际营销控制

项目实训

【实训情境】

尝试为你了解的某国际服装制造企业编制年度市场营销计划。

【实训任务】

1. 市场调研：收集并分析目标市场的消费者行为、竞争环境及行业趋势。

2. 目标设定：明确品牌提升、销售额增长、店铺扩张和客户满意度提高的具体目标。

3. 策略制定：基于市场调研结果，制定产品、价格、渠道和促销策略。

4. 计划实施：详细规划各项营销活动的时间表、执行步骤和预期成果。

5. 效果评估：设计评估方法，定期检查营销活动的效果，并根据反馈调整策略。

6. 报告撰写：提交完整的市场营销计划书，包括市场分析、策略方案、实施计划及评估结果。

章节练习题

1. 国际市场营销计划的含义是什么？它包括哪些主要内容？
2. 跨国公司母公司和子公司的国际市场营销计划的制订有何区别和联系？
3. 营销计划的分解包括哪几个方面？
4. 国际营销控制的主要内容包括哪几个方面？
5. 如何利用企业的国际营销控制系统对其施行有效的控制？

第五单元

国际市场营销案例分析

第八章　成功企业国际化案例分析

学习目标

1. 了解跨国企业国际化经历的阶段和采取的国际化策略
2. 理解运用国际市场营销理论解释企业采取的国际化策略及其原因
3. 掌握企业国际化案例分析方法，总结出国际化过程中经验与教训

项目引例

永不言弃　中华有为

成立于1987年9月15日的华为技术有限公司（以下简称“华为”），总部位于中国广东省深圳市龙岗区坂田，创始人任正非秉持企业家艰苦奋斗、锐意进取的精神，经过三十多年的发展，使华为成为一家全球领先的信息与通信技术解决方案提供商。在华为长达三十余年的奋斗过程中，其全球化的道路充满了挑战与艰辛。特别是在瞬息万变的即时信息通信技术领域，欧美的科技巨头长久以来都占据着主导地位，几乎成了行业的“霸主”。然而，华为这家植根于中国这片沃土的企业，却以其坚韧不拔的拼搏精神和持续不断的创新努力，在国际信息技术市场中脱颖而出。

经过三十的年的不懈努力，华为不仅站稳了脚跟，更是超越了诸如爱立信、阿尔卡特等西方老牌企业，一举登顶通信领域的全球之巅。这一成就，无疑是华为全球化战略取得成功的有力证明，也为中国众多寻求全球品牌塑造的企业提供了宝贵的经验和启示。

（资料来源：华为官网资料整理）

启示：

华为一直坚持走国际化战略，从外围市场切入，并与国际竞争对手建立战略关系，这些策略帮助其成功拓展了海外市场。同时，华为注重技术研发，投入大量资源进行前沿技术和核心技术的研究，确保了其在国际市场上的竞争力。此外，华为还建立了完善的管理体系，通过引进先进管理经验和建立高效流程，提高了运营效率。这些成

功经验表明，中国企业要成功实现国际化，需要明确目标、注重技术研发、优化管理体系，并灵活应对国际市场的挑战。

任务一　华为企业国际化战略分析

一、华为公司简介

华为技术有限公司于1987年在中国深圳成立，是全球领先的ICT（信息与通信）基础设施和智能终端提供商。现如今已经超越爱立信、思科、诺基亚等国际巨头，成为全球第一大通信设备供应商、世界第三大智能手机厂商，同时也是世界名列前茅的信息与通信解决方案供应商。根据华为2023年年报，华为总资产约为1.26万元，员工总数约为20.7万人。现在，华为的产品和解决方案已经覆盖到了全球170多个国家和地区，服务的人数达到30多亿。

华为的产品与服务涵盖了从核心网络、运营支持系统（OSS）、数据存储、业务软件，到云计算与数据中心、服务器、网络能源等多个关键领域。华为在ICT专业服务领域积极寻求突破，以满足国家公共基础设施、金融、医疗、能源、媒体与交通等行业客户的多样化需求。华为不断推动创新，为合作伙伴提供集成化的ICT产品和定制化的解决方案，旨在帮助各类企业提升通信效率、优化办公和生产制造流程，从而降低运营成本，增强盈利能力。

华为始终将消费者置于核心地位，通过多元化的渠道，包括运营商、经销商、零售商及电子商务平台，为全球用户提供高品质的服务。华为致力于打造一个具有国际影响力的终端品牌，并不断提升客户体验，确保用户能够享受到便捷、轻松且愉悦的移动互联网应用体验。

华为在全球各地（包括德国、日本、瑞典、印度等地）设立了多个研发中心，进行技术研究开发（主要是产品和解决方案的研发）人员约11.4万名，占公司总人数比例达到55%。华为大力度投入于ICT领域的核心技术、组织结构、相关准则等方面，竭力为用户提供更宽广、更智能、更高效的零等待消费渠道，努力为用户创造更高效的消费体验。华为在5G通信、网络结构，云计算数据中心上持续创新，获得了极其重要的创新成果，同时与来自工商界、大学、科研机构进行产学研的结合，引领未来网络从研究到创新实施。华为公司还与全球领先的电信运营商联合成立了28个技术创新中心，用全球领先的技术拉开与其他竞争商之间的差距，获得客户的竞争优势，从而带来商业上的成功。截至2023年底，华为在全球共持有有效授权专利超过14万件。2023年，华为研发费用支出为1647亿元，占全年收入的23.4%。华为投入的研发费用一直居高不下，近十年来研发费用累计超过人民币1.11万亿元，且每年的研发费用占全年收入的比例都保持在10%以上。

二、华为企业国际化战略发展概述

（一）第一阶段：国际化初期

1994年，华为参加北京国际通信展之后，开始探索走向国际市场的路径。1996年，华为与和记电讯合作，提供以窄带交换机为核心的“商业网”产品。华为的C&C08打入香港市话网，可以说是华为大型交换机走向海外市场的第一步。

1994年，华为在俄罗斯莫斯科设立海外第一个代表处。俄罗斯电信市场不像中国电信市场集中化管理，而是特别分散，有1000多家电信运营商，它们主要与朗讯、爱立信、西门子、阿尔卡特等世界著名电信设备提供商合作。在俄罗斯人的眼中，电信产品是朗讯、西门子等国际巨头的专业领域，他们基本上不信任中国品牌，华为几乎在每个客户那里都碰了钉子。华为面临的难题，不仅仅是向俄罗斯客户推销华为的技术，更是推销“中国制造”，改善中国企业的国际形象，这无疑提高了华为在俄罗斯开拓市场的难度。1997年，俄罗斯的经济发展陷入低谷，资本市场混乱，卢布大幅贬值，各大企业纷纷面临资金链断裂风险，市场开拓的风险极高。西门子、阿尔卡特等国际大牌电信设备供应商因为看不到短期收益纷纷从俄罗斯撤资，这给华为带来新的转机。

但是，别人放弃的硬骨头，自己不见得就能啃得下。华为早年在俄罗斯开拓市场很艰辛，这从莫斯科代表处年销售收入这项硬指标上就可以看出来：1996年，销售收入为零；1997年，销售收入为零；1998年，销售收入还是零；1999年，终于实现零的突破，接到了一个电源模块订单，金额为38美元。

1996～1999年，华为在俄罗斯电信市场几乎没有拿下一个像样的订单，但华为坚持了下来，在坚持中寻找机会。1999年，华为在俄罗斯电信市场上依然看不到突破口，在日内瓦世界电信大会参会的间歇，任正非对负责俄罗斯市场的主管李杰说：“李杰，如果有一天俄罗斯市场复苏了，而华为却被挡在了门外，我就唯你是问。”李杰说：“好。”华为一直对海外市场很有耐心，确定一个市场目标后，就会采取积极的策略有节奏地去开拓。任正非确定了当时莫斯科代表处的四项关键任务：

（1）从长名单到短名单（从1000家电信运营商中找出与华为能力资源匹配度最高的5～10家）；

（2）弄清楚电信运营商的内部采购决策体系，与核心部门实现有效沟通；

（3）说服电信运营商进行产品和技术测试；

（4）进入电信运营商的供应商名单库，并进行小批量采购确保采购流程已跑通。

这四项任务，华为每完成一项，就离成功更近一步。

华为敏锐地洞察到中俄战略合作伙伴关系中的商业机遇，并加速与俄罗斯电信运营商的合作关系深化。因此，华为成功抓住了俄罗斯电信市场的新一轮采购机遇。

2001年，华为与俄罗斯国家电信部门就达成了价值上千万美元的GSM设备供应协议。这一年，华为在俄罗斯市场的销售收入突破 1 亿美元大关。

2002 年，华为再次与俄罗斯国家电信部门签订 GPS 设备供应合同，并成功获得了连接莫斯科至新西伯利亚长达 3739 公里的光传输干线项目。

随着合作的深入，2003 年华为在俄罗斯电信市场的销售收入激增，超过 3 亿美元，成为俄罗斯电信市场的主要设备供应商。这一年的销售业绩占据了华为当年海外总收入的 1/3。通过多年的坚持与投入，华为在俄罗斯电信市场树立了领导地位，与俄罗斯顶级电信运营商建立了深厚的伙伴关系。

2010 年，华为在俄罗斯市场的表现持续强劲。2011 年，华为在俄罗斯市场的销售收入突破 16 亿美元，再次证明了其在俄罗斯市场的强大竞争力。

2013 年，华为智能手机和平板电脑在俄罗斯的销售量达到 60 万台，同时成功中标俄罗斯最大电信运营商 Rostelecom 的 DWDM 国家级干线项目。

2014 年，华为与俄罗斯第二大电信运营商 MegaFon 公司达成了一项长达 7 年的合约，总价值高达 6 亿美元，涵盖了网络建设、设备更新及软件和维护服务。

2015 年，华为与俄罗斯国家技术集团的子公司 RT-inform 公司达成合作，双方将基于最新的研发成果、优惠的服务支持、商业条件及人员培训，共同在俄罗斯国家技术集团内部实施最先进的信息技术解决方案。

华为在俄罗斯市场的成功探索具有重大意义，它为华为开拓海外其他地区的市场提供了可复制的模板。

（二）第二阶段：国际化全面拓展期

“青山处处埋忠骨，何必马革裹尸还”，随着创始人任正非一句豪言壮语的出口，华为正式开启了国际化全面拓展期，但是这次华为并没有选择通信市场发达、利润客观的欧美市场，而是布局次发达国家。2001 年，华为在曼谷成立了华为泰国分公司，接着在新加坡、马来西亚等东南亚市场，以及中东、非洲等区域市场拓展，取得了不错的业绩。此外，华为在相对发达的地区，如沙特、南非等也取得了良好的业绩。

华为在次发达国家站稳脚跟后，立即将国际化的战略定位在欧洲发达国家。但是一开始并不那么顺利，华为遇到了中国企业开拓海外市场遇到的普遍问题：第一，客户不了解中国企业。第二，客户也不认同中国企业能够做出这么复杂的高科技产品。早期在拓展欧洲市场时，没有人信任华为。在欧洲人的概念里，移动通信技术是通信技术中最复杂、最先进的技术，中国企业不可能拥有高质量的移动通信技术。因此，华为在海外市场开拓的最初目标，就是要消除海外客户对中国人能不能做移动通信设备、做高科技产品的疑虑。大家可能无法想象，在 21 世纪，仍然有人会问华为的海外拓展人员：“中国还有人扎辫子吗？”作为华为巴西市场早期开拓者，国际营销部的周道平回忆道：“你真的难以想象客户是怎么看中国的。”尽管华为的工作人员多次约见客户，甚至持续约见好几个月，客户就是不愿意会见。那种苦不是生活条件的苦，而是心里苦，是对心理承受能力的一种挑战。

华为的员工好不容易见到客户，但很快就被客户打发走了。华为西欧地区部总裁彭博自 2004 年开始常驻欧洲。2019 年，他在华为心声社区讲述他在欧洲工作 10 多年的历程时，讲到了一个故事："有一天，时任华为欧洲无线和核心网行销主管的王涛和我踌躇满志地如约前往客户的办公室，拿出精心准备的胶片（华为人习惯把 PPT 称为胶片），准备一次性说服客户。开始汇报后，讲了 15 分钟，客户礼貌地打断了我们的陈述，说道：'在未来的 5 年内，我看不到使用华为产品的可能性。我们可以保持联系，但是我也不想让你们有过高的期望，不想你们浪费我的时间。'这就是我们在欧洲开拓市场初期面对的状况，一次次的碰壁，一次次的继续努力，3 年之后这个客户成为我们在技术层最坚实的支持者之一。"

因此，在最初几年的海外市场拓展活动中，华为变换策略，邀请客户到中国参观。每一次只要华为邀请客户到中国参观，都会安排香港、深圳、上海、北京这 4 站，就是为了让客户看看中国发展的现状，给客户树立中国也能做高科技产品的信心。

这一阶段，华为在开拓欧洲市场时投入了大量的精力。欧洲通信市场是全球高端市场，客户普遍拥有较为先进的消费理念，在通信产品方面的消费水平高于全球大部分地区。相对而言，他们更加注重产品的品质和性能，而不仅仅是价格。如果设备制造商不具备相应的技术实力，就很难在欧洲市场上有所作为。

英国电信集团（BT）曾是全球最大的电信运营商，在经历了 2001 年的互联网泡沫之后元气大伤，当它准备对英国本土的通信网络进行全网升级和改造时，成本控制成为头号难题，于是董事会在选择供应商时将目光投向了亚洲，尤其是中国。当对日本和中国的多家电信设备供应商进行考察后，它对华为产生了浓厚的兴趣。2003～2005 年，英国电信集团对华为进行了全面的供应商认证活动。世界通信设备行业一致认为，英国电信集团是极度挑剔的超级客户，拥有一套苛刻的认证体系。该体系包括 12 项、上百条细目的认证标准，甚至包括劳工工作环境、加班费是否按法律规定支付等。这些认证标准对一家只有十多年发展历史的中国民营企业来说，无疑是一项巨大的挑战。但华为没有退路，要进入欧洲高端市场，必须通过认证。经过为期 3 年严苛的认证考察，华为终于通过了英国电信集团的供应商认证，这让华为人系统性地认识到自己与世界级电信运营商做生意需要具备哪些条件。同时，这也在欧美国家通信市场树立了华为的品牌形象。很多人好奇：为什么华为可以通过西方顶级电信运营商这么严苛的认证？其实，在英国电信集团认证之前，华为国际化战略的初始阶段是先占领发展中国家的通信市场，当时任正非已经意识到华为与国际大公司之间的差距。其中，华为的交货时间和研发周期是最突出的短板，都比其他大公司的时间长。于是，华为从 1998 年开始向 IBM 等西方公司学习引入集成产品开发（IPD）和集成供应链服务（Integrated Supply Chain，ISC），到 2003 年，这些流程已经在华为内部磨合了 3～5 年，初具成效。当英国电信集团于 2003 年在中国的一家民营企业中看到自己熟悉的流程和工作方法时，自然心生好感。

在进军欧洲荷兰通信市场时，华为先从小型电信运营商开始切入。有一家名叫 Telfort 的小型电信运营商准备建 3G 网络。当时的现状是，它的机房空间很小，摆不下现有型号的大型机柜，于是找到诺基亚希望开发一种小型机柜。但诺基亚认为小型机柜开发成本太高，拒绝了它。Telfort 又找到爱立信，爱立信认为这个需求不是普遍需求也拒绝了它。2003 年，华为听说此事后，主动上门拜访 Telfort。华为为它提出了分布式基站方案，即基站的室内部分做成类似分体式空调那样，体积只有 DVD 盒子大小，然后把基站的大部分功能模块放到室外。这个方案极大地节约了客户机房的空间，客户听了之后感到非常高兴，但同时又怀疑华为是否具备这种产品的研发能力。经过不懈的努力，华为人用了不到半年的时间，将华为分布式基站技术方案落实成产品。为此，客户感到非常惊叹，选择与华为合作并在欧洲电信运营商圈子中将此事传播开来。华为凭此一举，迅速地打开了欧洲通信市场的大门。

华为于 2004 年开始与沃达丰（世界上最大的移动通信网络公司之一）建立联系，并试图与其合作。沃达丰西班牙公司工管部长卡洛斯·贝克尔后来回忆说："想当年我们选择华为时，最主要的考虑因素是它的灵活性，以及它如何面对我们提出的挑战。我们刚开始与华为合作时，就出了问题。但令人惊奇的是，不到 24 小时，华为的工程师就来了，并拿出了解决方案。这是完全不同于西班牙人的工作方式。"2019 年，华为西欧地区部总裁彭博讲述了华为早年在开拓沃达丰这个超级客户时的一个故事："在西班牙，从马德里到塞维利亚有段高速铁路，限速每小时 300 千米，火车经过时的平均时速是 250 千米，火车全程通过大约需要 4 小时。乘客一直投诉在火车上的手机网络信号质量非常差。客户求助了现网供应商，但是在 2005 年，这并不是普遍需求，因此优先级不高，他们被通知两年后才会有解决方案。当时，客户抱着试试看的态度找到了华为。研发技术人员分析后发现，我们当时没有现成的解决方案，但是机会难得，我们谨慎答复，说 3 个月后向客户提供一个解决方案，客户将信将疑。3 个月后，我们告诉客户，华为基本确定了解决方案。客户为此感到非常惊诧，我们邀请客户到上海。原来 3 个月前，研发技术人员收到客户需求后立即组织分析，试图创建场景，马上租下了上海磁悬浮的沿线 24 公里作为实验场地，建设了 20 多个基站做网络信号覆盖，重现和测试所有场景，验证我们的解决方案。为了这个方案，研发团队的 100 多人已经 3 个月都没有在周末休息了，当我们在上海带领客户登上磁悬浮列车，请客户现场测试手机通话质量和数据覆盖质量时，客户惊讶地竖起了大拇指，每个人兴高采烈地在时速 432 千米的列车上，拿着手机合影拍照。就这样，我们彻底地征服了对我们的技术要求最严格的客户。"

2005 年，华为为沃达丰高铁通信演示的解决方案，让其对华为的实力和服务刮目相看。因此，华为终于获邀正式参加沃达丰的大项目竞标。希腊、西班牙、德国 3 个国家全网 IP 项目替换，沃达丰希望选择一个新的供应商挑战当时单一供应商的地位。面对来之不易的机会，华为全力以赴。

华为克服重重困难，最终站稳欧洲市场，充分展现了华为对待海外市场的战略耐性。

（三）第三阶段：国际化全面深化期

2005年，华为在海外市场的销售收入首次超过国内市场，占公司整体销售收入的58%，客户遍布170多个国家和地区，外籍员工占公司总人数的20%以上，而在海外代表处的人员构成中，本地化率达到75%～90%。在2000～2013年，华为探索出一种“片区管理”的新方式。

“片区管理”是华为原创的一种全球化管理方式，它在华为进军海外主战场阶段中起到了非常好的支撑作用。时至今日，华为仍在采用这种方式管理全球市场。2005年，华为将分管国际市场业务的多个部门合并，成立国际合作管理部，目的是支撑与全球电信巨头的战略级合作，并对资源统一规划和安排。同时，华为对全球市场进行网格式管理，将全球市场划分为多个片区，最初是9个片区，各片区的人员配备齐全。因为华为深圳总部无法熟悉全球各个国家或地区的政商环境、文化、客户的具体业务需求，所以任正非把决策权前移，主张“一线呼唤炮火”“让听到炮声的人呼唤炮火”，除财务管控权和关键人事任免权之外，华为将很多权力下放到了片区。从运作流程来看，片区总裁向深圳总部述职，并且承接了区域的销售任务和经营任务；片区总裁在总部开完会之后，回到所在的区域，马上组织所在片区的会议，所在片区的各个国家级代表处主管要到片区总部开会，并且向片区总裁述职，并分别承接相应的销售任务和经营任务。可以看到，片区在华为全球销售管理中起到了承上启下的作用。

因为海外市场在此期间已成为华为的主战场，华为开始有意识地抢占价值高地。除了“片区管理”的创新方式，在深圳总部，华为也开展了有策略性的竞争战术，成立重大项目部。围绕重大项目，华为的重大项目部对爱立信、中兴等主要竞争对手进行系统性竞争分析，为片区的作战提供精准打击对手的“弹药”，扮演“总参谋部”的角色。

值得一提的是，在进军海外主战场期间，华为迎来了一个弯道超车的机会：由于2008年国际金融危机的爆发，西方国家的很多电信设备供应商纷纷收缩战线，华为借机大举进攻，进一步抢占了大部分的市场份额。

（四）第四阶段：全球化阶段

2013年左右，华为在全球通信市场的份额已经达到20%～30%，在此期间，海外多业务协同作战，品牌价值不断提升。2019年10月21日，全球最权威的品牌排行机构Interbrand揭晓“2019年全球最具价值品牌100强”榜单，华为公司作为唯一登榜的中国企业品牌，排名第74位。消费者业务为华为品牌的提升立下了汗马功劳。

“华为全球化”的定义：以国际社会普遍认可的价值观和方式，用全球的资源做全球的生意。基于这个定义，全球化可以分为三个层次：第一层是产品和市场全球化；

第二层是资源全球化；第三层是文化全球化。在华为，任正非不喜欢用“国际化”这个词，更喜欢用“全球化”。因为如果用“国际化”，就意味着把“中国市场”与“国际市场”并列对待；如果用“全球化”，则把“中国市场”作为“全球市场”的一个子集看待。华为的销售组织设计也体现了这一点：华为把全球的销售区域划分为16个片区，中国区只是16个片区之一，并不是另外15个片区的“总部”，真正的总部是16个片区负责人组合而成的一个特别机构即片区联席会议（简称“片联”）。基于全球化视角，为了有效利用全球资源，经过20多年的筹划布局，华为在全球形成了多个运营中心，具体如下：

（1）研发中心：印度软件研发中心、俄罗斯算法研发中心、日本工业工程研发中心、瑞典无线系统研发中心、英国5G创新中心、美国新技术创新中心、韩国终端工业设计中心等。华为在全球各地建立研发中心的宗旨是汇聚全球最聪明大脑的智慧，持续引领ICT行业。

（2）行政中心：华为在美国、英国等国家成立本地董事会和咨询委员会，加强与高端商界的互动。

（3）财务中心：罗马尼亚财务中心、英国全球财务风险控制中心、新加坡财务中心及中国香港财务中心等。华为在以上地区建立财务中心，就是在全球金融前沿阵地捕捉最新资讯，旨在防范重大财务风险。

（4）运营中心：波兰网络运营中心、匈牙利物流中心、巴西制造基地等。华为建立以上运营中心的目的是，利用当地的成熟优质资源打造面向全球的供应链体系和运营体系。

三、华为企业国际化营销策略案例分析

（一）重视市场调研实现产品差异化经营

企业进入到任何一个市场或者开发一个新产品，前期都要对市场环境进行调研分析。环境变化是企业无法控制的，所以说市场调研尤其是环境的分析对企业国际化战略相当重要，在一定程度上决定了国际化的成功与否。总体的市场调研，可以对细分市场进行选择及确定产品定位。比如，华为深知通信市场已被朗讯、爱立信等世界通信设备巨头占去大部分，并且通信产品已经完全国际化，但在通信设备领域不同国家存在着较大的差异，存在着很多市场，一般包括高端和中低端。为此，华为首次选择中低端市场。只有对市场进行认真分析，开发出有针对性的产品，那么企业在海外国家成功的可能性就会变大。文化方面的差异也要注意。国内与国外的文化差异还是很明显的，做事方式、工作态度、价值体系等方面都有着不同，企业既然要进行国际化经营，就要对国外的文化进行了解，尤其注重他们做生意的一些规则，不按照规则办事，最终吃亏的还是自己。在海外建立子公司或者开办工厂，企业要对海外文化与自己的企业文化进行融合。

（二）寻求企业间的战略合作打造超强供应链

一个人的能力是有限，同样企业在全球这么大的市场上，显得多么的渺小，所以要寻求合作机会。寻求相关企业间的战略合作使得华为越做越大，越做越强。

经过十多年的耕耘，华为已和全球客户及合作伙伴共同建立了36个联合创新中心，主要分布在中国和欧洲，成功合作的重要创新项目超过了一百个。联合创新中心所涉足的技术研究领域，从最初的无线接入，扩展到网络通信技术、业务支撑系统、能源、云计算等行业解决方案。

2007年，华为与中国移动在四川成立无线联合创新中心，共同探讨现网重大问题的解决方案；跟踪研究移动网络发展新趋势、新技术；共同研究多密度载波技术、节能减排策略及解决方案、应急通信保障、TD-SCDMA向TD-LTE平滑演进、IMS与网络融合等。随后华为又与中国移动成立了核心网联合创新中心、网络产品联合创新中心、业务与应用软件联合创新中心、终端联合创新组，并开展配套产品类的联合创新项目，几乎涵盖了华为公司所有的产品领域。

2010年7月，中国电信广东研究院与华为成立联合创新中心，双方基于IPv6的技术创新，集中在关键技术研究、新技术标准和专利合作、IPv6联合实验室建立等三个层面开展合作。联合创新中心在IPv6网络端到端验证、安全及QoS技术研究、过渡演进方案和行业应用开发等领域展开深入的研究和科技创新。

2014年6月，上海联通与华为成立大数据联合创新中心，以大数据为驱动引擎，使整体流量经营向精准、敏捷、开放的互联网运作模式转变，实现指标、用户、产品、渠道、营销、合作6个关键要素基于大数据精准洞察下的协同一体。2014年8月，中国联通与华为成立骨干网400G/1T联合创新中心，该中心主要聚焦于400G/1T核心路由器平台验证，研究40G/100G网络的平滑演进，并借助先进的400G/1T平台，提升骨干网建网效率。双方合作可进一步加强骨干网络SDN技术研究。2015年4月，中国联通与华为成为中国联通—华为SDN/NFV联合创新中心，聚焦于新一代网络体系架构研究、SDN/NFV研发环境建设和业务应用创新等方面，以设立在中国联通网络技术研究院的联合创新中心为实体，具体负责中国联通和华为公司在SDN/NFV领域的技术合作。

除了与国内三大电信巨头建立长期稳定的合作与战略伙伴关系外，华为还积极“走出去”，与国外著名电信公司保持着互利共赢、长期合作的关系。2006年华为和沃达丰在马德里创建了移动创新中心（MIC），这是华为首个联合创新中心。双方创造了多种新技术和新产品并实现规模商用，如SingleRAN。目前在移动创新中心运行的创新项目超过30多个，涵盖了无线所有战略领域，如SmartRAN、BroadRAN、EfficientRAN、SingleSON和Savi等。

鉴于2006年移动创新中心的成功，一年后华为接着与沃达丰在马德里成立应用创新中心（AIC），共同研究软件和应用。应用创新中心还重点关注业务和运营情况，以确保软件创新成果能在不同子网完全应用。

2008 年，沃达丰与华为为使得 IT 和通信融合，创立核心网创新中心（CIC）。核心网创新中心通过与 MIC、AIC 的合作，开发出端到端解决方案。核心网创新中心的共同研究已经进行了 6 个阶段，支撑其网络结构演进。

2010 年，华为与沃达丰进一步加强合作，成立了固定-移动融合创新中心，意在将联合创新开展到 E2E 解决方案领域，固定-移动融合创新中心具备推广端到端技术解决方案的综合能力。

2011 年，为了提高传输能力，并有效减少传输成本，华为与沃达丰成立传输创新中心（TIC），目前已经在 IP 承载、IP 微波、IP 骨干网、协同光网等方向取得一定的进展。传输创新中心建立在米兰、马德里和贝辛斯托克。

2011 年 1 月，华为与加拿大贝尔成立联合创新中心，合作开发宽带无线网络技术、产品及服务。同期，与加拿大电信运营商 Telus 成立联合创新中心，双方合作开发有线及无线领域的宽带技术。在 5 个月后，华为再次出手，与 Telus、卡尔顿大学成立华为- Telus 企业云业务联合创新中心，建立云计算实验室，致力于企业云应用的研究。此外，该创新中心将利用华为云计算解决方案结合 Telus 的业务，用于卡尔顿大学的进修课程和研究项目、毕业研究等。

2015 年，华为再次联手沃达丰，成立 OpenCloud 联合创新中心，开展从基础设施、云操作系统、ICT-O 网络自动化管理、云应用程序及云集成服务等端到端的全方位创新合作。

2015 年 12 月，华为与 Telkomsel、印尼大学在印尼雅加达成立全球首个小蜂窝联合创新中心。该中心主要推动室内网络数字化升级与智能业务创新，加速小蜂窝产业发展。与此同时，双方将整合政府管制机构、科研院所、运营商、物业业主、分析师等资源，构建多方共赢的产业环境。

2023 年，华为企业市场合作伙伴数量超过 4 万家，其中销售伙伴超过 20，000 家，解决方案伙伴超过 1，800 家，服务与运营伙伴超过 6，200 家，人才联盟伙伴超过 2，000 家；华为云伙伴数量高达 38，000 家，开发者数量达到 302 万，华为云云市场上架的商品数量达到 7，400 个；鲲鹏和昇腾伙伴已超过 4，500 家，开发者数量超过 200 万，推出超过 12，000 个行业解决方案，在各行业得到规模应用。

（三）先易后难渐进式的国际化经营战略

在技术相对成熟的国际电信产品市场，中国企业相对处于弱势。在国际化经营战略上，应先易后难，即先进入新兴国际市场（如俄罗斯、泰国），待新兴市场发展比较成熟后可以向发达国家市场（美国、欧洲等）进攻。这是因为发达国家电信产业成熟，对通信技术要求高，具有较高的技术壁垒，竞争也激烈，同时对国外电信企业的市场准入门槛高。而新兴市场比较容易进入，同时又能避开与发达国家的企业进行直接竞争，降低在国际化战略初期的经营风险。华为采用“先易后难，由近及远”的方式，第一步瞄准临近总部深圳的香港，1996年华为与和记电讯合作，利用其自主研发的数字程控交换机C&C08打入香港市话网，成功进军香港市场，迈出华为开拓海外市场的至关重要的一步。在同年华为尝试进入邻近的贸易壁垒限制较低的国家，如俄罗斯，虽然在俄罗斯遇到了很多困难，但华为在市场的坚守获得了俄罗斯消费者的认可。2001年，华为与俄罗斯国家电信部门签订了上千万美元的全球移动通信系统设施供货合约，成功在俄罗斯市场站稳脚跟。从2000年开始，华为进军泰国、马来西亚和新加坡这种邻近的亚洲市场及非洲市场。在这一阶段华为采用差异化的对策，面对不同地区的市场采取不同的推广措施，比如在泰国凭借着物美价廉的优势成功俘获消费者的认可。新加坡是一个对于电信业务质量要求较高的国家，华为通过完成要求严格的网络和电话捆绑业务（NGN）成功进入新加坡市场，华为高质量的作业受到了肯定。再如面对通信设备落后的非洲，在非洲南部各个国家建基站、铺网络，迅速抢占了非洲南部各国的大部分电信市场份额。2000年，华为开始进入欧美和亚太市场，先以建立研发中心的方式立足，当年在瑞典建立研发中心，次年在美国建立了4个研发中心。面对有着高要求的发达国家，华为把重心放在研发新技术上面，通过不断提升自身质量赢得消费者好评，成功进入市场。

华为国际化战略的成功体现了路径选择的重要性，渐进式国际化路径显然是适合当时的华为的，并且“先易后难”的策略给执行者带来希望的同时也给予了他们继续前进的动力，在发展中国家积累了经验，到发达国家拓展市场自然会得心应手。倘若直接进入发达国家市场，当时技术不够先进的华为势必会吃闭门羹，会影响后期工作的继续进行。

（四）坚持科技创新打造企业核心竞争力

在全球市场中，面对众多竞争对手，技术创新能够帮助企业开发出独特的产品或服务，满足特定市场需求，形成差异化的竞争优势。这种创新可以是技术上的突破，也可以是用户体验、设计或商业模式的创新，能够帮助企业在同质化竞争中脱颖而出。成功的技术创新能够显著提升企业的品牌形象，使其成为行业内的领导者或趋势引领者。国际消费者往往倾向于信任那些能够不断推出创新产品和技术的品牌，这有助于企业在全球范围内建立良好的品牌声誉，吸引更多潜在客户。

针对5G基站部署成本高、难度大的问题，华为推出了EasyMacro、BookRRU等系列极简站点解决方案，简化了安装流程，减少了占地面积，降低了建设和运维成本，加速了5G网络的全球部署。华为自研的巴龙系列5G基带芯片，如巴龙5000，是全球首款单芯片多模5G基带，支持SA和NSA两种组网模式，为5G终端设备提供了高性能、低功耗的解决方案。同时，华为Mate系列、P系列等高端智能手机，凭借其领先的5G性能，成为全球市场的标杆产品。华为不仅在5G基础设施上领先，还积极拓展5G在垂直行业的应用，如智能制造、智能电网、远程医疗、自动驾驶等，通过5G＋AI的融合创新，推动了各行业的数字化转型和智能化升级。华为积极参与3GPP等国际标准化组织的工作，对5G标准的制定做出了重要贡献。截至2023年，华为在5G领域拥有全球最多的专利数，这些专利覆盖了5G网络架构、编码方案、天线技术、网络切片等核心领域，奠定了其在5G技术标准上的领导地位。

华为在5G技术创新方面的持续投入和突破，不仅巩固了其在全球通信市场的领先地位，也为全球5G生态的建设和发展起到了关键作用。通过技术创新与全球合作，华为展示了如何通过技术领导力驱动行业进步和全球数字化转型，同时也为中国企业在全球舞台上的技术创新形象树立了典范。

任务二　肯德基全球化经营策略案例分析

一、肯德基公司简介

肯德基是世界著名的快餐连锁企业，在全球拥有超过3万家餐厅，截至2024年6月，肯德基在中国200多个城市已经拥有1万余家餐厅。严格统一的管理，清洁优雅的用餐环境，令肯德基在数以亿计的顾客心里留下了美好的印象。肯德基的到来不仅率先将现代的快餐概念引入中国，使人们在传统的饮食中第一次感受到了从食品风味到就餐方式的根本不同，并给人们的服务观念带来了重大影响。

总的来说，肯德基作为全球快餐行业的领导者之一，不仅以其经典的炸鸡产品和标志性的品牌形象深入人心，更通过不断的创新、适应与全球化战略，持续巩固和扩大其在世界各地的市场地位。

二、肯德基全球化经营发展概述

在全球化浪潮中，跨国企业如何实现跨越国界的成功扩张，一直是商业研究的重要课题。作为全球知名的快餐品牌，肯德基的全球化发展轨迹，不仅见证了全球消费市场的变迁，也为我们提供了关于品牌国际化战略的深刻启示。下面将按照时间顺序，系统梳理肯德基全球化发展的几个关键阶段，探究其背后的策略与挑战。

（一）初创与美国本土扩张（1952～1969年）

肯德基的全球化故事起源于1952年，当创始人哈兰·山德士上校在美国肯塔基州科宾市开设了他的第一家炸鸡店。山德士上校以其独特的11种香料配方，以及对品质的严格控制，迅速在当地获得了成功。随后，他开始探索特许经营模式，通过授权他人使用其品牌和烹饪方法，肯德基在美国本土快速扩张。至1969年，肯德基已经成为拥有600家分店的大型连锁企业，为全球化奠定了基础。以下为肯德基在这一阶段的主要经营战略。

1. 特许经营模式的开创与完善

哈兰·山德士上校在肯德基的早期发展中，开创性地采用了特许经营模式。这一模式允许个人或企业支付一定的费用，获得使用肯德基品牌、配方和经营系统的权利。山德士亲自培训特许经营商，确保每一家肯德基餐厅都能提供一致的高品质炸鸡。特许经营不仅解决了资金问题，促进了快速扩张，同时也分散了经营风险，确保了品牌标准的统一。与此同时，在这一创新的商业模式下，肯德基以较低的成本和风险快速扩张。特许经营不仅帮助肯德基在美国本土迅速增开新店，也确保了品牌标准和炸鸡品质的统一，是其早期迅速扩张的关键。

通过特许经营，肯德基在美国的门店数量迅速增长，到1969年，肯德基已经拥有600多家分店，成为美国快餐行业的领军企业之一。这种快速扩张不仅体现在数量上，更在于它在美国各州的广泛分布，几乎每个主要城市和许多小镇都能见到肯德基的踪迹。

2. 标准化与品质控制

在快速扩张的同时，肯德基非常重视标准化和品质控制。山德士上校的11种秘制香料配方是其核心竞争力，为确保每一处分店的炸鸡口感一致，肯德基制定了严格的制作流程和质量标准。这种对食品质量的坚持，使得肯德基在消费者心中建立了可靠的品牌形象。肯德基通过实施严格的标准化操作程序（SOPs），确保了全球每一家分店的食品质量、服务标准和餐厅环境的一致性。这种标准化不仅限于食物的制作，还包括餐厅的布局、清洁度、员工培训和顾客服务，为顾客提供了可预期的、高质量的用餐体验。这种一致性是肯德基能够在全球范围内赢得消费者信赖和忠诚的重要原因。标准化流程减少了人为错误，提高了工作效率，降低了运营成本。例如，炸薯条的标准化炸制流程（油温控制、炸制时间、摇晃频率等）不仅保证了产品的质量，也确保了食材利用率的最大化，减少了浪费。这种精细的流程控制有助于维持利润水平，尤其是在供应链管理、库存控制和物流配送等方面。肯德基在保持核心产品品质的同时，能够迅速推出新菜单应对市场变化，满足不同地区消费者的多样化需求。例如，针对健康意识提升的趋势，肯德基在全球范围内推出了更多低脂、低热量的选项，体现了其对市场趋势的快速反应能力。

综上所述，肯德基在标准化与品质控制上的严格实施，不仅保障了全球范围内的产品和服务质量，还为其全球扩张、品牌建设、市场适应性及持续创新提供了坚实的基础，是其能够在全球快餐行业中持续保持领先地位的关键因素。

3. 独特品牌形象的塑造

山德士上校本人成为肯德基最具辨识度的品牌符号。他的白西装、黑领结、白胡子形象，以及“山德士上校”的角色，被广泛用于广告宣传中，有效地建立了亲切、可信赖的品牌个性。这种个性化的品牌形象，让肯德基在众多快餐品牌中脱颖而出，吸引了大量顾客。肯德基通过持续的品牌故事讲述和情感营销，比如强调“山德士上校”的创业故事，以及“Finger Lickin' Good”的口号，建立起与消费者的情感联系，增强了顾客的忠诚度。忠诚顾客不仅重复消费频次高，还会通过口碑推荐带动新顾客，为肯德基带来稳定的客源和收入。肯德基在进入新市场时，其独特且统一的品牌形象成为快速打开市场的利器。即便在文化背景迥异的国家，人们也能一眼识别出肯德基，这大大降低了品牌教育的成本，加速了全球连锁店的铺设。例如，中国市场的快速扩张，很大程度上得益于其品牌标识的普遍认知度，以及通过本土化策略与品牌形象相结合，快速获得消费者认同。根据《2024 年凯度 BrandZ 最具价值全球品牌 100 强》的评估，肯德基品牌价值约为 246 亿美元，排名第 75 位。

肯德基独特品牌形象的塑造对其业绩的正面影响是全方位的，不仅体现在直接的销售增长上，更在于品牌长期的市场竞争力和价值提升上，这些综合效应难以用单一数字衡量，但无疑是其全球化成功的重要因素。

4. 精准定位与市场细分

肯德基在初创和早期扩张阶段，明确了自己的市场定位——提供快速、方便且美味的家庭式快餐。它通过提供家庭套餐、儿童友好型环境等策略，吸引了家庭顾客群体。同时，通过不断创新菜单，满足不同年龄段顾客的需求，进一步拓宽了市场。

肯德基在初创期，尤其是在进入欧洲市场时，运用了 STP（市场细分、目标市场选择、市场定位）战略来实现市场精准定位。

（1）市场细分（Segmentation）

在进入欧洲市场时，肯德基首先进行了细致的市场细分，考虑到欧洲各国在文化、饮食习惯、收入水平和生活方式上的多样性，它采取了多种细分维度：

① 地理细分：欧洲市场包含众多国家，每个国家又有不同的地区，肯德基根据地理特点和经济发展水平进行细分，如区分北欧、西欧、南欧和东欧的市场特征。

② 人口统计细分：考虑到年龄、收入和家庭结构的差异，肯德基瞄准了年轻人和家庭群体，特别是那些追求便捷生活方式、喜欢尝试国际美食的消费者。

③ 心理细分：识别出对美国文化感兴趣、追求新颖餐饮体验的消费者群体，以及对品质有一定要求的中高端市场。

④ 行为细分：针对经常外出就餐、偏好快速服务的消费者，以及寻找家庭聚餐地点的家庭群体。

（2）目标市场选择（Targeting）

基于市场细分的结果，肯德基在欧洲市场选择的目标群体主要是：

① 家庭和青少年：这些群体对新奇的快餐文化接受度高，且有稳定的消费能力和频次。

② 城市白领：忙碌的工作节奏使得他们更倾向于选择快捷且品质可靠的餐饮服务。

③ 对美国文化感兴趣的消费者：利用美国快餐文化的新颖性吸引这部分人群。

（3）市场定位（Positioning）

肯德基在欧洲的市场定位强调“世界著名烹鸡专家”，突出其独特的炸鸡配方和美式快餐体验，同时结合欧洲市场的具体需求进行本土化经营。在欧洲市场，肯德基强调其60年来的炸鸡烹饪经验，通过“烹鸡美味尽在肯德基”的口号，树立其专业形象。为了更好地融入当地市场，肯德基在保持核心炸鸡产品的同时，推出了符合欧洲人口味的菜品，如在英国推出烤鸡、沙拉等健康选项，以及在特定地区推出符合当地口味的特色食品。肯德基在欧洲的许多分店设计了儿童游乐区，提供家庭套餐，营造温馨的家庭聚餐氛围，吸引家庭顾客。肯德基还强调食品安全和优质服务，满足欧洲消费者对品质的高要求。

肯德基1973年在英国开设了第一家分店。在英国市场，肯德基通过以下策略成功实现精准定位：肯德基推出了符合英国人饮食偏好的菜单，比如提供英式早餐，以及符合当地口味的鸡肉卷和沙拉；结合英国的节日和文化活动，如圣诞节期间推出节日限定套餐，利用英国人对美国文化的兴趣进行品牌故事的本土化讲述；针对欧洲消费者对健康饮食的重视，肯德基推出低脂、低热量的食品选项，满足健康意识日益增强的市场需求；响应欧洲消费者对环保的高关注度，肯德基在英国市场推出减少塑料使用的环保举措，提升品牌形象。通过这些策略，肯德基在英国不仅迅速扩大了市场份额，还成功塑造了适应当地市场的品牌形象，成为欧洲市场中最受欢迎的快餐品牌之一。

（二）初次触海与全球化经营阶段（1969～2000年）

1969年，肯德基首次跨出美国，选择邻近且文化相似的加拿大作为其国际化的第一步。随后，它逐渐向欧洲、亚洲和拉丁美洲扩展。1973年，肯德基在英国开设了第一家分店，标志着其正式进入欧洲市场。这一阶段，肯德基全球化的核心策略是选择文化差异较小的国家作为突破口，通过复制美国的成功经验，逐步积累国际运营经验。至1986年底，肯德基已经在超过25个国家拥有1500多家餐厅，初步形成了全球化的网络。

（三）数字化转型（2001年至今）

进入21世纪，肯德基在全球范围内加速整合，统一品牌形象，同时积极拥抱数字化潮流。这一阶段，肯德基在全球范围内推行标准化的运营体系，确保全球任何一家肯德基餐厅都能提供一致的顾客体验。同时，肯德基开始大规模投资于数字化平台，包括建立在线订餐系统、移动支付及社交媒体营销，极大地提升了顾客便利性和品牌互动性。此外，肯德基在全球范围内推动健康菜单的改革，以响应日益增长的健康饮食趋势。

三、肯德基在中国本土化经营策略探讨

（一）肯德基在中国发展基本概况

1987年11月12日，肯德基在北京开设中国第一家餐厅，以此为契机，肯德基开

始深入探索并学习中国的社会文化和市场特点，逐步构建出与中国国情紧密结合的本土化经营管理模式。

起初的几年里，肯德基的发展稳步前进。到1992年，全国范围内的餐厅数量已增至10家；短短3年后，即1995年，这一数字迅速攀升至71家。1996年6月25日，北京迎来了肯德基中国第100家餐厅的开业庆典，这无疑是肯德基在华发展的一个重要里程碑，标志着它在中国市场进入了更为稳健和快速的发展阶段。

与此同时，肯德基也在中国消费者心中留下了深刻的印象。根据全球知名的AC尼尔森公司在1999年对中国30个城市进行的16677份问卷调查结果显示，肯德基凭借其独特的美食和卓越的品质，被广大中国消费者公认为“最常光顾”的品牌，并在国际著名品牌中名列前茅。

随着管理经验的不断积累、员工队伍的日益壮大及经营体系的逐步完善，肯德基在进入21世纪后迎来了更为迅猛的发展。2000年11月，它成为中国首家突破800家餐厅规模的连锁餐饮企业。随后，其扩张速度持续加快，2005年达到2000家，2010年更是跃升至3000家。到了2015年，肯德基的足迹已经遍布全中国200多个城市，餐厅总数超过5000家。截至2024年6月，肯德基在中国已成功设立超过10000家餐厅，遍布全国各大城市，持续扩大其在中国快餐行业的市场占有率，确保在中国市场的领先地位不动摇。

肯德基已经深深植根于中国，组建了一支高素质的团队和完整的管理体系。同时，肯德基也成长为中国餐饮业规模最大、收益最好的第一品牌，为推动整个产业的发展发挥着重要的作用。肯德基不仅为全国提供了数万个就业机会，而且是一所培养餐饮管理人才的大学。每一年肯德基都投入大量资金和人力对员工进行多方面、各层次的严格科学培训，使许多有志青年成为餐饮企业出色的管理人才。肯德基的发展还带动了几百家国内原料供应商的发展。肯德基的国际品质管理体系帮助供应商提高了产品的质量和管理水平，其中有的已经成长为全国知名企业。作为积极融入中国社会的一员，肯德基始终坚持“回报社会”的企业宗旨，深刻理解并致力于帮助那些需要帮助的人们。其主要公益活动聚焦于中国儿童和青少年的教育事业，旨在为他们创造更好的成长环境和教育机会。

据统计，多年来，肯德基在公益方面的投入已达数千万元人民币，这些资金直接或间接地用于支持各类公益项目。其中，最为引人注目的是2002年9月与中国青少年发展基金会合作成立的“中国肯德基曙光基金”。该基金总额高达3800万元，旨在长期资助家境贫困但品学兼优的在校大学生。截至目前，曙光基金已在全国24所大学落地实施，为近260名大学生提供了宝贵的资助，帮助他们继续追逐梦想，完成学业。这些公益活动不仅体现了肯德基作为一家跨国企业的社会责任感，也展示了其对中国社会和教育的深切关怀。通过积极履行企业社会责任，肯德基在推动中国公益事业发展的同时，也为自身品牌赢得了广泛的社会认可和尊重。

（二）肯德基在中国本土化经营策略

在全球经济一体化的大背景下，企业间的竞争愈发激烈。肯德基，这家拥有丰富历史的全球连锁餐饮品牌，如何在中国这一庞大市场中抓住机遇，成为其成功的关键。下面，我们以其进入中国市场的本土化战略、明智的战略选择及有效的战略实施为例进行探讨。

1. 瞅准时机，精准布局

1986年，肯德基开始思考如何进军中国市场，尽管前景诱人，但面临的挑战同样不容小觑。中国市场的消费习惯、文化背景等都与肯德基的传统市场存在巨大差异。肯德基团队面临的首要难题是如何确保西方风味能够赢得中国消费者的青睐。

在进行深入的市场调研后，肯德基决定采取本土化策略，以适应中国市场。但在此之前，选址成为一个至关重要的环节。肯德基团队对中国的多个城市进行了详尽的考察和比较，权衡风险与收益后，最终选择了北京作为进军中国的起点。这一决策不仅为肯德基在中国的成功打下了坚实的基础，也为后续的市场扩张提供了宝贵的经验。肯德基选址地点优劣势比较见表8-1所列。

表8-1　肯德基选址地点优劣势比较表

选址地点	优势	劣势
天津	与天津市政府建立了深厚的友好关系。	天津在肉鸡的本地供应方面存在挑战，且其作为旅游目的地的吸引力相对于其他大城市稍显不足。
上海	上海作为中国最大的城市和商业中心，其工业总产值和外贸出口均在全国占据重要地位。此外，上海与西方有着悠久的交流历史，这为肯德基提供了良好的市场基础。	上海的高噪声和污染问题可能对游客的吸引力造成一定影响，且外汇收入方面也存在一定挑战。
广东	广东在吸引外资、税收优惠和技术开发方面享有更多自主权，这使得广东成为一个吸引西方商人和游客的热门地区，尤其是作为从香港出发进行一日游的理想选择。	广东距离内地较远，可能对供应链和物流成本造成一定影响。
北京	肯德基看到了北京作为政治和文化中心的巨大潜力。北京不仅外来人口众多，拥有庞大的潜在顾客群体，还是中国的高等学府聚集地，这为肯德基提供了丰富的人才资源和文化交融的机遇。北京的教育中心地位也意味着其居民对新鲜事物和国际化品牌的接受度较高，为肯德基的市场拓展提供了有利条件。	选择北京可能比选择其他几处城市更具有冒险性。

2. 文化融合，产品创新

进入中国市场后，肯德基并没有直接照搬其在美国或其他国家的经营模式，而是根据中国的消费习惯和文化背景进行了深入的市场调研和策略调整。例如，在菜品方面，肯德基推出了多款符合中国人口味的中式早餐和特色小吃；在装修风格上，也融入了中国传统文化元素。这些举措使得肯德基在中国市场迅速获得了消费者的认可和喜爱。在竞争激烈的快餐服务业中，肯德基之所以能保持强劲的发展势头，关键在于其在中国市场不同发展阶段所采取的战略，这些战略既符合其独特的组织文化，又紧密贴合市场发展的战略逻辑。

在最初的进入期，肯德基的战略重点在于引进西方新颖的快餐服务模式和餐饮观念。它通过实施统一化的品牌标识、员工着装及高效的配送系统，构建了独具特色的连锁经营模式。这一战略不仅为消费者带来了全新的用餐体验，而且凭借其优质的服务和产品品质，迅速在市场上获得了认可。

随着市场的不断发展和竞争的加剧，肯德基不断调整和优化其战略。它始终坚持以顾客为中心，不断推出创新的产品和服务，以满足消费者日益多样化的需求。同时，肯德基还注重本地化战略，将国际品牌与本土文化相结合，打造出更符合中国消费者口味和习惯的快餐产品。

此外，肯德基还注重建立和维护品牌形象。它通过严格的品质管理和标准化的操作流程，确保每一家门店都能提供高质量的产品和服务。这种对品质的坚持和追求，使得肯德基在消费者心中树立了良好的口碑，赢得了广泛的信任和忠诚。

综上所述，肯德基之所以能在中国市场保持强劲的发展势头，关键在于其灵活适应市场变化的能力、不断创新的战略思维以及始终坚持的品质追求。这些因素共同构成了肯德基在中国市场的核心竞争力，使其能够在激烈的市场竞争中脱颖而出。

肯德基在中国市场进入成熟期后，落地为根，深耕中国餐饮文化土壤。肯德基为了更好地适应中国人的口味和需求，特地聘请了 10 余位国内顶尖的营养学专家学者担任顾问，他们的主要任务是改进和开发符合中国人喜好的快餐品种。在过去，肯德基的招牌菜主要是炸鸡、蔬菜沙拉和土豆泥。然而，随着中国消费者口味的多样化和变化，这种单一的菜品组合显然不利于长期发展。

为了迎合中国人的口味偏好，肯德基进行了一次前所未有的变革，相继推出了多款深受中国人民喜爱的新菜品，如“辣鸡翅”“鸡腿堡”“芙蓉鲜蔬汤”等。对于这家一直坚守传统和标准化的快餐连锁店来说，这是一次重大的转变，也是一次积极的尝试，旨在更好地满足中国消费者的需求，并进一步巩固其在中国市场的地位。

随着经济的发展和人民生活水平的提高，“90 后”对于饮食的要求也越来越高。他们不再满足于简单的温饱，而是更加注重口感、营养和健康。因此，他们愿意花费更多的时间和金钱在饮食上，选择更加美味、新鲜、有品质的食物。“90 后”对于饮食的态度也发生了变化。他们不再将饮食仅仅视为满足生理需求的手段，而是更加注重饮食的文化和社交功能。在聚会上，大家会一起品尝美食、交流心得，饮食成为拉近人际关系的重要手段。此外，随着网络的发展，越来越多的人开始关注美食和烹饪，这也促使了“90后”对于饮食的热爱和追求。

“90后”的消费观念也发生了变化。他们更加注重个性化和差异化，对于产品的品质和特色有着更高的要求。在饮食方面，他们愿意尝试新鲜、有特色的美食，饮食对于传统的食品则不太感兴趣。肯德基特别设立了中国健康饮食研发委员会，专注于研究和开发符合新一代中国消费者口味的创新饮食产品，以持续扩大市场份额。为了更贴近中国消费者的口味和饮食习惯，肯德基推出了一系列具有本土特色的产品，以满足不同消费者的需求。肯德基本土化特色产品见表8-2所列。

表8-2 肯德基本土化特色产品

推出时间	产品	地域	特色
2002年	老北京鸡肉卷	北京	北京特色
2004年	葡式蛋挞	全国	葡式风味
2008年	安心油条、嫩牛五方	全国	川辣口味
2010年	豆浆、饭团、大饼卷万物	全国	中国早餐
2021年	早安城市味道系列	全国	包括不同地域的特色早餐
2021年	热干面	武汉	武汉特色
2021年	肯德基牛肉粉	湖南	湖南特色
2022年	每一面都中国系列	全国	牛肉热干面、葱油拌面、牛肉米粉
2022年	K记小笼包	上海等	上海特色

据AC尼尔森公司调查结果显示，肯德基已成为中国人最喜爱的品牌。可见，正是由于这种中西方结合的发展战略使得肯德基已深深地扎根于中国老百姓的心中。

3. 品牌合作，拓展渠道

在中国市场，肯德基积极寻求与其他知名品牌的合作，通过资源共享和优势互补，实现共赢。例如，与腾讯合作推出电子优惠券和线上点餐服务，与阿里巴巴合作开设线上旗舰店等。这些合作不仅拓宽了肯德基的销售渠道，还提升了品牌知名度和影响力。

肯德基在中国市场采取了多种营销策略，包括与知名博主合作、参与公益活动、丰富的跨界合作、利用搞怪IP等。通过与知名博主的合作，肯德基扩大了品牌曝光和影响力；参与公益活动使其赢得了消费者的好感和支持；丰富的跨界合作提供了创新的产品和体验，吸引了更多的消费者；利用搞怪IP打造了独特的品牌形象，增加了品牌的趣味性和亲和力。这些营销策略的实施取得了显著的成果，提升了肯德基在中国市场的品牌知名度和销售业绩。肯德基还开展了多项本土化营销活动，例如，与中国的名人或明星合作，有助于增加品牌的知名度和认可度；利用中国的传统节日和文化活动，开展相关的推广和促销活动，与消费者建立情感连接；与国内头部互联网公司进行营销合作，如与百度地图合作，可通过语音搜索“我要吃炸鸡”“我要吃汉堡”，方便消费者快速找到附近的门店，并进行导航。此外，肯德基还加入了天猫官方旗舰店，使消费者能够随时通过手机连接到肯德基。通过这些合作和渠道的运用，肯德基进一步提升了品牌的可接触性和便捷性，满足消费者的需求，并与他们建立更紧密的联系。肯德基中国营销渠道及案例汇总见表8-3所列。

表8-3 肯德基中国营销渠道及案例汇总

营销类别	营销渠道	具体措施	实施案例	实施案例
社媒营销	社交媒体	在微博、微信、抖音等社交媒体平台上发布品牌内容、新品推广和互动活动。	在微博上发布炸鸡盖浇饭新品，邀请用户评论并转发参与抽奖活动。	扩大品牌影响力、增加消费者互动。
广告营销	电视广告	制作并播放肯德基品牌形象和产品广告，覆盖更广泛的消费者群体。	制作肯德基全家桶的电视广告，展示产品和家庭欢聚场景。	增加品牌知名度、提升销售额。
活动营销	线下门店	在门店内进行宣传，如海报、展示柜等。	“聪明绝顶的炸鸡广告”“火辣脆鸡”“我们鲜滚了”等主题宣传，以及接地气的“KFC早餐杯粥董资格测试”。	提高门店流量、增加消费者体验。
	线上线下	推出独特有趣的营销活动，如肯德基农夫乐园活动、疯狂星期四。	吸引消费者在特定时间段消费。	增加销售额、提升品牌活动参与度。
	线上线下	创作搞怪ID和搞怪IP品牌形象和角色，通过相关活动进行宣传推广。	设计搞怪形象“肯德基大叔”，并在广告中展示其搞怪风格。	提升品牌个性化、引起消费者关注。
联名营销	明星合作	邀请知名明星作为品牌代言人或参与品牌活动，增强品牌形象和影响力。	邀请明星代言人参与肯德基品牌宣传活动，如朱一龙、郭晶晶、王一博、王源、王俊凯、鹿晗等。	提高品牌知名度、吸引年轻消费者。
	公益联名	与公益机构或慈善组织合作，开展公益活动，提升社会责任形象。	与中国扶贫基金会合作，推出“爱心午餐计划”。	增加品牌形象正面评价、提升社会影响力。
	知名影视动漫	与知名的影视、动漫等IP合作，推出联名产品或联合营销活动。	与知名动漫IP“哆啦A梦”合作推出联名玩具，吸引消费者收集和购买。	增加产品销量、扩大品牌影响力。

（续表）

营销类别	营销渠道	具体措施	实施案例	实施案例
联名营销	跨界品牌	与其他行业的品牌进行跨界合作，推出创意营销活动。	联名乐高玩具套餐；与携程跨界推出从“食”到“行”新玩法；携手五菱开启全国60城联动。	扩大品牌受众群体、增加销售额。
	电商外卖等平台	与电商平台、外卖平台等进行合作，提供便利的购物和外卖服务。	与外卖平台合作推出优惠活动和快捷的外卖服务，提升用户体验。	增加外卖销售额、提高品牌可及性。
口碑营销	社交媒体	通过消费者口碑和评价传播品牌形象，邀请知名博主进行产品体验和宣传。	邀请知名美食博主前往肯德基进行美食评测和推荐。	提升品牌口碑、增加消费者信任度。
产品创新营销	全渠道	不断推出新产品、新口味、新概念，吸引消费者尝鲜。	推出香辣鸡腿堡、奥尔良烤翅等新品，满足消费者的口味需求。	增加产品选择、提升消费者满意度。

4. 特许经营实现品质与服务标准化

与其他地区的经营一样，特许经营对肯德基在中国的扩张中起了重要作用。所谓特许经营是指由特许经营者向转让者支付一定的转让费而获得专利、商标、产品配方或其他任何有价值方法的使用权，转让者不控制战略和生产决策，也不参与特许经营者的利润分配。肯德其所采用的经营手段正是这种特许经营的加盟的方式，肯德基提供品牌、管理和培训，以及集中统一的原料、服务体系，合作方利用统一的品牌、服务来经营，最后双方按照约定来分享商业利益。

肯德基创造出了具有“中国特色”的特许经营模式——“不从零开始”模式，即肯德基将一家成熟的、正在盈利的餐厅转手给加盟者。加盟者不需进行自己选址、开店、招募与培训员工等大量繁重的前期准备工作，这些都是现成的。将一家正在盈利的肯德基餐厅交给加盟者，加盟者的经营风险就大大降低，仅靠维持就能成功，也保证了品质与服务的标准化。

对被特许者而言，这一模式意味着直接获取一套成熟的盈利策略，显著降低了投资的风险。除了获得肯德基的商标和商号使用权外，他们还能利用经过验证的分店管理策略，并得到总部详尽的指导和支持。总部的品牌力量、标准化的运营体系和广告资源共享，都为加盟店提供了强有力的后盾。

对于特许权所有者而言，这种合作模式同样带来了显著收益。除了加盟金、特许权使用费、产品销售利润等直接收入外，更重要的是，这种模式允许品牌以低成本的方式迅速扩张市场，有效增强了品牌竞争力。肯德基正是通过“不从零开始”的特许经营策略，成功地在中小城市实现了品牌的稳健扩展。

在肯德基的经营中，其具有“中国特色”的特许经营方式尤为引人注目。这一策略不仅确保了品牌与加盟店之间的紧密合作，还促进了双方的共同成长。肯德基深知，加盟商的成功直接关系到品牌的未来。因此，他们不仅提供全方位的培训和支持，还鼓励加盟商亲自参与店铺管理，确保运营质量。

综上所述，肯德基在中国市场的成功并非偶然。其之所以能够抓住机遇、取得成功，关键在于其能够制定出符合中国市场的本土化战略、进行明智的战略选择及有效地执行战略。这些成功经验对于其他企业来说具有重要的借鉴意义。

四、对中国企业出海营销的启示

通过对肯德基在中国市场的本土化营销策略的分析，可以为中国企业出海营销总结出几点启示：

（一）深入了解目标市场，采取本土化营销策略

在进入新的市场之前，深入了解目标市场的文化、消费习惯、需求和竞争环境是至关重要的。中国企业在出海营销中可以借鉴肯德基在中国市场的成功经验，通过定制化产品和服务，满足目标市场的需求；制定本土化的营销策略，适应当地的渠道和消费者行为；定制化广告内容和形式，融入当地元素和民俗情感；注重品牌建设的本地化，建立有辨识度和吸引力的品牌形象，深度融入目标市场的文化和价值观。这些举措能够帮助中国企业更好地了解和适应目标市场，赢得当地消费者的信任和认同，从而在出海营销中取得更好的效果。在进入新市场时，中国企业需要认识到文化差异和适应性挑战，以避免文化冲突和消费者反感。解决方案包括加强市场调研和消费者洞察，与本地合作伙伴建立战略联盟，共同制定适应本地市场的品牌定位和营销策略；需遵守当地法规、了解政策限制，并与当地律师和专业机构合作确保营销活动合规；在面对市场竞争和本地竞争对手的压力时，需进行竞争分析，制定差异化竞争策略；此外，在渠道和物流管理方面，与本地供应商和物流公司建立合作伙伴关系，确保供应链和物流网络的稳定性和高效性。中国企业应充分了解目标市场和消费者，并灵活调整产品、定价、推广和渠道策略，以适应目标市场的需求和文化特点。

（二）增强产品创新能力，树立企业品牌形象

中国企业在扩大国际市场占有率时，需要注重产品创新能力的提升。肯德基在中国市场的成功并不仅仅依靠其独特的炸鸡产品，而是不断创新，精准地瞄准中国市场的需求。只有通过持续的产品创新，企业才能获得长期的发展，并在国际市场上脱颖而出，满足不同顾客的多样化需求。企业品牌形象是一种无形资产，对于中国企业进军海外市场尤为重要。在进入海外市场初期，中国企业可能会面临各种障碍和挑战。此时，企业的声誉和品牌形象的重要性就显得尤为突出，可以帮助企业逐步摆脱困境，

赢得消费者的信任与支持。树立一个好的品牌形象，不仅可以吸引大量忠实客户，还能够在国际市场上获得主动权。在进军海外市场时，中国企业可以通过确立一致的品牌定位、提供优质产品和服务、建立品牌故事、采取跨文化的传播策略及利用国际化平台来打造品牌形象。这些策略将帮助中国企业在国际市场上树立起代表企业价值观、文化、产品质量和信誉的品牌形象。同时，中国企业应借助互联网和社交媒体等国际化平台的优势积极推广品牌形象和故事，以吸引更广泛的受众群体并建立客户联系。

（三）特许经营实现企业快速扩张和风险分散

特许经营模式是企业快速实现市场扩张的重要手段。通过与当地特许经营者合作，企业可以在短时间内迅速扩大市场份额，尤其是在新市场中。

1. 快速扩张

特许经营者通常是当地的居民或企业，他们对本地市场有着深入的了解，能够充分利用当地的资源和网络。这不仅有助于企业在新市场中更快地站稳脚跟，还能减少因对市场不熟悉而带来的风险。相比企业自行进入新市场，特许经营可以大大缩短市场进入的时间。企业不需要从零开始建立品牌认知和市场渠道，因特许经营者已经具备了一定的市场基础和客户资源，可以迅速打开局面。在特许经营模式下，企业不需要在新市场中投入大量资金来建立基础设施和运营体系，只需提供品牌授权和技术支持，而由特许经营者负责投资开店和日常运营，从而大幅降低了企业的初期投入成本。

2. 风险分散

特许经营者负责日常运营，包括市场推广、客户服务、库存管理等。企业不再需要直接管理每一个门店的运营细节，从而减轻了运营负担。即使某个特许经营店出现问题，也不会对企业整体造成太大影响，风险得到了有效分散。

由于特许经营者对本地市场有深入了解，他们能够更好地应对市场变化和竞争压力。当市场出现不利因素时，特许经营者可以迅速调整策略，减少损失。这种本地化的风险管理机制有助于企业降低整体市场风险。企业在进入新市场时，可以通过特许经营先进行小范围试点，观察市场反应和运营效果。如果试点成功，再逐步扩大规模；如果遇到问题，也可以及时调整或退出，避免大规模投资带来的损失。特许经营模式使得企业在新市场中的试错成本大大降低。

总的来说，跨国公司在品牌本土化方面既面临挑战，也拥有机遇。通过克服文化差异、满足国际市场消费者需求、遵守法规政策、制定差异化竞争策略和采取本土化营销策略等方式，中国出海企业也可以实现品牌在异国市场的成功，从而拓展市场份额并提高竞争力。

关键术语

差异化策略、本土化策略、特许经营模式、产品创新、市场定位

项目实训

【实训情境】选择一个具体的国家或地区的跨国企业，深入研究该企业在当地市场的发展情况并整理该企业国际化过程中遇到的挑战及其应对策略。

【实训任务】

1. 搜集与整理跨国企业在目标市场国际化发展情况。

2. 总结该企业国际化成功的关键与失败因素，提出可能存在的问题或挑战并提出自己建议。

3. 撰写一份案例分析报告，字数3000字左右，理论联系实际，语言表达通畅，排版规范。

章节练习题

1. 华为早期在俄罗斯市场采取哪些营销策略应对面临的挑战？
2. 华为在其国际化过程中如何进行全球市场定位的？
3. 特许经营模式为何让肯德基立于不败之地？
4. 肯德基的本土化经营策略是如何在中国市场实施的？
5. 肯德基与必胜客在国际化过程中采取的策略有哪些不同？

参考文献

［1］彭代武，叶敏．市场营销（第三版）［M］．北京：高等教育出版社，2023.

［2］夏新斌．国际市场营销［M］．北京：中国中医药出版社，2020.

［3］陈文汉，甄冰．国际市场营销理论与实务（第2版）［M］．第二版．北京：人民邮电出版社，2017.

［4］汤定娜．国际市场营销学（第二版）［M］．武汉：华中科技大学出版社，2021.

［5］李爽．国际市场营销（第2版）［M］．北京：人民邮电出版社，2021.

［6］朱金生，张梅霞．国际市场营销学（第二版）［M］．南京：南京大学出版社，2019.

［7］陈玉芳．新时代经济下国产体育品牌存在的问题及发展对策［J］．营销界，2021（38）：197—198.

［8］方琦，郭卉宁，劳能杰．互联网背景下体育品牌IP化发展与对策研究［J］．中国管理信息化，2022，25（23）：82—87.

［9］江豪．“钻石模型”视域下我国体育品牌发展因素分析［J］．辽宁体育科技，2023，45（2）：42—47.

［10］卓识，喻仲文．沉浸式营销下品牌形象设计特征与传播策略研究［J］．包装工程，2021，42（2）：217—222.

［11］周骞，何卫东．民族传统体育品牌效应的文化自信教育与传播［J］．广西民族师范学院学报，2020，37（3）：59—62.